医患纠纷

诉讼与调解指南

陈云芳　著

法律出版社
LAW PRESS · CHINA

前言
PREFACE

用科学精神解决医患纠纷

通过剖析医患纠纷，不难发现医患纠纷具有复杂性、冲突对立性和信息不对称性等特点，在医患关系中，患方天然处于弱势地位，其一旦遭受损害，直接感受就是无助、孤立、痛苦和绝望，如果不能有效维权，则不排除陷入孤注一掷的状态或违法式维权陷阱之中。而在发生医患纠纷后，医方也面临很多纠结，如内部意见不统一，外部压力顶不住等错综复杂的利益纠葛，如何处理，往往很难定论，有时就陷入要么模糊笼统迁就，要么一口封死拒绝的尴尬状态。这就导致医患纠纷成了社会不稳定因素之一。医患纠纷为什么这么复杂？难道就没有有效的解决办法了吗？当然有，经过多年的探索，大家逐渐把目光聚焦到处理方式上来，那就是诉讼和调解。

但是，在诉讼中又发生了讼息事不息的情况，在调解中又发生了半途而废的情况，看来，处理医患纠纷并不简单，需要投入大量的时间和精力去深入研究和探讨。程序与实体、形式与实质、过程与结果、公平与正义、时间与效率，如何把握，如何掌控？有没有一条主线，一条总纲，能贯穿于医患纠纷的解决过程之中？有，那就是科学精神。

什么是科学精神？科学精神的内涵是务实、求真、理性、包容、怀疑、批判和实证精神。科技突飞猛进并不代表科学精神也突飞猛进，科技并不代表科学精神，科学精神是一种态度、一种方法，一种思维。科学精神的内涵是逻辑推理和实证研究。

医患纠纷纷繁复杂，但处理方法总有可循之处，这就是对医疗行为的审查、分析和判断，而判断医疗行为是否正确就要依靠逻辑推理和实证研究方法。逻辑推理审查就看医疗行为是否遵循法律法规，是否符合循证医学方法，是否推导严谨，是否客观理性。实证研究审查就看医疗行为是否有定量数据分析和客观病症把控，其研究是否可复制，是否通过了实验室、检验室等客观检查。紧紧抓住这两种分析方法是审查医疗行为是否正确的核心手段，如果能正确运用，则能客观全面分析因果关系，也能正确判断医方应否承担法律责任，长此以往，就会给医患双方一个权威判断，会营造公平正义的环境，会确立医患纠纷处理的公信力，也会形成长效的处理机制，当然，也会真正维护患方以及医方的合法权益，真正定分止争。所以，必须将科学精神贯穿于整个医患纠纷的处理过程之中，本书也将以此为原则进行探讨。

本书分为两编，目的是通过程序正义追求实体正义。第一编是总则部分，阐述了医患关系应有的本质内涵，发生医患纠纷的原因和处理方式等内容；第二编是分则部分，分章阐述医患纠纷的具体表现、分析方法和具体处理方式，特别是《侵权责任法》实施后医患纠纷处理方式的改变和理赔方案的改变，在律师点评中提炼出医疗过错的主要表现和应担责任，以供读者对照。两编各成体系又相互印证：总则统率分则，指导分则；分则是总则指导原则的具体运用。目的是为了能从不同角度审视医疗行为，以能辩证分析医疗过错及因果关系，有效解决医患纠纷。

希望本书能给医患纠纷当事人、处理纠纷的相关人士提供参考，希望能为解决相关纠纷提供一些有益的启示和帮助，也希望医疗界人士能从这本书中，从别人的教训中总结经验，规避类似错误。

本书尚有一些问题未能深入探讨和解决，如医患关系所面临的社会环境、体制机制、保险救济等因素对处理医患纠纷的影响，希望在不久的将来能继续深入探讨。

本书是笔者一家之言，涉及大量的医学术语与法律术语，难免挂一漏万，恳请大家指正。希望再版时予以改正。

目 录

CONTENTS

第二编

第一编

The Part I

第1章　医患关系

第一节　医患关系综述

医患关系是一种平等的民事法律关系，是由法律调整的具有民事权利、义务内容的医方与患方之间的社会关系。医方包括医院法人主体，医师与护士等自然人主体；患方是指患者及其近亲属等自然人主体。所谓权利，是指法律对公民或法人能够作出或不作出一定行为，并要求他人相应作出或不作出一定行为的许可。所谓义务，是指法律规定的对法律关系主体必须作出一定行为或不得作出一定行为的约束。涉及医方的权利有要求患者配合治疗的权利，要求患方付费的权利等；涉及医方的义务有按照法律规定规范执业的义务，包含注意义务、告知义务、救治义务等；涉及患方的权利有要求医方规范行医，要求医方尊重自己的各项权利；涉及患方的义务有付费的义务，配合治疗的义务等。由此可以看出医患双方的权利和义务是对等的，也就是医方的权利是患方的义务，医方的义务是患方的权利。然而，就单独一方也就是单就医方或患方来讲，权利和义务则不一定各占一半，不一定对等。对医方而言义务多于权利，为什么呢？因为医方占有资源，占有各种医疗资源，包括信息资源、技术资源、设备资源等。反之对患方而言却是权利多于义务，因为患方处于缺乏医疗资源的弱势地位，其求诊就是为了获得社会公共资源的帮助，所以患方权利为多，当然不代表患方就没有义务。除上述法定权利义务之外，医患双方当事人也可约定一些法律没有规定的权利义务，但是不能违反法律基本原则和精神。

调整医患关系的法律包括《民法通则》《侵权责任法》等民事法律以及医疗行政法律法规中的相关规定。对法律的理解有广义和狭义之分，狭义的法律单指全国人大及其常委会制定的法律，而广义的法律则不仅包括狭义的法律，还包括法规、规章、司法解释等规范性文件。除此之外，医疗法律法规还包括各种诊疗常规、操作指南、临床路径以及医学教科书等规范性文件。

常有读者将医患关系和合同关系相混淆。在此，我们要澄清一下，所谓合同，是指当事人之间设立、变更、终止财产权利义务关系的协议，亦称契约。显然，合同约束的是当事人之间的财产关系，而医患关系中的权利不仅包括财产权，还包括人身权，并且以人身权为主。而人身权的内涵基于法定，所以，医患关系的内容也就是权利义务大部分不属于合同法律关系，非双方约定而成，而是直接来自于法律规定，即法定，而如耗材的选择、植入物的选择和使用、购买轮椅等涉及财产的行为可以基于医患双方的约定。由此可以看出，医患关系和合同关系是交叉的逻辑关系。医患双方在选择诉讼案由时可以选择侵权之诉或违约之诉也是基于这一法理。

第二节　权利和义务

一、医患主体简述

民事主体分为法人和公民。法人是具有民事权利能力和民事行为能力，依法独立享有民事权利和承担民事义务的组织，医疗法人是指从事疾病诊断、治疗活动的医院、卫生院、疗养院、门诊部、诊所、卫生所（室）以及急救站等医疗机构。公民是指根据法律规范享有权利和承担义务的自然人，在医疗机构中是指从事医疗活动，承担职务行为的自然人，包括医师、护士及其他工作人员。而患方主体则包括患者及其近亲属。

二、医患权利和义务

要阐述医患权利和义务，笔者首先需剖析社会学的基本观点：马斯洛的需求层次理论。马斯洛认为任何一个人的需求从低层级到高层级有五种，分别为：生理上的需求、安全上的需求、情感和归属的需求、尊重的需求、自我实现的需求，这五种需求按层级逐层递升。马斯洛认为，当人的低层级需求被满足之后，会转而寻求实现更高层级的需要。如下图所示：

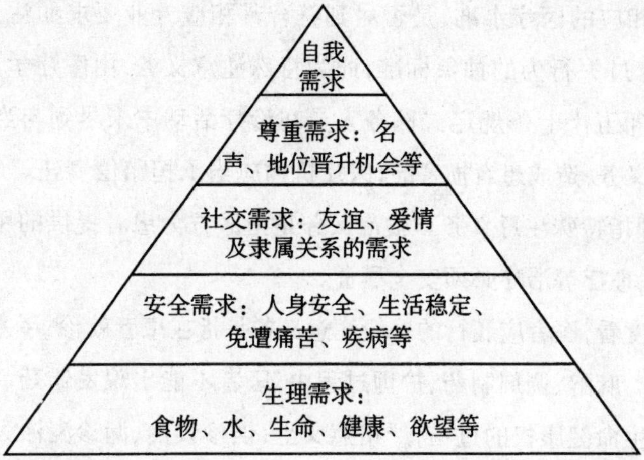

显然，与马斯洛需求层次理论相对应，一个人的权利从低层级到高层级可分为：生命健康权、安全保障权、社交平等权（知情同意权）、人格权、自我实现权。医患双方均享有这些权利，与此相对应，也应履行相应义务，方能确保双方关系合情合理合法和谐。医务人员必须认识并了解患者的相关需求，方能提供优质服务，真正有效解决患者的问题，维护患者合法权益的同时也能很好地做好自我保护。

笔者将从行为科学、法学、医学等角度出发，将医患双方特别是患者在医患关系中的五大权利做如下阐述。

（一）生命健康权

生命健康权是公民享有的最基本的权利，包括生命权和健康权。生命权是指公民享有生命安全不被非法剥夺、危害的权利；健康权是指公民有保护自己身体各器官、组织、脏器机能安全的权利。生命健康是公民享有一切他项权利的基础，如果这个权利得不到保障，那么其他权利就难以实现。在医患关系中，医者和患者均享有生命健康权，每个人的生命神圣不可侵犯。

医者尊重患者的生命健康权，具体表现为应尽当时的医疗水平保护患者的生命安全和组织器官脏器的安全，这直接对应医者的注意义务和救治义务。注意义务包括一般注意义务和特殊注意义务。医方是否履行其应尽的注意义务是认定医疗过失行为的客观标准，可分为具体标准和抽象标准。法律、法规、规章和诊疗常规等规范性文件规定的医方各个医疗行为的注意义务是判断医疗过失行为的具体标准,此为一般注意义务,属于公知公认的标准;医方对患者进行的医疗活动,是否达到与其资质相应的医疗水准,是否尽到符合其相应专业要求的注意、学识及技能,是判断医疗过失行为的抽象标准,此为特殊注意义务,由医疗学界专业认定。《侵权责任法》第五十七条规定:"医务人员在诊疗活动中未尽到与当时的医疗水平相应的诊疗义务,造成患者损害的,医疗机构应当承担赔偿责任。""与当时的医疗水平相应"即指特殊注意义务。救治义务是指医方为患者提供的用药、手术、护理、康复、介入、理疗等治疗必须安全尽责。

从实务角度看,医者应履行的一般注意义务是指在患者就诊、手术、注射、抽血输血、放射治疗、麻醉、调剂制药、护理过程中,医者不能出现发错药、打错针、开错刀等侵犯患者生命健康权的过错,严格意义上,误诊误治、漏诊漏治大部分也属于医者违反一般注意义务侵犯患者生命健康权的过错。例如:一患者因胃痛就诊,医师未做详细询问检查就认定患者是胃痉挛,开具胃药,患者在配药过程中发生休克,经检查认定是急性心肌梗塞,这就是非常典型的误诊误治案例,属于医者违反一般注意义务侵犯患者生命健康权的过错(详见案例18)。

医者应履行的特殊注意义务是指,在缺乏法律法规、规章、诊疗常规、操作指南、临床路径等规范的明确规定的情况下,医者应依据具体医疗行为发生时临床医学实践的通常医疗水准,即一般医疗专业水准,作为医疗行为人注意义务的基本标准,同时考虑医疗行为的专门性、紧急性、地域性等因素,综合判断某项具体医疗行为进行操作。例如:一家二级乙等医院,夜间急诊来了数位车祸患者,其中一位头颅外伤合并胸部外伤,这家医院有脑外科但没有胸外科,患者急需转院,然而此时,患者生命体征已出现异常,作为医患双方将共同面临如转诊则途中有可能发生患者死亡的风险,不转诊则面临患者缺少必要医疗条件的风险。此时就是《医疗机构管理条例》第三十一条规定的情形:"医疗机构对危重病人应当立即抢救。对限于设备或者技术条件不能诊治的病人,应当及时转诊。"如果医者未对患者可能出现的风险进行评估及告知,患方坚持要求转运他院医方却未告知患方可能存在的相关风险,在转运中医方未采取相应的抢救配备措施等,一旦出现患者死亡等损害后果,则医方不一定无责。但是如果医方已经尽到前述义务,则医方可受到《侵权责任法》第六十条"患者有损害,因下列情形之一的,医疗机构不承担赔偿责任:……

(二)医务人员在抢救生命垂危的患者等紧急情况下已经尽到合理诊疗义务”的保护。所以,特殊注意义务是非常重要的义务,与当时、当地、当院、当人的诊治能力息息相关,对其是否有过错的认定非常复杂,常需经过鉴定等方式予以查证。

(二)安全保障权

安全保障权是指消费者在购买使用商品和接受服务时享有人身、财产安全不受侵害的权利。《消费者保护法》第七条:“消费者在购买、使用商品和接受服务时享有人身、财产安全不受损害的权利。消费者有权要求经营者提供的商品和服务,符合保障人身、财产安全的要求。”患者是否属于消费者,一直存在争议,笔者暂且搁置。

作为服务供应方,医方需为患者提供安全的就医条件,包括安全的药品、医用耗材、医疗器械设施设备,符合保障功能的病床单位、病房环境,明确标示及其他配备,与此同时,医方需指导并观察患者的出入、饮食、睡眠等行为。如果发生患者在理疗过程中被电击烫伤,服用的是过期变质药品,转诊途中被电梯卡住或损伤等事件,其性质都属于侵犯患者安全保障权。

医者也享有生命健康权和安全保障权,医务人员在医疗工作中特别容易受到来自于污染的血液、体液等的伤害,所以,医院提供的工作环境和设施必须符合职业防护规范,保障医者不受职业伤害和职业病危害。

(三)知情同意权

知情同意权是非常复杂且重要的权利,可分为知情权和同意权,也可分为选择权、同意权和否定权。在医患关系中,知情权是指医务人员要为患者提供其做决定所必需的足够信息,比如病情、诊疗方案、预后以及可能会出现的风险及危害等。同意权是指患者在权衡利弊后,对医务人员所拟订的诊疗方案做出同意或否定的决定,本质上同意权是选择后的决定权,也就是对医方的意见进行定夺的最终结果。知情同意权的最终目的是医患双方达成共识,以便于更好地展开之后的诊疗行为。

知情同意权比较生命健康权和安全保障权对患者而言属于较高层次权利,然而实践中医务人员较为忽视这项权利。由于医学术语非常专业,在短期内让患方理解明白不太现实,如要达到理解的层级就需要医务人员有足够的耐心、爱心和感同身受之心，当然还要有时间、有科学的沟通能力，与此同时，也需要患者及家属有足够的理解力才能实现。知情同意权的一个目的就是让患者理解相关诊治方案。但在实践中往往存在很多偏差、误区甚至是冲突。例如：一个下肢骨折患者，医师进行置入钢板内固定术，回家前医师常会嘱咐患者"勿过早负重行走"，通常患者会理解成不要过早地背负重物，或者不要过早地行走，于是经常会发生着地后钢板断裂的情况。医师认为已经告知，而患者认为医师没有告知或虽有告知但解释不清楚，纠纷就此产生。实际上，所谓"勿过早负重行走"是指在一段时间内，比如一个月内不要直接下地行走，若行走需拄拐，不能负重是指不能负自身重量，而不是身外其他重物的重量。这就是专业与非专业的区别。医方告知是否充分，需要有一颗感同身受之心，这就是"有时是治愈，常常是安慰，总是去帮助"的伦理之心，也是"大医精诚"。听得懂的理论是天才的理论，听得懂的医嘱才是高明的医嘱。

实务中，知情同意权的另一目的是医患双方就某一项诊治方案达成共识。《侵权责任法》第五十五条规定："医务人员在诊疗活动中应当向患者说明病情和医疗措施。需要实施手术、特殊检查、特殊治疗的，医务人员应当及时向患者说明医疗风险、替代医疗方案等情况，并取得其书面同意；不宜向患者说明的，应当向患者的近亲属说明，并取得其书面同意。医务人员未尽到前款义务，造成患者损害的，医疗机构应当承担赔偿责任。"对法律条文的理解有广义和狭义之分。从广义角度看第五十五条，似乎规定医务人员应当对患者进行事无巨细、眉毛胡子一把抓似的解释和说明，这当然办不到，也没必要。于是就要对第五十五条从狭义角度进行理解，那就是指在实施手术、特殊检查、特殊治疗时，或患者属于特殊病情的情况下，医者须对患者进行解释和说明（特别指出书面说明）并取得患者同意。比如医师对患者实施阑尾切除术、子宫下段剖宫产术、扩创术等手术措施；比如医师对患者进行造影检查、化疗放疗、穿刺等检查治疗措施；比如护士对患者实施 PICC 操作、TPN 治疗等措施时，医方必须取得患方的知情同意。取得患方的知情同意非常重要，这可以有效取得患方对术后一些并发症和后遗症的理解和接受，因为医学是经验科学，是有限制的科学技术，医学不可能治愈治疗所有疾病，所以任何一项操作、治疗措施都会存在风险，患者接受治疗以获益为目的，但治疗方式及手段有时是一把"双刃剑"，有时可能会对患者带来风险或损害，所以，医者有义务向患者告知清楚获益和风险，患者有权选择，有权做出同意或拒绝，一旦决定则承担相应后果，这就是知情同意的基本目的。如果医务人员未尽告知义务，侵犯了患者的知情同意权，则应承担相应的法律责任。

知情同意书与合同存在一定的差别。对知情同意书约定内容的认定还需结合医方的诊疗行为。如患者接受手术前必定会签订知情同意书，其中会约定手术可能发生的风险。例如，一剖宫产手术，术前通常在知情同意书上会约定手术会出现产后出血、感染、肠管损伤、肠粘连、肠梗阻等风险，如果患者术后真的出现产后出血最后子宫被切除的损害后果，按照合同法的约定这一后果应由患方承担，但是医患关系非等同于合同关系，审查医方是否没有过错还要结合医方具体的诊疗行为，比如是否及时发现，是否尽到了合理的诊疗义务等，只有医方尽责方能无责，否则就要承担法律责任。由此可见，知情同意权的内容涵盖甚广，笔者会在之后的章节中再详细阐述。

（四）人格权

人格权是指民事主体具有法律上的独立人格必须享有的民事权利。公民和法人都享有人格权，但他们享有的人格权不尽相同。公民的人格权包括生命健康权、姓名权、肖像权、名誉权、隐私权等。法人是一定的社会组织在法律上的人格化，所以，法人也享有人格权，法人的人格权包括名称权、名誉权等。

医患关系中，医患双方均享有人格权。首先，医方需尊重患方的人格权，比如不得向非委托代理人、监护人之外的其他人披露患者的病情，不得在法律许可范围之外使用患者的肖像，不得泄露患者隐私等。《侵权责任法》第六十二条规定："医疗机构及其医务人员应当对患者的隐私保密。泄露患者隐私或者未经患者同意公开其病历资料，造成患者损害的，应当承担侵权责任。"其次，医院及医务人员也有人格权，如果污名化医方，医方有权维护自身合法权益，相关责任人须承担法律责任。

（五）平等及自我实现权

《宪法》规定：公民在法律面前一律平等。所谓平等权，就是指公民同等地依法享有权利和履行义务。在医患关系中，是指医患双方均有权利和义务。人人生而平等，在医患关系中，应强调以人为本，没有患方的安全，医方就失去了存在的必要，同样，没有医方的安全，患方就失去了应有的保障。医患双方应互相尊重，平等对待，医方对患方应一视同仁，不应因患者的贫富、职业而差别对待，医务人员的一言一行、一举一动患方均会关注，患者会铭记在心，同样，患方也应尊重医务人员的劳动和付出。人在能力和智力上会有客观差别，但在权利和法律上却不应有任何差别，最终实现医患双方的共赢目标。

以上权利均对应相应义务，要仔细把握还需深入剖析。笔者会在之后章节中更进一步详细阐述。

第2章　医患纠纷与医疗纠纷

第一节　概　　述

一般认为，医患纠纷就是医疗纠纷，医疗纠纷就是医患纠纷，这两者是同一个概念。其实不然，医患纠纷与医疗纠纷是两个不同的概念。医患纠纷指一切与医疗行为有关的民事纠纷，包括医疗纠纷和医患之间其他非医疗纠纷。

医患纠纷与医疗纠纷关系示意图：

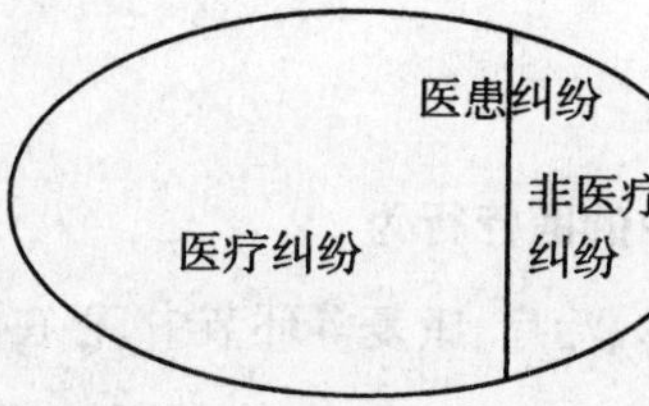

《侵权责任法》第五十四条规定："患者在诊疗活动中受到损害，医疗机构及其医务人员有过错的，由医疗机构承担赔偿责任。"对法律条文做分析可见，医疗纠纷是指具有执业资格的医务人员在医疗、预防、保健机构中进行诊疗活动时患者受到损害的纠纷。医疗纠纷可以分为医方有过错的医疗纠纷和医方无过错的医疗纠纷。有过错医疗纠纷是指医疗机构及其医务人员对患者造成的损害有过错，医方当然应当承担赔偿责任。无过错医疗纠纷是指根据《侵权责任法》第六十条规定的，虽然患者有损害结果，但是医方无过错，则医方无须承担赔偿责任。

医患之间其他非医疗纠纷，是指医患双方对诊疗护理服务即医疗行为本身没有争议，但因其他因素发生了纠纷。例如：医疗欠费纠纷、医方侵犯患者名誉权或肖像权的纠纷、因产品不合格产生的纠纷、患者在医院食堂摔倒而发生的纠纷等，它们的案由分别属于债务纠纷、名誉权纠纷、肖像权纠纷、产品质量纠纷、人身损害赔偿纠纷等，各适用不同的法律规定。

为使读者理解两个不同纠纷的特点及处理方式,笔者予以分别阐述。

第二节 医疗纠纷

医疗纠纷是指具有执业资格的医务人员在进行诊疗活动中发生的患者受到损害的纠纷。我们平时说的看病、就诊、治疗期间发生的与医院、医护人员有关的纠纷大部分属于医疗纠纷。医疗纠纷可以分为医方有过错的纠纷和医方无过错的纠纷。构成一个侵权的也就是有过错的医疗纠纷必须包含四个要件,第一有医疗行为的产生,第二有医疗过错,第三患者有损害后果,第四医疗过错与损害结果之间有因果关系。以下详细阐述。

一、关于侵权构成要件中的医疗行为

这是指在患者挂号、就诊、治疗、康复等环节中,存在医护人员为患者实施的相关诊治行为,比如问诊、检查、用药、输液、手术等医疗行为,其中不仅指医师的操作,还包括护士的行为如发药、打针、输液、护理操作等行为,还包括其他人员的操作等。

例如,患者因腰痛夜间前往医院就诊,急诊分检台护士将患者分检到急诊外科,患者未挂号就立即前往急诊外科万医师处就诊,万医师简单一问是腰痛,立即开出腰部摄片单,要求患者摄完片后再来自己处。就在前往摄片的路程中,患者突然倒地休克,立即抢救,经检查提示患者急性心梗休克,经抢救无效死亡。在这起案例中,有一个情节,就是患者尚未挂号是否就可以被认为没有医疗行为的发生呢?当然不可以。在本案中若万医师在患者询问时首先督促患者先行挂号,则在挂号前就没有医疗行为发生,但是万医师并未要求患者先行挂号,而是直接开具摄片单,这个行为就提示已经有医疗行为产生了(当然,随着医院管理越来越规范,就诊后续治疗都以挂号为先行程序,这也可以排除类似不当行为的产生,因为不予挂号就予就诊,医师就会忽视应当履行的医疗程序,当然就不可避免会产生过错)。

以了。

在这个案例中涉及患者、万医师、分检护士等人，又涉及挂号、就诊、检查等环节，医疗行为的认定标准等问题。显然，对医疗纠纷行为的认定需要较前面章节更厘清一些概念，如医方主体、患方主体，也就是谁与谁，两者之间的连接点是什么等问题。

在医疗纠纷中，医方所涉主体包括医院、医师、护士及其他工作人员等，患方所涉主体包括患者本人及其家属等。医院是法人主体，如果因医护人员在履行职务行为过程中产生的医疗纠纷，经认定医方存在过错的，则由医院承担相关法律责任，医护人员个人不承担对外赔偿责任。比如前面案例中，因万医师的过错造成患者死亡的，万医师是在上班时间产生的过错，属于职务行为，其赔偿责任就由万医师所在医院承担，万医师本人则无须向家属赔偿，但要受到医院内部规章制度的处罚，甚至还要受到卫生主管部门的行政处罚。如果医护人员因非职务行为而产生医疗纠纷，其赔偿责任则由医护人员个人承担，医院不予承担。比如，王医师已下班，受朋友所托，到一名患者家中为患者诊治，然而患者因误诊误治而死亡，则所有赔偿责任由王医师个人承担，王医师所在医院无须承担赔偿责任，同时，王医师个人还要受到相关行政处罚。

关于患者的民事主体问题，则要明确患者作为公民个人的主体资格，也就是民事行为能力的不同状态。所谓公民的民事行为能力，是指公民通过自己的行为行使民事权利或履行民事义务的能力。民事行为能力分为完全民事行为能力、限制民事行为能力和无民事行为能力三种。所谓完全民事行为能力是指公民能够通过自己独立的行为行使民事权利，履行民事义务的能力。我国《民法通则》第十一条规定："十八周岁以上的公民是成年人，具有完全民事行为能力，可以独立进行民事活动，是完全民事行为能力人。"这一规定，就是我国公民成年年龄和具有完全民事行为能力的法律依据。《民法通则》第十一条第二款又规定："十六周岁以上不满十八周岁的公民，以自己的劳动收入为主要生活来源的，视为完全民事行为能力人。"民事行为能力在医患关系中的实践意义，就是具有完全民事行为能力的患者可以自行决定诊疗方案，可以自行签字，也可以授权委托家属签字。所谓限制民事行为能力，是指具有一定的民事行为能力，但为保护其合法权益和维护社会正常秩序不得不对其行为给予一定的限制。《民法通则》第十二条规定:“十周岁以上的未成年人是限制民事行为能力人,可以进行与他的年龄、智力相适应的民事活动;其他民事活动由他的法定代理人代理,或者征得他的法定代理人的同意。”而无民事行为能力是指年龄和智力均难以进行民事活动。《民法通则》第十二条第二款规定:“不满十周岁的未成年人是无民事行为能力人,由他的法定代理人代理民事活动。”在医患关系中,患者若是限制民事行为能力人或者无民事行为能力人,考虑到对医疗行为的掌握需要超出一般认知能力,故涉及诊治方案的决定、签字等行为均须由患者的法定代理人也就是监护人来决定和签字,监护人包括:配偶、子女、父母;兄弟姐妹、祖父母、外祖父母等。

医患关系实践中,还有一类患者患有精神疾病、意识障碍等,对精神病人的民事行为能力,《民法通则》根据病情的轻重,作了两种规定。凡不能辨别自己行为的精神病人是无民事行为能力人,由其法定代理人代理民事活动;对于不能完全辨认自己行为的精神病人规定为限制民事行为能力人,他们可以进行与他们的精神健康状态相适应的民事活动。法律条文是高度凝练、概括的,一个实际的问题是如何判断或证明行为人的辨认能力,即他是属于“不能辨认自己行为”的精神病人,还是属于“不能完全辨认自己行为”的精神病人呢?在医患关系中存在很多实践操作困难。现存可操作程序有《民法通则》第十九条之规定,精神病人的利害关系人(包括近亲属、所在单位或者其他利害关系人)可以向人民法院申请宣告精神病人为无民事行为能力人或者限制民事行为能力人。但是,现实中,许多精神障碍患者的家属不愿意或没有走这一司法确认程序,然而患者的诊治却是一项需要完成的客观行为,如何操作呢?我国于2013年5月1日起施行的《精神卫生法》有如下规定:

“第三十条 精神障碍的住院治疗实行自愿原则。诊断结论、病情评估表明,就诊者为严重精神障碍患者并有下列情形之一的,应当对其实施住院治疗:(一)已经发生伤害自身的行为,或者有伤害自身的危险的;(二)已经发生危害他人安全的行为,或者有危害他人安全的危险的。

第三十一条 精神障碍患者有本法第三十条第二款第一项情形的,经其监护人同意,医疗机构应当对患者实施住院治疗;监护人不同意的,医疗机构不得对患者实施住院治疗。监护人应当对在家居住的患者做好看护管理。

第三十二条　精神障碍患者有本法第三十条第二款第二项情形，患者或者其监护人对需要住院治疗的诊断结论有异议，不同意对患者实施住院治疗的，可以要求再次诊断和鉴定。

依照前款规定要求再次诊断的，应当自收到诊断结论之日起三日内向原医疗机构或者其他具有合法资质的医疗机构提出。承担再次诊断的医疗机构应当在接到再次诊断要求后指派二名初次诊断医师以外的精神科执业医师进行再次诊断，并及时出具再次诊断结论。承担再次诊断的执业医师应当到收治患者的医疗机构面见、询问患者，该医疗机构应当予以配合。

对再次诊断结论有异议的，可以自主委托依法取得执业资质的鉴定机构进行精神障碍医学鉴定；医疗机构应当公示经公告的鉴定机构名单和联系方式。接受委托的鉴定机构应当指定本机构具有该鉴定事项执业资格的二名以上鉴定人共同进行鉴定，并及时出具鉴定报告。”

依照上述法律条文，再结合医患关系实践，针对精神障碍患者的诊治和签字等行为，医护人员应严格按照《精神卫生法》及其他法律规范的规定。具体实践笔者将在后续章节中再做详细阐述。

二、关于侵权构成要件中的医疗过错

所谓医疗过错，可参照第1章“医患关系”第二节“权利和义务”的内容。

三、关于侵权构成要件中的患者损害后果

患者损害后果，是指患者出现了死亡、伤残或者明显人身损害的其他后果情形。比如患者出现了植物人状态，极重度智能障碍，临床判定不能恢复的昏迷，或者器械或异物误入消化道需开腹取出，重要脏器受到损伤经修补后功能有轻微障碍等情形。患者的损害后果需以医疗行为结束为标准。比如一患者腰椎间盘突出手术，术后即出现二便失禁，双下肢麻木，损害后果是什么呢？需要经过必要的术后治疗康复期，如果术后一段时间二便功能恢复但双下肢麻木仍然存在，则损害后果就指双下肢麻木状态，如果二便仍然失禁，则指两者。

四、关于侵权构成要件中的因果关系

每一起医疗纠纷均有其原因,有医方原因或患方原因,或者两者均有。按照医方过错的参与程度可以分为完全责任、主要责任、次要责任与轻微责任。比如,一患者全麻手术,术后两小时发现患者死亡,推究原因发现在全麻复苏时,麻醉医师插错管道,误将氮气管道接入患者口中,致患者死亡。该案医方应承担完全责任,因为医方的过错是患者死亡的直接唯一原因。比如,患者胃癌根治术后十小时死亡,死亡原因是由于腹腔内出血导致的失血性休克,而医护人员没有及时采取正确的诊治措施,导致患者延误时机而死亡。该案医方应承担主要责任甚至完全责任,因为手术本身也有内出血的风险。比如,患者因咳嗽胸痛数月就诊,门诊呼吸内科医师嘱摄胸部 CT,CT 报告提示有一阴影,建议复查,呼吸内科医师误诊患者为胸部结核,建议至传染科医师处就诊,传染科医师嘱患者服用抗结核药,三个月后患者胸痛加剧,再检查是肺癌,核对三个月前的 CT 片提示胸部占位,考虑肺癌误诊,患者因最佳治疗时机丧失缩短了生存期而死亡。该案医方应承担次要以上责任,因为肺癌本身的死亡率极高。比如,患者因自然流产后出血就诊,当时按照医嘱进行 B 超检查,发现宫腔内有少量残留物,医师嘱予以清宫,但清宫后患者仍然有少量出血,再至医院就诊,复查 B 超提示宫颈口内有少量残留物,但较前次明显偏少,医师再予清宫,后患者仍有少量出血,第三次 B 超提示宫腔内仍然有少量残留物。该案就属于医方操作不当而造成患者损害的事件,医方要承担轻微责任或次要责任。以上可见,每一起医疗纠纷,均有其特殊性,应该根据具体情况具体分析。

也有一种情况,属于患者体质特殊、体质差异,或者由于患者隐瞒病史、拒绝治疗而导致的损害,医方就不予承担法律责任,当然医方不能有过错。比如,一女性患者腹痛就诊,当时医师怀疑其为宫外孕,建议其住院,但患者拒绝住院并有签字为证,医师嘱其小心一旦有任何异常情况随时来院。患者回家后,腹痛加剧却未到院,待其家人发现时患者已因内出血致失血性休克而死亡。该案就属于患者不配合治疗而导致的损害,医方不存在过错所以不需要承担法律责任。

上述根据侵权构成的四个法律要件分析,对医疗纠纷的特点、性质及法律责任进行了详细的剖析,可以发现,对医疗纠纷的认定必须综合从法学、医学各个角度进行详细分析才能予以认识和掌握。当然，每一起纠纷都有其特殊性，需要结合具体情况具体分析，笔者将在第二编中对其进行详细阐述。

第三节　医患纠纷之非医疗纠纷

医患纠纷中非医疗纠纷是指医患双方对诊疗护理服务即医疗行为本身没有争议，但对其他因素有争议而发生的纠纷。

在医院中常见的非医疗纠纷有钢板断裂、假体断裂、起搏器骤停等因体内植入物产品质量瑕疵而引发的纠纷，此类纠纷需要进行产品质量鉴定方能解决。也有因护栏螺丝松动致患者跌倒、理疗仪导热性能异常而导致烫伤、体温计断裂而致患者损害发生的纠纷，此类无须启动鉴定程序，可以直接认定医方存在过错。也有因厕所或食堂地面有水渍、污渍或油渍等导致患者滑跤摔倒而造成骨折的伤害事件，则医方承担的责任较重。也有因医师未注意患者的特殊情况侵犯了患者的隐私权、肖像权等纠纷，则医方需直接赔偿患者的精神损失费。当然也有医方无过错的非医疗纠纷。

针对非医疗纠纷，笔者将在第二编中专门设置特殊医患纠纷一章进行详细阐述。

第3章 医患纠纷处理基本方式

医学是一门科学，其本身带有一定的局限性，实践操作中又会受到医务人员个人的学识、经验、性格等因素的影响和限制，所以就会产生失误，这是产生医患纠纷的医方原因之一。而任何一位患者就医的唯一希望是治愈疾病，但是最终却可能存在治愈、好转、恶化甚至死亡的结果，于是就会产生冲突，也就是患者预期和实际结果之间的矛盾，这是产生医患纠纷的患方原因之一。这些诸多矛盾就是产生医患纠纷的主要原因。医患纠纷的多因一果或多因多果的复杂性，使争议解决难度增大。经过多年实践，目前各地常见的医患纠纷处理方式有协商、鉴定、调解及诉讼等，这些方式在全国各地所占比例各有千秋，各有特色。如何把握和选择，还需要从医患纠纷的基本特点、处理基本原则、处理基本方式等方面说起。

第一节 医患纠纷基本特点

医患纠纷作为社会矛盾之一，具有社会矛盾的普遍性特点，也有特殊性，其特点主要表现如下：

一、复杂性

医患纠纷常常表现为综合有医方原因及患方原因的复杂特点。因为整个医疗过程是繁杂的，参与人员和参与节点较多，所以事后审查往往难以快速简单判断。如果此时又综合有患者自身的疾病特点、体质特殊性、解剖变异、不配合治疗等因素，判断更是难上加难。比如在畸形儿错误出生案例中，往往就综合了医方产前检查或告知的欠缺及患方遗传或感染的可能性，畸形儿的错误出生就表现为多因一果的复杂特点，处理往往很难。

二、严重性

医疗纠纷有别于其他社会纠纷，不仅有经济损失，更为严重的是最终往往会导致患者死亡、伤残或其他人身损害的严重结果，给患者及其家人带来终身痛苦，也给社会造成了极其严重的不良影响。

三、冲突对立性

患者人身遭受到直接损害，这种组织、脏器、器官受损的痛苦会给患者带来终身难以磨灭的影响，所以一旦发生医患纠纷，患者及其家属必定要维权，有时甚至会采取过激的维权方式，如采取殴打医护人员、冲击医院、打砸医院等极端触犯法律的方式。不难看出医患纠纷是对立性较强的社会矛盾之一。

四、信息不对称性

社会总体资源有资本资源、信息资源、知识资源等，在医患关系中，医方占据信息资源、知识资源、技术资源等优势地位，不管这个患者是什么社会身份，患方天然地处于信息不对称的地位，一旦发生医患纠纷，患者往往处于孤立无援的弱势地位，这就能理解为什么患方有时要采取过激手段维权了，但这却触犯法律，社会一次次地陷入恶性循环之中。

五、纠纷处理周期长、难度大

由于医患纠纷的上述特点，一般人员根据常识和基本法理，难以直接分清医患纠纷的原因和责任，需要借助专业人员如鉴定或专业手段如尸检等来进行专业判断，这势必导致处理周期长、难度大。加上患方的非专业人士地位，使其常不能举证有效法律证据，导致败诉或诉讼达不到预期的结果，这又会出现信访不断上访不断的消极状态，讼息事不息，纠纷越来越复杂难解。

医患纠纷的这些特殊性，直接导致处理难度增加，处理效果不佳，显然亟待破解。工欲善其事，必先利其器。要想有效处理医患纠纷，首先必须明确处理要遵循的基本原则,才能找到正确有效的处理之道。

第二节 医患纠纷处理基本原则

一、真诚沟通原则

有云:良言一句三冬暖,恶语伤人六月寒。又有云:利刀割体疮易合,恶语伤人恨不休。可见,在处理医患纠纷中,态度和语言非常重要。中华民族历来是礼仪之邦,温良恭俭让是人际交往最好的名片。在处理医患纠纷中,笔者非常有感触,有医方针对患者死亡后的遗体分别用:死者的"尸体"、病人的"尸体"、你们那"尸首"、您家人的"遗体"这些不同的称谓来表述,结果就会不一样。当患者家属听到"尸体"、"尸首"时,感觉到的是医院的冷漠,当听到"遗体"时,感觉到的是被尊重。所以,在处理医患纠纷时,要特别注意用词用语和表情神态,要有感同身受之心和悲天悯人的情怀。

对真诚更进一步的要求是要面对现实,正确对待,妥善解决。实践中却存在很多挑战,比如医师个人的不同理解,院内的利益冲突,患者的超高要求,公众的不理解,还有来自于方方面面的压力等。不管怎样,诚信原则是解决之本,民无信不立。

二、公平公正原则

人人生而平等,在智力和体力上人与人之间会存在差异,但在法律上人人平等,这个原则也体现在医患纠纷的处理过程中。公平公正原则表现在处理医患纠纷的程序规范、实体结果规范上,在实务操作中,特别体现在医疗证据的合法提供上。按照《侵权责任法》第六十一条的规定:"医疗机构及其医务人员应当按照规定填写并妥善保管住院志、医嘱单、检验报告、手术及麻醉记录、病理资料、护理记录、医疗费用等病历资料。患者要求查阅、复制前款规定的病历资料的,医疗机构应当提供。"

显然,自《侵权责任法》实施后,病历不存在主客观之分,除法律规定的特殊情况外,患者及其家属随时有权复印封存所有病历。这点,在处理医患纠纷时,双方往往存在认识的差异,因证据问题产生严重的冲突。医方必须迅速熟悉并掌握法律,患方要合法合理地取得相关证据。

三、依法处理原则

毋庸讳言,在处理医患纠纷中有时存在着一些不合法现象,比如,社会上有流言存在"不闹不赔、少闹少赔、大闹大赔、死闹死赔"的不公现象。一起不当的处理往往会影响一个地区医患纠纷处理的法治环境,所以,必须树立依法处理的原则,要建立公信机构,严格合法合理处理医患纠纷,才能保护所有人的合法权益,否则就会纵容采用非法或非常规手段的人,而使守法公民受到损害。

四、承担责任原则

经验发现,发生医患纠纷后,医方往往着眼于搜索自己无过错的证据而忽略对整体事件的把控力。其实,处理一起突发危机有这五个原则:速度第一、真诚沟通、系统运行、权威证实、承担责任原则。这其中的关键都是要求双方能正确面对,而医患关系天然具有不对等、不对称的特点,这就要求医方必须能理性面对纠纷,客观分析,最好院内能有一专家委员会在不受干扰的情况下先行独立分析判断,看是否存在过错,是否有因果关系等,当然分析工具要科学理性,作一基础分析,必要时引入第三方权威分析判断。总之,要给患方一个信念,医方绝不推卸责任。而医患双方能否达成共识,需要社会的公序良俗,需要当地的微环境具有信任的基础,需要之前医方的处置有公信力,所以,要实现医患纠纷发生后双方能理性面对的状态是一个系统工程。

第三节 医患纠纷处理基本方式

每一项纠纷都有其特殊处理方式,即救济手段。比如劳动争议纠纷有协调、仲裁和诉讼等处理方式,征地纠纷有行政复议、行政诉讼等处理方式。而医患纠纷因其具有的特殊性,其处理基本方式有协商、鉴定、调解和诉讼等,每个方式各有其特点,可以单独救济,也可以综合救济。

一、协商

协商的启动基于双方互信,争议不大,能在谈判和博弈下达成共识,自愿处理纠纷。协商是处理医患纠纷的常见方式之一,在实际中也占比较高。其优点是处理高效及时,成本低,但其缺点是不排除医方或患方在受制状态下而达成。如果是小型纠纷,比如发错药、打错针等未造成恶果的,建议可使用快速协商处理方式解决纠纷。如果是大型纠纷,比如患者死亡或伤残等,使用协商方式往往会受到一定的限制,不太建议使用协商方式,如果达成了协议,则建议采用司法文书以确认其法律效力。

二、鉴定

鉴定是证据之王,具有很高的证明力。所以,在发生医患纠纷后,特别是存在患者死亡或伤残的后果,医方常常建议进行医疗损害司法鉴定,通过鉴定明确损害等级和责任比重。鉴定是处理纠纷较好的方式之一。

三、调解

根据《中华人民共和国人民调解法》第二条的规定:“本法所称人民调解,是指人民调解委员会通过说服、疏导等方法,促使当事人在平等协商基础上自愿达成调解协议,解决民间纠纷的活动。”(除有特殊说明,本书所称调解是指各地人民调解方式)至今,许多地区已建立医患纠纷人民调解机构,有称委员会,也有称工作办公室,常简称“医调委”。“医调委”调解医疗纠纷具有快速、高效的特点,可以将医患纠纷引出医院,使医患双方在第三方主导下面对面平心静气地讨论医疗纠纷,以合情合理合法为原则进行调解,对证据的审核认定没有诉讼这么严格,必要时可以运用专家的力量判断医疗过错、损害等级及责任程度,兼具人性化和权威性,妥善解决纠纷。实践证明一般通过调解结案的医患纠纷会实现讼息事亦息的效果,有效化解了社会矛盾。调解的模式在实践中越来越受欢迎,这将是未来处理医患纠纷的主要模式之一。

四、诉讼

诉讼是指纠纷当事人以通过向具有管辖权的法院起诉另一方当事人的形式，在法院主持下按照法定程序审理案件以解决纠纷。诉讼是动用国家强制力以解决纠纷的救济方式。诉讼具有专业性强的特点，医患纠纷以民事纠纷为主，遵循“谁主张，谁举证”的原则，无论是患者还是医院作为原告，都必须举证法律认可的证据，这对没有经过法律专业训练的当事人来说无疑十分困难。但是诉讼可以明辨是非，可以给当事人一个合法且具有国家强制力的结果，具有非常强的原则性，如果条件允许，应尽量采用诉讼程序。

医患纠纷诉讼常需经过司法鉴定程序，所以一般审理周期较长，通常不会在短期内结案。虽然如此，当涉及患者重大伤害，比如漏诊漏治、误诊误治致患者严重残疾，甚至植物人状态等损害结果的，仍建议通过诉讼程序解决，因为此类案例常涉及后续治疗等费用，最好通过诉讼方式得以保留，以维护受损方的合法权益及远期权益。

五、对保险的探讨

保险，是指通过保险人与被保险人(即投保人)签订保险合同，或依据有关法律收取保险费，建立保险基金，保险人对被保险人的财产在遭遇自然灾害或意外事故受到损失时按照合同的规定进行经济补偿，或对人身伤亡、疾病或丧失能力给付保险金的一种方法，即一种对风险所造成的意外损失的经济补偿制度或方法。保险是转移风险，让社会分担风险的方式之一，如果在医患纠纷中引入保险解决方式，无论对医方还是对患方都是化解矛盾、解决纠纷的有效方式之一。针对医患纠纷，有些地区已尝试采用医疗事故责任险或医疗损害责任险等方式解决纠纷。

但是，在实践中，这一模式却效果不佳，推究其原因：一是因为保险人(公司)员工不能及时介入纠纷，就算是介入也无法及时解决纠纷；二是民众对保险模式不熟悉不认可，当然也不配合保险模式；三是保险费收取多少尚无统一定价，导致如果收高则医院不愿意投保，如果收低则保险公司没有处理的积极性；四是医患双方在现有处理环境中尚不信服保险人员工能处理纠纷，所以就不愿意在第一时间通知保险人员工，时间一长，自然保险方式就被架空。但是从国外成熟经验来看，保险是处理医患纠纷非常成功的模式，可以有效引出纠纷，我们需要对此进行深入研究。

协商、鉴定、调解、诉讼等方式在医患纠纷实务操作中往往呈现你中有我、我中有你的状态，即初始为协商，但双方差异较大，直接启动了诉讼程序，在诉讼的过程中双方又返回协商，或者调解不成诉讼等，诸多方式综合运用，以有效处理医患纠纷，化解社会矛盾，维护当事人的合法权益。总之，一切方式都是为了能真正有效救济当事人所受的损害，尽量弥补当事人的损失。

第4章 诉讼程序与特点

诉讼是纠纷当事人以通过向具有管辖权的法院起诉另一方当事人的形式，由法院按照法定程序审理案件以解决纠纷。诉讼是解决医患纠纷的常见和重要方式之一，通过诉讼程序可以查清事实，明晰责任，其判决或调解文书具有国家强制执行力。所以，如果出现重大损害，如患者死亡、植物人、脏器被切除等损害事件，或双方当事人争议很大的医患纠纷，最好通过诉讼程序解决纠纷，以充分保护当事人的合法权益。我国民事诉讼法的基本制度有：合议制、回避制、公开审判制、两审终审制。一起典型的民事诉讼案件经过的程序有一审和二审，一审程序有起诉、受理、审理、判决或裁定或调解结案各阶段，二审亦如此。在整个诉讼程序中最重要的是起诉的准备和审理时的举证与质证阶段。

以下从医患纠纷实务角度，对《民事诉讼法》的诉讼程序进行分步骤阐述，同时指出需注意事项。

第一步：案由选择

医疗纠纷案件，如果医疗行为和损害后果发生在2010年7月1日《侵权责任法》实施之前，按照法不溯及既往的原则，不能适用《侵权责任法》审理该案件，而应根据《最高人民法院关于参照〈医疗事故处理条例〉审理医疗纠纷民事案件的通知》，对该类案件，参照《医疗事故处理条例》的有关规定进行审理。对于非医疗纠纷案件，则适用《民法通则》的相关规定进行审理。这类医疗侵权纠纷案件的案由，按照《最高人民法院关于民事案件案由规定（试行）》（2000年版），即可分为医疗事故损害赔偿纠纷和医疗损害赔偿纠纷。但最高人民法院在《民事案件案由规定》（2008年版）中，将医疗事故损害赔偿纠纷案由并入了医疗损害赔偿纠纷案由之中。

2010年7月1日《侵权责任法》实施，《侵权责任法》施行后发生的医疗行为引起的医疗侵权纠纷案件以及医疗行为发生在《侵权责任法》施行前，但损害后果发生在《侵权责任法》施行后的医疗侵权纠纷案件均适用《侵权责任法》。《侵权责任法》第七章将医疗侵权责任定义为医疗损害责任，故根据《侵权责任法》修订的最高人民法院《民事案件案由规定》(2011 年版)，将医疗侵权纠纷案件的案由修订为医疗损害责任纠纷，在该案由项下还包括侵害患者知情同意权责任纠纷和医疗产品责任纠纷两个子案由。因此，按照笔者在第三章中阐述过医患纠纷案件包括医疗纠纷与非医疗纠纷案件，医疗纠纷案件是指患者认为在诊治过程中受到伤害的案件，按照最高人民法院《民事案件案由规定》(2011 年版)规定，案由适用医疗损害责任纠纷；而非医疗纠纷案件是医患双方对医疗服务行为本身没有争议，但因其他因素发生了纠纷，按照最高人民法院《民事案件案由规定》(2011 年版)，根据不同原因适用不同案由，如欠费则案由选择合同纠纷，如损害隐私权则适用隐私权纠纷，如医疗产品瑕疵造成损害则适用医疗产品责任纠纷案由。不同的案由适用的法律法规不尽相同，举证和质证也不尽相同，对当事人利益的影响也不尽相同，所以第一步必须首先选择好案由。

第二步：准备起诉

起诉前最重要的是进行相关材料的收集和准备，这时特别要考虑证据链的完整性，要考虑自己所述事实有无证据证明，要做好相关收集和调查工作。比如患者因乳腺肿块在某医院就诊被诊断为乳腺小叶增生，行局部切除术，后经病理诊断为乳腺癌，患者认为医方误诊误治准备起诉。这时患者需要准备的材料包括自己的门诊病历卡原件、住院病史复印件、医疗费票据原件、其他医院诊疗材料的原件及盖章复印件等，同时最好能收集一些与本人案例相似的材料，比如其他判决文书，医学对这个疾病的正确诊治流程的规定，误诊率在目前阶段的允许情况，相关的法律法规、诊疗常规甚至学术文章等材料。做这个工作是为了提高胜诉概率和赔偿额度，使法官运用逻辑推理、日常生活经验及公序良俗就能进行初步判断，有助于之后对鉴定的质证和认证以及最终的判决。

第三步：选择管辖法院

根据《民事诉讼法》第一百一十九条规定："起诉必须符合下列条件：(一)原告是与本案有直接利害关系的公民、法人和其他组织；(二)有明确的被告；(三)有具体的诉讼请求和事实、理由;(四)属于人民法院受理民事诉讼的范围和受诉人民法院管辖。”

根据《民事诉讼法》第二十一条规定,对公民提起的民事诉讼,由被告住所地人民法院管辖,被告住所地与经常居住地不一致的,由经常居住地人民法院管辖;对法人或者其他组织提起的民事诉讼,由被告住所地人民法院管辖。所以,医院作为原告提起的医疗欠费合同纠纷的管辖法院为被告住所地,医疗损害责任纠纷的管辖法院为医疗机构住所地,如果患者是在两家以上医疗机构诊治的,则由原告患方选择任何一家医疗机构住所地法院作为管辖法院。实践中,常有患者在外地医院诊治出现纠纷,患者考虑路途遥远诉讼成本太高,就采取迂回策略,选择另在本地医院就诊,后在本地法院起诉本地医院及外地医院。在这种情况下,外地医院可以事实无关联为由申请移送到当地法院管辖。

第四步:开庭质证

开庭质证是诉讼重要阶段,也是成败的关键。质证的重点是对证据的提交和审查。民事诉讼实行“谁主张,谁举证”的原则,当事人对自己的诉讼请求需要提交合法有力的证据,要考虑其证据链,同时对对方提交的证据要进行真实性、合法性和关联性的审查。《侵权责任法》确定的归责原则主要包括过错责任原则和无过错责任原则。过错责任原则以行为人的过错作为责任的构成要件,行为人主观上具有过错或过失才可能承担侵权责任。同时,它以行为人的过错程度作为责任范围、责任形式的依据。在举证责任上,适用“谁主张,谁举证”的原则。过错责任中有一种特殊形态,即过错推定责任。在责任的构成要件等方面,过错推定责任与过错责任基本相同,但在举证责任分配上,过错推定责任采取举证责任部分倒置规则,受害人只需就损害后果的发生承担举证责任,而行为人需证明其行为没有过错或存在法律规定的其他免责事由才可免除责任。无过错责任原则,指无论行为人主观上是否存在过错,只要其行为与损害后果有因果关系,即应承担民事责任的原则。无过错责任原则的适用需以法律规定为限。

在适用《侵权责任法》审理的医疗侵权纠纷案件中,医疗机构承担侵权责任适用过错责任归责原则。《侵权责任法》第五十四条规定,患者在诊疗活动中受到损害,医疗机构及其医务人员有过错的,由医疗机构承担赔偿责任。由此可知,医疗机构的医疗行为有过错且与患者的损害后果存在因果关系，医疗机构才承担赔偿责任。

至于医疗行为和损害后果均发生在《侵权责任法》施行之前的医疗侵权纠纷案件，根据2002年4月1日施行的《最高人民法院关于民事诉讼证据的若干规定》第四条第（八）项规定，因医疗行为引起的侵权诉讼，由医疗机构就医疗行为与损害结果之间不存在因果关系及不存在医疗过错承担举证责任。由此可知，这类案件适用过错推定归责原则，举证责任也发生部分倒置，如医疗机构不能证明其医疗行为无过错，则推定其有过错；如医疗机构不能证明其过错医疗行为与患者的损害后果无因果关系，则推定为有因果关系。

根据《民事诉讼法》的规定，证据包括八大类：当事人的陈述、书证、物证、视听资料、电子数据、证人证言、鉴定意见和勘验笔录。新增加的电子数据一类，也就是指短消息、电子邮件等。在医患纠纷案例中，当事人也可以将录音录像资料作为证据提交。关于证据的质证与认定，请参阅本书第8章、第9章。

第五步：鉴定

鉴定是证据之王，具有非常高的法律证明力。但是申请鉴定需注意选择相应的司法鉴定机构，对鉴定材料的提供需精心挑选，同时陈述和答辩时要抓住主要矛盾。针对专家最终的鉴定分析意见和结论，要注意审查其依据和逻辑性，注意用好法庭的质证程序。具体请参阅本书第10章。

第六步：判决或调解或裁定

在医患纠纷案件中，法官通常会征询当事人的调解意见，当事人要用好这一阶段。作为原告，要客观理性面对诉讼标的、事实和理由，要正确评估自己的损失和可能的赔偿救济，必要时通过调解以争取自己的合法权益。作为被告，要正确评估，按照当地标准客观计算。

第七步：上诉阶段

当事人不服一审判决，有权提起上诉。上诉阶段主要是对一审法院已认定的事实和法院适用的法律依据以及法律程序进行辩论，如有新的符合法律规定的证据，当事人要及时提交。

为更好地理解上述程序，笔者列举一份民事起诉状及证据供参考。

民事起诉状

原告:陈某,男,汉族,××年8月4日出生

住址:××××××

被告:某医院

住所地:××××××

法定代表人:×××

职务:院长

诉讼请求:

1. 判令被告赔偿经济损失费:31,150.52元(详见损失赔偿计算依据,残疾赔偿金、残疾辅助器具费等待司法鉴定报告出具后再行追加);
2. 判令被告赔偿精神损失费:50,000元;
3. 保留后续治疗费、护理费、营养费的诉讼权利。

事实与理由:

××年6月28日,原告因左输尿管中段结石入住被告医院泌尿科,被告在对原告进行IVP(静脉尿路造影)检查前灌肠时,因误用热水灌肠,当即损伤原告结肠及直肠,致肠管痉挛,原告立即排鲜血样便,被诊断为直肠黏膜烫伤转入外科治疗。在外科期间,原告持续排洗肉样水便。7月28日,被告对原告进行电子肠镜检查,报告为:直肠溃疡、慢性结肠炎,病理报告:直肠增生性息肉及肉芽组织形成。后原告排便明显困难,9月9日,被告通知原告出院,并嘱随访。

此后,原告多次至被告医院复诊及他院复诊,均被诊为直肠烧伤后,直肠、结肠炎症。9月28日,原告在他院进行肠镜检查,被发现直肠距肛门5cm处肠腔狭窄,内镜无法通过,局部黏膜充血水肿。同时被告知将来可能狭窄部位进一步严重,或者恶性变,如果手术,将十分困难,因为狭窄部位离肛门

太近了,有可能需要人造肛门。原告目前每日排便多次,每次只有少量能排出,均非常细。长此下去,原告的生活和健康将受到严重影响,在与被告多次交涉后,被告对事实承认却不愿对赔偿作出合理的表态,令原告非常无奈,故而提起诉讼。

原告认为,本案事实清楚。按照《护理常规》,灌肠的温度应当控制在40℃以下,也就是常温以下,严禁用热水,因为直肠、结肠黏膜是娇嫩的组织,被告违规用热水操作,直接违反诊疗常规的法定要求,侵权事实明显,损害后果确定,符合侵权的构成要件,应当按照《民法通则》《侵权责任法》及《最高人民法院关于审理人身损害赔偿案件适用法律若干问题的解释》的有关规定进行赔偿。

恳请法院依法支持诉请。

此致

×××人民法院

具状人:陈某

××年11月28日

证据目录清单

编号	证据名称	证明对象	页数
一	原告身份证复印件	原告的诉讼主体资格	1
二	××年6月17日至××年9月9日原告在被告医院的病史及被告医院外科出具的病情介绍	被告的过错行为及对原告造成的损害事实	2~7
三	××年9月15日至××年10月10日,原告在被告医院、A医院、B医院、C医院的就诊病史	原告至今损害后果严重,经多家医院证实	8~12
四	《护理常规》第261、262页	证明灌肠的法定要求	13~15
五	医药费票据复印件	证明发生的医药费	16~22
六	律师费票据复印件	证明为求得专业性帮助而支付的律师费用	17

提供人:陈某

××年11月28日

分析:这份民事起诉状简要陈述了事情的经过,证据列举明晰,使法官通过一份民事起诉状及列举的证据就能对事情经过有一个清晰明了的认识。被告医院收到该起诉状后,自知存在过错,后在法官的主持下,双方调解结案。所以,当事人在起诉前必须首先设计好步骤,以做到胸有成竹,步步为营,方能事半功倍。

第5章 调解程序与特点

在第3章“医患纠纷处理基本方式”中，笔者提及调解方式将是未来处理医患纠纷的主要模式之一，为什么呢？因为随着社会的发展，人们维权意识的增强，医患纠纷将逐年增加，许多媒体报道也反映了这一现象，而法院的审判力量是固定的，且由于诉讼对证据的要求极其严格，对没有经过法律专业训练的普通公民而言，要自行完成这一过程是非常困难的，所以引入具有相应弹性和柔性的调解机制就非常必要了。针对调解机制，诸多法律法规及规范有详细规定，我们可借鉴的有《民事诉讼法》《人民调解法》等法律及最高人民法院的司法解释等。

《民事诉讼法》列举了调解程序，其中第九十三条规定：“人民法院审理民事案件，根据当事人自愿的原则，在事实清楚的基础上，分清是非，进行调解。”

《人民调解法》第一条规定：“为了完善人民调解制度，规范人民调解活动，及时解决民间纠纷，维护社会和谐稳定，根据宪法，制定本法。”

《最高人民法院关于建立健全诉讼与非诉讼相衔接的矛盾纠纷解决机制的若干意见》规定：“建立健全诉讼与非诉讼相衔接的矛盾纠纷解决机制的主要目标是：充分发挥人民法院、行政机关、社会组织、企事业单位以及其他各方面的力量，促进各种纠纷解决方式相互配合、相互协调和全面发展，做好诉讼与非诉讼渠道的相互衔接，为人民群众提供更多可供选择的纠纷解决方式，维护社会和谐稳定，促进经济社会又好又快发展。”

司法部《关于加强行业性专业性人民调解委员会建设的意见》指出：“近年来，随着我国经济体制深刻变革、社会结构深刻变动、利益格局深刻调整、思想观念深刻变化，各种矛盾纠纷不断增加，呈现出复杂性、多样性、专业性和面广量大的特点，特别是行业性、专业性矛盾纠纷大量上升，已经成为影响社会和谐稳定的难点、热点问题。大力加强行业性、专业性人民调解委员会建设，及时有效地化解特定行业和专业领域出现的难点、热点矛盾纠纷,对于加强和创新社会管理,维护社会和谐稳定,具有重要意义。”

所有这些法律法规规范在近期密集出台,目的是为了及时化解矛盾,真正定分止争,做到案结事了。其实,通过调解或仲裁等非诉途径解决医患纠纷也是国际通用方式,在这点上显然是可以深入研究和探讨的。

调解是调解机构通过说服、疏导等方法,促使当事人在平等协商的基础上自愿达成调解协议,解决民间纠纷的活动。在医患纠纷中,“医调委”发挥了非常重要的作用。说服、疏导显然离不开调解员的专业化、规范化和人性化的工作方式。针对医患纠纷调解特点,许多地区制定了相关规定,比如宁波、上海、北京等地相继出台了相关指导意见。参照各地关于医疗纠纷或医患纠纷的调解规定,笔者梳理了一下,大致有如下程序和特点。

第一步:受理

按照我国首个医疗纠纷调解处理办法《宁波市医疗纠纷预防与处置暂行办法》的规定,医疗纠纷发生后,双方可以向医疗机构所在地的调委会申请调解。符合受理条件的,调委会应当及时受理;需要进行医疗事故技术鉴定的,应当告知当事人申请医疗事故技术鉴定。按照《上海市人民政府关于开展医患纠纷人民调解工作的若干意见》各区县医调委受理医患纠纷的范围:患方索赔金额超过3万元并同意人民调解的;医患双方当事人自愿申请的(不论索赔金额大小)。全国许多设立医调委的地区均有自己的受理范围规定,当事人可以自行选择。

第二步:调解

第一,关于调解期限。各地规定不等,有规定一个月内调解结案,也有规定最长不超过两个月,否则就视为调解不成,这个期限较诉讼期限明显缩短,体现了快速、高效、节约的特点。

第二,关于费用。笔者至今未见调解收费的规定,调解费用由财政负担,说明调解是向弱者倾斜的政策。

第三,关于调解人员构成。笔者发现各医调委均以组织专家库的方式进行技术支持,调解机构中有人民调解员、法学人员、医学人员、药学人员、保险公司人员等诸多跨专业、跨领域人员构成,体现了调解兼容并蓄的特点。

第四，关于调解原则。各地均规定了以自愿平等及合情合理合法原则，其中自愿平等是基础，非常重要，可来可走，不影响其他处理方式的救济，调解不成可以诉讼，诉讼期间可以调解，充分体现了其柔性包容的处理魅力。

第五，关于调解方式。以说服疏导为主，充分发挥调解员的个人魅力，以和为贵，符合中华民族传统文化。笔者发现在上海某医调委的宣传画廊上悬挂着一首诗：一纸书来只为墙，让他三尺又何妨？长城万里今犹在，不见当年秦始皇。人到了这样的环境中，自然会受熏陶，不知不觉间就会心平气和地想想：是否一定要剑拔弩张？是否有妥协的可能？当然，调解不能是"和稀泥"，仍然要坚持合法合理合情的原则，在自由裁量下作出合理调解。所以，一个好的调解员至为重要，可以产生"四两拨千斤"的奇效。

第六，关于调解结果。经调解达成协议的，最终由医调委制作人民调解协议书，大额赔偿调解协议须经司法确认。经司法确认的调解协议具有法律执行力，经双方认可的调解协议也有执行力，也应当作为保险理赔的依据。

调解程序的主要特点是调解过程，其对证据的判断是盖然性原则，也就是证据不能充分说明自己的观点时，由调解员根据自己的学识经验进行分析，提供建议供双方评判，这其中公序良俗就占有很大成分，显然对调解员有很大的挑战。有些地区据此设立了专家咨询的模式，赋予调解员请求相关专家帮助的权利。专家的咨询意见具有很强的介入性，通常双方当事人会在此基础上进行评估以决定是继续还是终止调解。这种盖然性的特点，使当事人在证据不足的情况下也可维权，当然对方当事人如果不同意，则调解就无法达成一致。所以调解结果的达成需要双方及调解员共同参与和协调，一次好的调解不亚于一次政治斡旋。

在调解中，医患双方需注意赔偿标准和依据的细节性问题，根据《最高人民法院关于审理人身损害赔偿案件适用法律若干问题的解释》计算赔偿金额。比如在第 4 章诉讼程序与特点中，笔者列举的一份民事起诉状的诉讼请求中有一份清单，这份清单中就包括了具体赔偿项目的明细和计算标准，现列举如下：

损失赔偿计算依据

一、经济损失费:24,750.52元。

1.医疗费:1,451.52元

某医院:129.6元;

A医院:758.4元;

B医院:170.5元;

C医院:393.02元。

2.营养费(住院伙食补助费):6000元

暂行计算6个月,具体以司法鉴定为准,以1000元/月计算。

3.护理费:12,199元

暂行计算6个月,具体以司法鉴定为准,以上年度某市职工年平均工资24,398元计算。

4.交通费:1500元

票据700元,另酌情计算900元。

5.残疾赔偿金、残疾辅助器具费待司法鉴定报告出具后再行追加。

6.营养费、护理费的追加待司法鉴定报告出具后再做调整。

7.保留后续治疗费、后续营养费、后续护理费的诉讼权利。

8.律师费:追加10,000元。

以上除第5、6、7项外,共计31,150.52元。

二、精神损失费(精神损害抚慰金):50,000元。

以上两项(除再行追加、调整、保留权利项目外)共计81,150.52元。

具状人:陈某

××年11月28日

如果这个案子申请医调委调解,则上述列举项目大致可以确认医疗费、营养费、护理费、交通费和律师费,待确定项目如残疾赔偿金可参照《医疗事故分级标准

(试行)》三级戊等医疗事故的规定:“器官部分缺损或畸形,有轻微功能障碍,无医疗依赖,生活能自理。”参照十级伤残的标准,适当考虑后续治疗费、后续营养费、后续护理费。本案过错明显,责任在医方,由医方承担完全责任,故可以通过调解方式解决纠纷。

上述分析可见,调解方式适用于双方当事人争议冲突不剧烈,歧义不是天壤之别的案例,双方能通过调解员的耐心调解达成共识。如果双方争议较大,实在无法达成共识的,还是需要通过诉讼方式以解决纠纷。

第二编

The Part Ⅱ

第6章 形式审查与实质审查

章首序

一旦当事人选择诉讼程序，从递交诉状立案程序开始，法官即要对当事人递交的材料进行形式审查和实质审查，在审理程序中法官也要进行这些审查，直至案件审理结束。同样，若当事人选择调解程序，则也要进行形式审查和实质审查。形式审查和实质审查贯穿于整个程序正义和实体正义之中。那么，什么是形式审查，什么是实质审查，为什么要进行这些审查，审查的结果将如何影响一个案件，对实务又有何指导意义？本章将回答这些问题。

第一节 形式审查的内容与意义

从哲学角度而言，任何事物都有内容和形式两个侧面，都是内容和形式的统一体。事物的内容是指构成事物的一切要素，即事物的各种内在矛盾以及由这些矛盾所决定的事物的特征、成分的产生、发展、变化的过程的总和。事物的形式是指把内容诸要素统一起来的结构或者表现内容的方式。医患纠纷的内容就是指纠纷产生、发展、变化过程的总和，也就是医患双方争议之所在。而形式是指医患纠纷发生过程中形成的材料包括病历资料以及其他文字材料、录音录像资料、证人证言材料、鉴定意见及结论等表现纠纷内容的方式总和。形式着重于外在表现，所以形式审查是对外在表现材料是否具备基本的证据力，也就是是否符合当事人的基本诉讼或调解资格进行审查。诉讼程序和调解程序对当事人的形式审查方式及要求基本程序一致，只是从证据力角度，诉讼程序要较调解程序严格得多。

当患方选择诉讼程序解决纠纷时，作为原告需要向法院递交起诉材料，这时立案庭法官就会对起诉材料进行形式审查，也就是对原告递交的材料是否具备法律所规定的形式要件进行审查。按照《民事诉讼法》第一百一十九条规定："起诉必须符合下列条件：（一）原告是与本案有直接利害关系的公民、法人和其他组织；（二）有明确的被告；（三）有具体的诉讼请求和事实、理由；（四）属于人民法院受理民事诉讼的范围和受诉人民法院管辖。"第一百二十条规定："起诉应当向人民法院递交起诉状，并按照被告人数提出副本。"这些条文规定了当事人起诉，除简易程序外应当向人民法院提交起诉书状及副本，从形式上当事人的起诉应当采用书面形式。

同时，按照《民事诉讼法》第一百二十一条规定："起诉状应当记明下列事项：（一）原告的姓名、性别、年龄、民族、职业、工作单位、住所、联系方式，法人或者其他组织的名称、住所和法定代表人或者主要负责人的姓名、职务、联系方式；（二）被告的姓名、性别、工作单位、住所等信息，法人或者其他组织的名称、住所等信息；（三）诉讼请求和所根据的事实与理由；（四）证据和证据来源，证人姓名和住所。"起诉状内容如有遗漏，法官会通知当事人补正。

形式审查主要是审查原告递交的民事诉状的内容是否符合法律规定的要素：原告、被告、诉讼请求、事实与理由、证据。其各自审查内容是：针对原告的主体身份要审查有无证明材料，如果是自然人，有无身份证，两人以上有无关系证明，在医患纠纷案例中，如果患者已死亡，作为原告是否是原告的继承人，有无患者的死亡医学证明书等，被告如是医院则要审查有无医疗机构执业许可证，同时需注意其诊疗科目和有效期限，被告如是公司则有无营业执照，注意营业范围等；针对诉讼请求要审查相关票证等证据，如医疗费、交通费等有无票据证据，如误工费有无劳动合同、税单或工资减少证据；针对事实与理由要审查有无佐证的证据，如有无病历资料、有无证人证言、有无录音录像等材料，等等。这些材料的形式需与证据目录所列内容一致，并齐全规范。

形式审查是法院立案程序的第一个环节，也是诉讼程序启动的起点。立案审查的重点放在原告起诉材料（包括起诉状和证据等）的形式是否完备、是否符合法律所要求的诸要素的特征和要求上。所以，原告递交的材料必须具备基本的真实性、合法性，切忌提交伪造违法的材料，也就是形式必须合法。当然，原告也要尽量多地准备并递交对自己有利并有力的材料，以在整个诉讼过程中能充分证明自己的观点。

在医患纠纷诉讼程序中，形式审查不仅在立案程序中进行，在审理程序中也同样进行，庭审中证据需经对方质证才能决定是否认证。形式审查作为完成举证环节的第一步，需注意和质证及认证环节环环相扣。举证、质证、认证是证据材料实现证明力的三个环节。当事人主张的诉请需要有事实支持，要获得救济赔偿也需要有事实支持，而要想获得法院的最终支持，则需要有以法律事实证明客观事实的能力，这就是民法“以事实为依据，以法律为准绳”原则的体现，也是我们平时俗称的“讲话要有证据”这个理。怎么理解举证、质证和认证？所谓举证，是对客观事实的再现，也就是当事人要搜集足够多的证据材料以支持自己的观点，以能尽量还原当时的事实。所谓质证，是指对客观事实的质疑、辩解、查验的过程，通过质证可以对事实是否存在，当事人的观点是否成立，逻辑推理是否成立等进行考验，以逐步明晰事实，明辨是非。所谓认证，是指对客观事实的最终固定和认定，也就是通过原、被告双方质证由法官确定的最终事实和判断。这么看来，虽然形式审查过程中并不涉及质证和认证，但却直接决定质证和认证的效果。这就提醒我们，当事人要有全局观，初始阶段就要考虑在整个环节如何通过法律事实也就是证据来维护自己的合法权益，采集的证据要准确客观，要有证明力，以争取最大的利益。

对于调解程序，对立案材料的形式审查则要宽松得多，比如对票据类，不一定要单单符合；对于病史资料，不一定要齐全完整。但对于当事人的主体资格，则须严谨审查，以防止当事人资格不符以致调解无效。

虽然主体、诉权、证据等是否适格不是形式审查的主要目的，但当事人递交的材料是否真实、合法则仍将直接影响到实质审查的效力和结果，所以形式审查是非常重要的阶段。形式审查完毕则进入实质审查阶段，那么，什么是实质审查呢？

第二节　实质审查的内容和意义

所谓实质，也就是事物的本质。透过现象看本质，这是一个人是否能面对纷繁复杂的社会需要具备的基本能力。诉讼程序中,针对当事人递交的诉讼材料,法院也需要透过现象看本质对这些诉讼材料进行实质审查。

立案程序中,法官需对原告递交的材料主体是否合格,诉权主张与诉讼时效是否合法,是否属于法院管辖,管辖权是否适格等问题进行实质性审查。首先审查是否有适格的原告,原告是否是与本案有直接利害关系的公民、法人和其他组织;原告的起诉是否有具体的诉讼请求和事实根据。其次审查是否有明确的被告。再次审查是否属于人民法院受理案件的范围,先形式后实质,这是立案程序要义。在审理程序中,实质审查的内容包括诉讼主体的适格情况,法律关系发生、变更和消灭的情况,当事人争议焦点以及提交的相关证据是否符合真实性、合法性和关联性。针对这些内容,法官需对当事人递交的证据材料是否能充分证明自己的观点,另一方的质证观点是否成立等问题进行可信性和可靠性审查,以决定是否最终采信。对形式审查和实质审查重视的程度不同是由立案程序和审理程序的规则决定的,在审理程序中也遵循先形式后实质的审查,但侧重于实质审查,目的是通过程序正义追求实体正义,维护当事人的合法权益。

在医疗纠纷诉讼程序中,有一个非常专业的证据也就是鉴定意见,这需要当事人有足够的重视和准备,笔者将设专章予以阐述。

我们知道构成医疗损害侵权需要具备四个要件:存在医疗行为,医疗行为有过错,患者有损害结果,医疗过错行为与患者损害结果之间有因果关系。如果不具备这四个构成要件,则不构成医疗侵权损害。但是也有例外。《侵权责任法》第五十八条规定:“患者有损害,因下列情形之一的,推定医疗机构有过错:(一)违反法律、行政法规、规章以及其他有关诊疗规范的规定;(二)隐匿或者拒绝提供与纠纷有关的病历资料;(三)伪造、篡改或者销毁病历资料。”那么在医疗纠纷中如何确定法律责任,这与实质审查息息相关。

对医疗行为的实质审查首先是对原、被告双方递交的病历资料原始件进行审查,这时必须排除不真实、不合法的病历资料,如果存在医疗机构隐匿、拒绝提供病历资料或者伪造、篡改或者销毁病历资料的,则直接推定医疗机构有过错,法官可以根据自由裁量权决定被告医疗机构承担的法律责任。不过在目前阶段什么样的情况属于伪造、篡改,并没有明确的司法解释或条例予以明确,所以各地司法情况不一，有法院认为医院应承担完全责任，也有法院认为伪造篡改的病历资料并不影响医疗行为而要求当事人继续进行司法鉴定以明确责任。目前，针对这种情况究竟该怎么办，亟待司法解释或条例予以明确。

医疗行为是否有过错是庭审关键点之一，也是实质审查的焦点。审查的依据是法律法规。按照《侵权责任法》第五十八条规定："患者有损害，因下列情形之一的，推定医疗机构有过错：(一)违反法律、行政法规、规章以及其他有关诊疗规范的规定……"可见法律法规规章和诊疗规范是审查的依据。无论原告还是被告要善于归纳争议焦点，所谓争议焦点是指纠纷发生的症结，也就是产生纠纷的主要矛盾。争议焦点的归纳主要落实在医疗行为是否存在程序性过错，如是否违反注意义务、告知义务、救治义务等，是否存在实体性过错，存在手术过错、用药过错、护理过错或康复过错等。针对争议焦点，双方当事人要进行充分的举证和质证，虽然医疗纠纷案例一般需要进行鉴定才能最终决定是否存在医疗过错，但庭审观点也会影响鉴定意见并影响法官对案件的认识和判断。

对患者损害后果的实质审查则是审查患方举证证据材料是否具备真实性、合法性、关联性，如果疾病尚未治愈或者处于康复期，则要审查损害后果是否已固定，如已固定，则需及时提出伤残等级鉴定，必要时进行医疗期、营养期、护理期三期鉴定，以实现救济最大化。

对医疗过错与损害后果是否有因果关系的实质审查则是难点之一。医疗纠纷的因果关系常表现为多因一果或多因多果，很少有一因一果的情况。当然，因为医疗损害赔偿纠纷案件难度系数大，专业性太强，法官很少不通过专门鉴定就做出直接判决的，通常需要依靠专业的鉴定意见以判断。但是，作为原、被告当事人，仍需对不利于自己的鉴定意见进行质证，必要时可以申请法院要求鉴定人到庭接受质证以保护自己的合法权益。笔者将对因果关系在今后的章节中结合具体案例做详细阐述。

当然，在调解程序中，对实质审查部分，特别是因果关系部分往往不如诉讼程序中如此对立，可以在当事人心平气和的情况下协商解决。

总之，实质审查是对当事人举证的证据进行真实性、合法性、关联性的证明力审查，是审查当事人举证的证据是否能构成证据链的关键。当然，实质审查过程中也不排除法官运用自己的良知、理性、经验法则和逻辑推理独立对证据进行盖然性的判断。所以实质性审查是案件的关键,也是最难、最光辉之处。

在之后的章节中,笔者将分别通过主体资格的形式审查和实质审查,证据以及病历资料的形式审查和实质审查,鉴定意见的举证、质证和认证,以阐述如何进行初始证据采集和举证,以及如何审查这些证据的真实性、合法性、关联性。通过对包括注意义务、告知义务、救治义务等的医疗程序性过错审查和用药、手术、护理等的医疗实体性过错审查等章节以明确如何判断医疗过错,如何判断因果关系等进行阐述,目的是实现通过本书的阅读对医患纠纷的性质、表现形式、救济方式以及化解处理纠纷有一个全方位认识和把握。

第7章 如何审查医患纠纷主体资格

章首序

要处理一起医患纠纷，首当其冲的就是要善于识别双方的主体资格。主体是法律关系的参加者，是法律关系中权利的享受者和义务的承担者。在医患关系中，医方所涉主体包括医院、医师、护士及其他工作人员，患方所涉主体包括患者本人及其家属。审查医方主体资格的证据有医疗机构执业许可证、医师资格证、执业医师证、护士注册证等，审查患方主体资格的证据有身份证、户籍证明等。

如何识别医患双方的主体资格，需要注意什么问题，一经确定主体违法，将适用什么法律，产生什么样的法律后果，承担哪些法律责任，赔偿金额将有何差异等，本章将回答您这些问题。

Case 案例1 保健站输液不当致患者死亡诉讼案（公司保健站）

核心问题：内部保健站擅自对外行医是否合法？

关键词：内部保健站　职务行为　主体违法

案情简介

原告：顾某，女，37岁

被告：某公司（所涉科室：公司保健站）

初夏的一个中午，38岁的陈某（原告顾某丈夫）感觉咽喉疼痛，前往附近一家公司的保健站就诊。保健站医生沈某看了陈某的咽喉后，考虑是咽喉炎，采用头孢曲松钠1.0克、地塞米松5毫克加入500毫升葡萄糖盐水内为其输液。

然而输液不到3分钟，陈某即感觉恶心欲吐，脸色发白，头上出汗，遂即神志不清，出现尿失禁。沈某即刻拔掉了液体，为患者注射了肾上腺素，然后紧急送往当地医院。

陈某被送到医院后，血压、脉搏已经无法测出，并且口吐白沫，全身紫绀。患者死亡后，家属顾某提出申请对药品进行检验，由于沈某不配合而未能进行。后经法医学鉴定，认定陈某死因符合头孢曲松钠过敏休克致死。

顾某向法院提起诉讼。原告顾某诉称，该公司保健站属于内部医疗机构，只有沈某一名医生。他们委托律师调查发现，该保健站的校验期截至两年前的12月31日。沈某的执业医师证注册的执业范围为预防保健专业。原告要求被告某公司及其保健站按照《最高人民法院关于审理人身损害赔偿案件适用法律若干问题的解释》的规定，对损害后果进行赔偿。

被告辩称，目前我国尚没有对使用头孢菌素类药物必须强制皮试的规定，头孢曲松钠过敏现象十分罕见，不能排除陈某自身体质的因素。被告还称，其行医资格在有效期内。陈某的死亡属意外事件，该医疗行为无过错，不应承担赔偿责任。

法院经审理认为，根据我国《药品管理法》《药品管理法实施细则》《医疗机构管理条例》的有关规定，企业的内部医疗机构，未经卫生行政部门批准，不能向社会开放。医疗机构向患者提供的治疗药物，应与其合法的诊疗范围相适应，并且要凭执业医师的处方调配。该案中被告的医疗执业活动超出注册规定的范围，违反规定使用处方药品，给患者造成了损害，依法应承担赔偿责任。

据此，法院认为该案适用最高人民法院关于人身损害赔偿的司法解释，判令被告赔偿原告医药费、丧葬费、被抚养人生活费、死亡赔偿金、精神损害抚慰金等共计人民币21万多元。

律师解惑

本案是一起因医疗执业主体违法，医方承担全部责任的案例，无疑对类似案件的审理有参考作用。庭审中，原、被告双方曾围绕以下几个主体问题，展开了激烈

的辩论:

一、保健站是内部医疗机构，其对外行医的行为如何认定

原告认为，按照我国《医疗机构管理条例实施细则》的规定:“为内部职工服务的医疗机构未经许可和变更登记不得向社会开放。”被告对陈某的医疗行为违反了上述禁止性的规定。

被告则辩称，陈某明知保健站不对外行医，仍要求沈某为其医治，患者本人亦应承担一定的责任，而沈某的医疗行为纯属个人行为。

对此，法院认定，沈某在明知陈某不属于自己医疗执业许可范围内的服务对象的情况下，仍为其进行诊治，其行为是明显违反规定的。但沈某的医疗行为属职务行为，应由他所隶属的公司对其造成的损害后果承担民事赔偿责任。

二、预防保健医师可否进行内科诊疗行为

原告认为，按照我国《执业医师法》第十四条的规定:“医师经注册后，可以在医疗、预防、保健机构中按照注册的执业地点、执业类别、执业范围执业，从事相应的医疗、预防、保健业务。”沈某对陈某实施内科医师才能进行的医疗诊疗行为，显然超出了法律规定的许可执业范围。

而被告辩称，沈某的执业注册范围虽然是预防保健，但预防保健的服务范围内，同样会遇到感冒、发热这样的基础疾病，沈某对陈某实施的诊疗行为符合规定。

法院最终认定，该案中被告沈某的执业活动，超出了法律规定的范围，因患者的就诊目的是求治咽喉部不适症状，被告违反规定使用了处方药品，执业主体是不合法的。

三、保健站能否为患者陈某提供输液服务

原告认为，保健站只有沈某一名医师，没有配备护士，陈某的输液行为违反了护理常规的规定。

被告辩称的核心是，目前没有法律条文规定保健站不可以进行输液操作。

而法院认定，被告保健站不具备输液、留观、就地抢救的医疗条件，当陈某出现严重

的药物过敏反应后，无法也未能及时进行有效的抢救，最终导致患者死亡的严重后果。

由于此案原告提出的诉由是主体违法，虽然法医学鉴定明确陈某的死因系头孢曲松钠过敏休克，被告在法庭抗辩中也提出应考虑陈某自身无法预料的体质因素，但由于被告沈某在案件发生后，拒不配合药检，致使其无法提供所用药品合格的证据，所以，被告须承担医疗损害后果的全部责任。

本案的关键点是诉讼主体资格的识别和认定。本案中医方涉及三个结构：沈某、保健站和公司，怎样认定这三者关系？沈某是执业医师，其过错行为应由其单位承担，而保健站是公司的一个部门不具有独立主体资格，所以，沈某的过错应由公司承担。本案中沈某的医疗执业活动超出注册规定的范围，如出现损害后果应由公司承担全部责任。所以，原告在起诉时已经充分明晰，故而本案能全胜。

此诉讼案件提醒我们，一旦医疗机构存在主体违法的问题，将面临承担全部责任的风险。

此外，本案还提醒我们，一旦发生医患纠纷，最重要的是保持镇定，理清思路，固定证据，咨询相关专业人员，寻找突破口，妥善处理。比如，本案中陈某被输注头孢曲松钠液体不到 3 分钟就出现休克反应，按照常识，一般人会考虑是输液反应，此后也经法医学鉴定死因符合头孢曲松钠过敏休克致死。此时，医方通常会以“在医疗活动中由于患者病情异常或者患者体质特殊而发生医疗意外的”为由不予赔偿，而家属也多是无奈。

那么，是否就没有任何办法呢？不是的，通常我们可以从如下几种途径寻找突破口：

首先，固定相关证据，包括病历、输液器材等。《医疗事故处理条例》第十七条规定：“疑似输液、输血、注射、药物等引起不良后果的，医患双方应当共同对现场实物进行封存和启封，封存的现场实物由医疗机构保管；需要检验的，应当由双方共同指定的、依法具有检验资格的检验机构进行检验；双方无法共同指定时，由卫生行政部门指定。疑似输血引起不良后果，需要对血液进行封存保留的，医疗机构应当通知提供该血液的采供血机构派员到场。”《侵权责任法》第五十九条规定：“因药品、消毒药剂、医疗器械的缺陷，或者输入不合格的血液造成患者损害的，患者可以向生产者或者血液提供机构请求赔偿，也可以向医疗机构请求赔偿。患者向医疗机构请求赔偿的，医疗机构赔偿后，有权向负有责任的生产者或者血液提供机构追偿。”本案中，陈某家属及时查封了相关输液器材，但由于沈某不配合而未进行，在这点上，患方显然已经掌握了主动权。

其次，审查用药指征，如果不具备相应用药指征，医方将承担相应责任。关于这点，会在第 15 章“如何审查医疗实体性过错：用药”中作阐述。

法律链接

《中华人民共和国侵权责任法》

第五十四条　患者在诊疗活动中受到损害，医疗机构及其医务人员有过错的，由医疗机构承担赔偿责任。

《执业医师法》

第十四条　医师经注册后，可以在医疗、预防、保健机构中按照注册的执业地点、执业类别、执业范围执业，从事相应的医疗、预防、保健业务。

未经医师注册取得执业证书，不得从事医师执业活动。

Case 案例 2
医师外出致主动脉瘤患者延误手术诉讼案（胸外科）

核心问题：医师出诊，延误患者手术将承担何种法律责任？

关键词：医师外出　外出会诊制度　内部失误

案情简介

原告：干某，女，55 岁

被告：某市三级医院（所涉科室：胸外科）

原告诉称，3 月 19 日 14:00，原告之子患者潘某，男，32 岁，在工作时突然感觉胸闷心痛，脸色苍白，不能站立，厂救护车急送患者至某区医院急诊室（15:50）。心脏超声显示：主动脉瘤样扩张，主动脉夹层分离可能性大，主动脉根部内径已达67mm(正常值为20~37mm),病情非常危急,患者随时有主动脉瘤破裂出血致死亡的可能性(美国女排运动员海曼即是在运动场中由于该病当时破裂无抢救时间而亡的)。因该院无进行手术所必需的体外循环设备,故立即将患者转某市三级医院胸外科治疗。

3月19日17:30患者被送入三级医院,诊断为主动脉夹层分离De Bakey Ⅰ型,主动脉瓣关闭不全。当时告病危,患者急需手术抢救,然而家属询问医师得知主任未到,下级医师手术没有把握决定对患者保守治疗,然而患者却于21日11:00突然死亡,死亡原因主动脉夹层动脉瘤,此时主任刚回。

原告认为被告违反了内、外科诊疗常规及法定救治义务,对急需手术治疗的患者错误采取保守治疗方案,与患者的死亡之间具有因果关系,应承担完全民事赔偿责任。

被告某市三级医院辩称,患者所患疾病异常凶险,死亡率极高,并非常规手术可以医治。而被告有能力施行此种手术的医师数量有限,且均在它院出诊,无法及时赶回。故对患者采取保守治疗,以等待主任,且该保守治疗符合诊疗常规,并经患者家属同意,所以,不予赔偿。

案件审理中,法院委托某医学会进行医疗事故技术鉴定,经鉴定分析:(1)患者已明确诊断为主动脉夹层分离,De Bakey Ⅰ型,有行急诊手术适应症,但医方在术前准备过程中因人员方面准备不足缘故,在一定程度上使患者丧失了可能抢救成功的时机,导致动脉瘤破裂猝死,不符合已分离的夹层动脉瘤应尽早手术的诊疗常规。上述医疗过失行为,与患者的死亡之间存在相当的因果关系。(2)患者疾病本身既有高度危险性,高死亡率,手术抢救成功概率不高。患者死亡主要由于自身疾病因素造成,医疗过失起次要作用。医疗在对患者保守治疗期间的临床处理是合理的,用药未违反医疗常规,短时间内两次履行了病重告知。最终鉴定结论为:患者潘某与某市医院医疗争议构成一级甲等医疗事故,医方承担次要责任。

法院认为,患者至被告处就诊,双方即形成医疗服务合同关系,被告应当为患者进行积极、妥善的治疗,并为之提供良好的就医环境。本案中,患者已明确诊断为主动脉夹层分离,De Bakey Ⅰ型,因此有行急诊手术的适应症,但被告在术前准备过程中人员方面准备不足,同时遇上述情况,被告又无相应应急预案,造成患者无法在第一时间内进行手术,在一定程度上使患者错过了可能抢救成功的时机,导致动脉瘤破裂猝死,被告上述行为违反了已分离的夹层动脉瘤应尽早手术的诊疗常规。但患者所患疾病本身确有高度危险性,高死亡率,手术抢救成功概率亦不高。因此,患者死亡系被告医疗过失行为与患者自身疾病因素同时作用所致。最终判定被告承担60%的赔偿责任。

律师解惑

本案是一起因主任医师外出出诊,而医院留守医师不敢实施这项高难度手术,致使患者病情一再被耽误而死亡的案例。事件发生后,家人悲痛万分,主诊医师也受到了严厉的处分。但我们在关注结果之余,似乎更多应关注为什么会发生此事:作为医方,因为什么原因而造成这样的结果;作为患方,在医院长达40个小时内,除了等待,似乎还可以争取更多的主动,当然这个要求对普通百姓而言太高了。本案存在以下问题:

一、急诊手术人员配备不足时,应该怎样救治患者

毫无疑问,设备再精良的医院都会有这样的问题出现,一旦发生急诊手术人员配备不足时,应该属于医院不具备相应的手术条件了,根据《医疗机构管理条例》第三十一条规定:医疗机构对危重病人应当立即抢救。对限于设备或者技术条件不能诊治的病人,应当及时转诊。本案出现的情况正是如此。而主诊医师却囿于自己的传统经验,单向思维,没有考虑在此种情况下,本医院的技术支持已经明显不足了,这时首先要做的就是确保在患者病情稳定的情况下,请外院医师会诊手术或转诊,否则就是违反医疗法律法规及诊疗常规。

二、内部协调失误致医师主体缺陷将承担什么责任

本案鉴定医方承担30%次要责任,但是法院最终判决被告承担60%的责任,是因为医师违反了《医师外出会诊管理暂行规定》,主任外出“会诊”影响了本单位日常工作,所以应承担较大责任。

作为当事人,不仅要关注案件的焦点问题,还要随时关注相应法律法规及规范性文件,才能突破技术封锁。

法律链接

《医师外出会诊管理暂行规定》

第二条　本规定所称医师外出会诊是指医师经所在医疗机构批准,为其他医疗机构特定的患者开展执业范围内的诊疗活动。

医师未经所在医疗机构批准,不得擅自外出会诊。

第七条　会诊医疗机构接到会诊邀请后,在不影响本单位正常业务工作和医疗安全的前提下,医务管理部门应当及时安排医师外出会诊。会诊影响本单位正常业务工作但存在特殊需要的情况下,应当经会诊医疗机构负责人批准。

Case 案例3 宫角妊娠诊治不当死亡诉讼案(超声科)

核心问题:B 超医师越权执业将承担什么法律后果?

关键词:执业范围　超范围执业

案情简介

原告:朱某,女,60 岁

被告:某妇产科医院(所涉科室:超声科)

某年 9 月 7 日,原告之女患者张某,女,33 岁,因不孕不育症在某计划生育科学研究所行胚胎移植术,随后予以保胎治疗。9 月 27 日,经检测尿 HCG(妊娠试验)阴性。后又于 11 月 18 日经 B 超检查示:双胎,其中右侧孕囊宫角妊娠可能。患者前往另一家医院 B 超检查:双胎,GS_1 估测孕龄为 92 天左右,胎心胎动好;GS_2 估测孕龄为 88 天左右,右侧宫角妊娠可能大。

研究所建议患者至某妇产科医院检查,11 月 26 日,患者经熟人介绍至某 B 超医师处检查,报告为:(1)双胎妊娠;(2)一胎宫内妊娠,一胎位于右侧宫角(有向宫腔内生长趋势,建议随访)。该 B 超医师将患者留置观察室查看一夜后，即嘱患者回家休息。

12月13日，患者因下腹痛再次至该妇产科医院B超医师处检查，医生告知其无大碍回家继续观察，因为是熟人故未出报告。

12月14日7:00，患者神志不清4小时，昏迷半小时后前往某医院急诊，随即被诊断为：失血性休克，深昏迷；宫角妊娠破裂；双胎妊娠。当即手术，术中发现：腹腔涌出大量暗红色血液及血块，量约3500ml（注：正常人体血液量5000～5500ml），右侧宫角破裂，破口不规则，直径约5cm，并见活动性出血，予以行全子宫切除术。但终因出血量过多，抢救无效，于12月14日16:00死亡。

本案发生后，家属将焦点集中于某妇产科医院B超医师的诊疗行为上，也就是为什么在患者已经出现腹痛的症状时，该医师未进行有针对性的处理。于是，家属将医院诉至法院。

本案经某医学会医疗事故技术鉴定，专家分析意见：（1）患者系试管婴儿术后，发现双胎妊娠，其中一胎为宫角妊娠。医方对多次B超提示的宫角妊娠的危害性、严重后果认识不足且未充分履行告知义务，未给予留院观察，违反产科诊疗常规；（2）医方在医疗管理上存在职责分工不明确，各项记录不完整，规章制度执行不规范的缺陷；（3）患者最终死亡原因是由于宫角妊娠破裂，失血性休克，医方的上述医疗过失行为，使患者失去了及时抢救的时机，二者之间存在着直接的因果关系；（4）患者及其家属在多家医疗机构诊治，应对宫角妊娠的后果严重性有所认识，但在腹痛加剧、昏厥时却未能及时就诊，延误了抢救的时机。最终认定本案属于一级甲等医疗事故，医方承担主要责任。

法院认为，医方违反法定注意义务，医疗主体存在不规范现象，最终判决医方承担各项赔偿费用。

律师解惑

本案是一起B超医师超范围执业造成患者死亡的纠纷。

一、超声医师的执业范围和超范围执业后果

本案不仅要审查该B超医师的医疗行为是否规范，更要审查其主体资格。《执业医师法》第十四条规定："医师经注册后，可以在医院、预防、保健机构中按照注册的执业地点、执业类别、执业范围执业，从事相应的医疗、预防、保健业务。未经医师注册取得执业证书，不得从事医师执业活动。"

B超医师的执业类别是超声影像专业，是医技类医师，其工作职责是为临床医师出具辅助性的诊断报告，配合但不可替代临床医师的诊疗行为。作为B超医师，合法的医疗程序是根据临床医师开具的检查单，对患者进行相应的检查，可以对患者提出建设性意见供参考，但应嘱咐患者听取临床医师的意见，因为真正的治疗措施应该由临床医师提出，否则就是主体违法。本案中，该B超医师自行替代了临床医师的工作，自行为患者检查，自行留置患者查看一夜，自行嘱咐患者回家，虽然是熟人，但其工作是职业行为，因此本案中B超医师的执业行为违法。

二、为何认定医方承担主要责任

医疗纠纷常表现为多因一果。如本案，患者经历3个月的诊疗，应当能了解基本的孕期知识，在出现腹痛且呈进行性加剧的情况下应当立即就医，但仍然延误，所以，作为患方也要承担适当的责任，对于这点，患方常常无法理解和接受。但这是客观的也是必须接受的法律事实。本案中，患者存在轻信B超医师的过错。本案综合各方因素，鉴定专家最终认定医方承担主要责任符合客观事实和法律法规。

本案判决后，作为责任人，B超医师受到卫生行政主管部门暂停执业六个月的行政处罚，非常严重，值得警示。

三、超范围执业与非法行医的区别

本案B超医师超越职权，违反执业医师法的规定，属于违法操作，但并非非法行医，因为非法行医是指不具备医师资格的人进行医疗活动，而本案的主体具备医师资格，关于非法行医，本书在第22章有详细论述。

法律链接

《执业医师法》

第十四条 医师经注册后，可以在医院、预防、保健机构中按照注册的执业地点、执业类别、执业范围执业，从事相应的医疗、预防、保健业务。未经医师注册取得执业证书，不得从事医师执业活动。

第三十七条 医师在执业活动中，违反本法规定，有下列行为之一的，由县级以上人民政府卫生行政部门给予警告或者责令暂停六个月以上一年以下执业活动；情节严重的，吊销其医师执业证书；构成犯罪的，依法追究刑事责任：

（一）违反卫生行政规章制度或者技术操作规范，造成严重后果的；

（二）由于不负责任延误急危病重患者的抢救和诊治，造成严重后果的；

（三）造成医疗责任事故的；

（四）未经亲自诊查、调查，签署诊断、治疗、流行病学等证明文件或者有关出生、死亡等证明文件的；

（五）隐匿、伪造或者擅自销毁医学文书及有关资料的；

（六）使用未经批准使用的药品、消毒药剂和医疗器械的；

（七）不按照规定使用麻醉药品、医疗用毒性药品、精神药品和放射性药品的；

（八）未经患者或者其家属同意，对患者进行实验性临床医疗的；

（九）泄露患者隐私，造成严重后果的；

（十）利用职务之便，索取、非法收受患者财物或者牟取其他不正当利益的；

（十一）发生自然灾害、传染病流行、突发重大伤亡事故以及其他严重威胁人民生命健康的紧急情况时，不服从卫生行政部门调遣的；

（十二）发生医疗事故或者发现传染病疫情，患者涉嫌伤害事件或者非正常死亡，不按照规定报告的。

案例4
外国来华医师心脏手术致患者死亡协商案(心外科)

核心问题:外国医师来华行医应注意什么问题?

关键词:外国医师短期行医许可证

案情简介

患方:王某

医方:某三级医院(所涉科室:心外科)

某年5月份,某三级医院与国外某医学团体达成医疗教学交流合作意向,当年6月份,该国外医学团体即派医师前往该三级医院心外科作教学指导,指导该院医师实施心脏搭桥术。医院选择了六位患者接受该项手术。王某丈夫作为冠状动脉粥样硬化性心脏病患者,经安排被列为最后一位实施手术。前五位患者均安全经历手术,而王某丈夫因为术中并发脑卒意外死亡。医院解释患者死于手术并发症。

王某无法接受这一现实,但术前知情同意书载明心脏搭桥术存在多种手术并发症,有多种医疗意外可能。审查医院的病历,发现术前一系列检查,特别是涉及心脏的特殊检查完善,手术指征也明确,审查手术记录发现手术经过也符合规范,麻醉等用药符合规定剂量。此案陷入困境。

患方在审查实施手术的医师时发现,该国外医师未经卫生主管部门注册取得《外国医师短期行医许可证》,属于主体资格违法。患方据此与医院协商,医院考虑在此点上存在着根本性的违法,最终与王某达成赔偿协议。

律师解惑

本案是一起因主体资格完全违反行政法规而担责的案例。对类似案例往往经过了这样的分析阶段:

一、医院对患者实施的心脏搭桥术是否符合规范

从医疗角度分析，要审查手术是否具备适应症，是否存在禁忌症，术前检查是否充分完备，包括是否进行了有针对性的心脏超声检查，心电图等检查是否详细，术中操作是否符合规范等。

二、医院主体资格是否合乎规范

从主体角度分析，要审查医院是否具备实施该项手术的条件和资质，医师是否具备相应的资质，因为在目前新技术新项目层出不穷的情况下，对资质的审查尤显重要。本案恰恰在医师资质上出现了问题。协调中，医院辩称，该外国医师只是作教学指导，不属于临床诊疗活动，但承认该外国医师参与了手术。而这实质上就是一种临床医疗行为。根据1992年10月7日卫生部令第24号发布的《外国医师来华短期行医管理暂行办法》，所谓"外国医师来华短期行医"，是指在外国取得合法行医权的外籍医师，应邀、应聘或申请来华从事不超过一年期限的临床诊断、治疗业务活动。外国医师来华短期行医必须经过注册，取得《外国医师短期行医许可证》。本案中，医院偏于教学交流的概念，根本未考虑须为相关外国医师办理许可证，所以，在主体不合法的情况下，医院应当承担全部责任。

本案提醒我们，在国内外教学交流活动日益频繁的背景下，作为与患者生命安全息息相关的医疗行业，应当严格遵守法律法规，任何行为都应在法律框架下实施，容不得半点马虎，否则，就是以患者的生命健康为代价的。

虽然此案经医患双方自行调解，省略了冗长复杂的诉讼程序。但作为患方，从解决问题的技巧，从法律法规的角度来审查医疗行为和主体资格，有时可以起到"四两拨千斤"的效果。

法律链接

《外国医师来华短期行医管理暂行办法》

第二条　本办法所称"外国医师来华短期行医"，是指在外国取得合法行医权的外籍医师，应邀、应聘或申请来华从事不超过一年期限的临床诊断、治疗业务活动。

第三条　外国医师来华短期行医必须经过注册，取得《外国医师短期行医许可证》。

《外国医师短期行医许可证》由卫生部统一印制。

第十二条　外国医师来华短期行医注册的有效期不超过一年。

注册期满需要延期的，可以按本办法的规定重新办理注册。

第十三条　外国医师来华短期行医，应当事先依法获得入境签证，入境后按有关规定办理居留或停留手续。

第十五条　违反本办法第三条规定的，由所在地设区的市级以上卫生行政部门予以取缔，没收非法所得，并处以10000元以下罚款；对邀请、聘用或提供场所的单位，处以警告，没收非法所得，并处以5000元以下罚款。

Case 案例5 整形纠纷诉讼案(整形医院)

核心问题：患者使用假名就诊将导致什么后果？

关键词：假名就诊　笔迹鉴定

案情简介

原告：李某，女，30岁

被告：某医院(所涉科室：整形医院)

患者李某，女，某年5月30日以祝琳的名义前往某整形医院进行宽鼻缩窄术。术后一年，以手术失败为由将某整形医院诉至法院，要求赔偿各项损失人民币10万余元。

被告认为，与自己发生医患关系的患者是祝琳而非李某，因此与李某不存在医患关系，请求法院驳回原告的诉讼请求。

庭审过程中，法院应被告申请委托某司法鉴定中心进行笔迹鉴定，以确定在医院《鼻部美容手术术前告知暨知情同意书》上书写的“祝琳”签名笔迹是否为李某所写。

鉴定中心通过对检材、样本的检验，以及检材和样本的比较检验，发现两者反映出的书写风貌特征一致，且在签名的写法、结构、布局及相同单字笔画的运笔方式、搭配比例、笔顺和起、收、练、折、绕笔动作等笔迹细节特征上均存在一致性。结论为医院《鼻部美容手术术前告知暨知情同意书》上需检的“祝琳”签名笔迹是李某所写。

为此，医患关系确立。法院委托鉴定机构进行鉴定，但最终认定医方无过错，驳回原告的诉请。

律师解惑

本案有一定的特殊性。

本案中，原告李某举证的资料中，体现的患者名字均是祝琳，如果不是在病历资料中有一份知情同意书，那么，显然李某将无法完成举证责任，而承担败诉的法律后果。所以，再次提醒患者，在就诊时一定要书写正确的名字，同时要及时核对医院提供的单据上个人名称，以防有误，最终遭受不必要的损失。实践中有患者以假名就诊，但患者出院后死亡，那就无法提出对自己有利的证据，最终被法院驳回诉请的情况。

而本案经笔迹鉴定确定了医患关系，只是完成了患方的举证责任，只是程序性审查，而实质性审查是经过鉴定完成的，最终鉴定医方不存在过错，医方也无须承担民事赔偿责任。

结 束 语

本章重点论述了如何审查和识别医患双方资质的问题，也就是各方是否具备合法的诉讼主体资格。下面笔者就涉及医患纠纷主体的相关法律问题作如下梳理：

一、医疗机构的诉讼主体地位应如何确定

在我国，目前的医疗机构多为事业单位法人、企业法人和非企业法人单位。这

三类法人当然有诉讼主体资格,可以作为诉讼主体参加诉讼。但现实生活中,还有其他几种情况,比如:(1)医疗机构若系有登记证书的法人分支机构,则可以作为诉讼主体,否则由其上级法人单位作为诉讼主体;(2)医疗机构承包科室的,仍应以医疗机构作为诉讼主体;(3)医疗机构邀请外院专家到本医疗机构进行会诊、手术等医疗行为,外请专家均以邀请医疗机构名义对外行医,或者外请医疗机构均认可外院专家系为该医疗机构行医,应以该邀请医疗机构为诉讼主体,而不应以外请专家和外院为共同诉讼主体;(4)个体诊所,应以登记的业主为诉讼主体。

需要特别指出的是,医疗机构主体资格的证明文件不是医疗机构执业许可证,而是事业单位法人证书、企业法人营业执照、非企业法人登记证书等。医疗机构执业许可证书是行医资质的证书,而非诉讼主体的证明材料。

二、医疗侵权案件中两个以上医疗机构为被告时如何承担责任

患者在两个以上医疗机构先后进行治疗的,并认为这两个以上的医疗机构对其损害后果都有医疗过错及因果关系的,通常会在医疗侵权案件中,将这两个以上的医疗机构列为共同被告。一般情况下,这些医疗机构分别对患者实施了医疗行为,如果都有过错,且过错与患者的损害后果有因果关系,应按照《侵权责任法》第十二条的规定予以处理。这是“多因一果”的侵权行为,依据《侵权责任法》第十二条的规定,二人以上分别实施侵权行为造成同一损害,能够确定责任大小的,各自承担相应的责任;难以确定责任大小的,平均承担赔偿责任。因此,各医疗机构对于患者承担的应该是按份责任。司法实践中,绝大多数案件通过司法鉴定确定各医疗机构的责任比例,进而明确各医疗机构应当承担的赔偿责任。如果能够确定其中的某个或某些医疗机构无医疗过错或无因果关系,则该医疗机构就不承担赔偿责任。当然,也有极少数承担连带责任的情况,例如其中一家医院医务人员实施具体的医疗行为,但出具的手续和对外的名义是另一家医疗机构,这种情况下的两个医疗机构之间就有合作或者挂靠的关系,应当认定两个医疗机构相互之间承担连带责任。

三、医疗侵权纠纷案件的原告如何确定

医疗侵权纠纷案件中,原告也即赔偿权利人,主要是患方,即直接遭受人身损

害的患者、依法由患者承担扶养义务的被扶养人以及死亡患者的近亲属。这里主要包括三类人:一是因医疗侵权行为或者其他致害原因直接遭受人身损害的患者;二是依法由患者承担扶养义务的被扶养人;三是死亡患者的近亲属。其中,直接遭受人身损害的患者是直接受害人;因患者伤残、死亡而遭受生活来源损失的被扶养人以及死亡患者的近亲属是间接受害人。对于患者死亡的,其近亲属是原告。近亲属的确定首先是法定第一顺序的继承人,即患者的配偶、父母及子女,还包括患者生前承担扶养义务的被扶养人。在法定第一顺序的继承人均不存在的情况下,由法定第二顺序的继承人作为原告,即患者的祖父母、外祖父母、兄弟姐妹。

需要特别指出的是,患者本人起诉医疗机构的医疗侵权纠纷案件,患者本人在诉讼中死亡的,患者的继承人可以申请作为原告继续诉讼。如患者死亡是医疗机构过错医疗行为的原因最终造成的,但在死亡前已经鉴定机构鉴定构成伤残的,一般而言,患者原有的关于医疗费、误工费、护理费、住院伙食补助费等诉讼请求仍可继续主张;但残疾赔偿金的请求一般不能主张,因为患者已经死亡,此时,患方主张的损害后果应该是患者的死亡。患者的继承人作为原告参加诉讼后,可以直接主张死亡赔偿金、丧葬费等赔偿项目。此外,关于精神损害抚慰金的诉讼请求,其继承人能否主张呢?《最高人民法院关于审理人身损害赔偿案件适用法律若干问题的解释》第十八条第二款规定,精神损害抚慰金的请求权,不得让与或继承。但赔偿义务人已经以书面方式承诺给予金钱赔偿,或者赔偿权利人已经向人民法院起诉的除外。也就是说,精神损害抚慰金在已经发生的诉讼中是可以继续主张的。

四、缺陷出生类医疗侵权纠纷案件的原告如何确定

缺陷出生类医疗侵权纠纷案件是指因医疗机构未充分履行诊疗、筛查义务,漏诊、漏查生理缺陷胎儿,导致缺陷婴儿出生,引发的医疗纠纷案件。由于婴儿的先天缺陷非医疗机构造成,医疗机构如有过错,也只是未及时查出婴儿的缺陷,影响其父母的知情权、生育选择权,以致可能造成其抚养缺陷儿比抚养正常儿多支出费用的相关损害。这类案件侵犯的是生理缺陷婴儿父母的知情权、生育选择权。故此类案件的权利主体即原告并非缺陷儿本人,而应为缺陷儿的父母。

五、针对主体资格，司法实践中存在的几个常见误区

（一）患方姓名发生错误

有这样一则案例，患者章伟发生车祸后入住某院，诊断为股骨干骨折，急诊手术，术后患者发生了严重的肺动脉栓塞并发症，患者经抢救无效死亡。患者家属因忙于交通事故处理，对医疗行为没有异议，与医院结清了费用。半年后，患者家属认为医院有过错，诉至法院。此时才发现，在所有的住院病历及单据中患者的名字均为“张伟”，医院以此“张伟”非彼“章伟”为由，要求驳回原告诉讼请求。最终虽经调解结案，但患方很是周折。所以，作为患者，挂号时就应看清挂号单上的名字是否与自己的姓名一致。同时，还要注意在整个就诊过程中，包括门诊或住院期间的病历资料与单据上的名字与自己的姓名是否一致，这点非常重要。

（二）起诉时患方继承人遗漏

患者生存，则患者本人为原告。患者死亡后，患方家属如欲起诉，原告就是患者的法定继承人。根据我国《继承法》的规定，第一顺序法定继承人是配偶、子女、父母；第二顺序继承人是兄弟姐妹、祖父母、外祖父母。一旦提起诉讼，作为同一顺序的法定继承人，应当一并参与，否则，既不愿意参加诉讼，又不放弃实体权利的，法院将追加其为共同原告。而实践中，曾有具有法定继承权的一人提起诉讼而他人不知情的情况，最终造成家庭内部纷争。

（三）疏于审查医院资质

目前我国医院一般分为一级、二级、三级三个级别，各级医疗机构均有相应诊疗科目，卫生主管部门对其可以开展的诊疗项目有明确规定，超出即为违法。而一旦审查得出医疗机构不具备相应的诊疗资质，实质性的医疗行为是否符合诊疗常规也就不必过多讨论了，因为资质不具备就意味着医方承担全部民事责任。

（四）疏于审查医务人员资质

根据我国《执业医师法》的规定，医师经注册后，可以在医院、预防、保健机构中按照注册的执业地点、执业类别、执业范围执业，从事相应的医疗、预防、保健业务。未经医师注册取得执业证书，不得从事医师执业活动。

实践中，常常有实习医师、进修医师、非本院医师、未取得相应许可证的外籍医师执业从医的，作为患方，必要时必须注意审查相应的执业资质。如果确实，医方

要承担全部民事责任。而针对跨专业的医疗行为,司法实践一般结合医疗行为进行审查,综合鉴定报告进行审理。

六、患方在诉讼中要求查看医疗机构相关医护人员的医疗资质如何处理

如果患方在诉讼中对个别医务人员的执业资格提出异议并提供了支持其异议的初步理由和证据,人民法院可以要求医疗机构提供该医务人员的执业资格证书。但是,患者一方要求医疗机构提供病历资料中出现的所有医务人员的执业资格证书的,不应支持。

七、对患方和医方的建议

综合本章内容,笔者在此向患方和医方提供一些法律建议以供参考:

作为患方,患者在就诊前,首先,要注意医疗机构的执业资质;其次,要注意医务人员的行医资质,不要被广告或宣传所迷惑;最后,必须确保自己就诊姓名的一致性,以免张冠李戴,导致败诉。一旦发生医疗纠纷,患方首先要保持冷静,取得相应证据,可以与医方协商处理,如果协商失败,就应该及时提起诉讼,维护自己的合法权益。同时,还应当注意法律适用的区别。一旦确定医务人员不具备相应的主体资格,将适用《侵权责任法》《最高人民法院关于审理人身损害赔偿案件适用法律若干问题的解释》相关规定,医疗机构将承担高额赔偿责任。

针对医方,也应注意审查患者的主体资格,是否是完全民事行为能力人。如果是18周岁以下(不含18周岁)的患者独立就诊,对其诊治方案需告知患者的监护人,如患者为女性,前来做人流,则一定需在其监护人陪同下前来就诊,医师不可以单独对其实施手术,当然紧急情况除外。如果是精神疾病患者前来就诊,也需要其监护人陪同就诊签字。

具有完全民事行为能力的患者入院后常会签署授权委托书,授权其家属代理某些决定行为。这份授权委托书签订后,患者本人是仍然有签字权利的。当然如果患者和委托代理人的意见不一致的话,则以患者本人的意见为准。所以医方也需掌握清楚这些基本的法律概念,以使自己的行为准确规范。

第8章 如何收集、举证、质证医患纠纷证据

章首序

证据是能够证明案件真实情况的各种资料。“以事实为根据，以法律为准绳”，是法律适用原则之一，此处的“事实”是指与案件有关的客观证据，也就是必须经查证属实的证据，才能作为认定事实的根据，而非主观臆断。除法律特别规定之外，我国法律适用“谁主张，谁举证”原则，也就是当事人需就自己的主张提供相应的证据证明，所以诉讼或调解前收集相关证据是非常必要的。而收集之后的法院质证环节也非常重要，常关乎案件的成败，因此，证据意识非常重要。经修订后于2013年1月1日起实施的《民事诉讼法》规定，证据包括八类：（一）当事人的陈述；（二）书证；（三）物证；（四）视听资料；（五）电子数据；（六）证人证言；（七）鉴定意见；（八）勘验笔录。为此，本章将对各类证据进行阐述，同时阐述如何收集证据，如何举证和质证等问题。

Case 案例6 子宫肌瘤射频消融术致损诉讼案（妇产科）

核心问题：起诉前应当收集哪些证据？

关键词：八类证据　搜集证据

案情简介

原告：卢某（曾用名：罗某），女，42岁

被告：某医院（所涉科室：妇产科）

原告诉称:原告患有子宫肌瘤,偶然看到被告医院的广告宣传资料,得知被告正在开展不需开刀的子宫肌瘤射频消融术,即电话询问并被告知手术无副作用。

7月9日,原告至被告医院,被告立即为原告施行了全麻下子宫肌瘤+内膜部分射频消融术。术后,原告即感觉腹痛,留观一夜,略有好转回家休息,医师告知如有情况,打电话询问即可。术后数日内,原告虽经抗感染治疗,仍有腹痛,呈进行性加重状态,即多次电话询问医师,告知忍一忍即可。

7月18日,原告因腹痛难忍至被告医院。原告在被告妇产科留观一夜后,因腹痛剧烈,7月19日被收治外科。外科即诊断为急性腹膜炎,疑肠穿孔急诊手术。术中发现:腹腔内大量黄褐色腹水,腹腔内脏器广泛覆盖大量脓苔。距回盲部30cm小肠系膜对侧见1.0cm×1.0cm大小穿孔,有气体和肠液流出。即行小肠穿孔修补术和阑尾切除术。

术后,经多家医院检查发现,原告存在肠粘连、不全性肠梗阻,同时发现仍有子宫肌瘤。虽经专科医院治疗,肠梗阻、肠粘连只是略有好转。

原告认为,被告医院存在着诸多过错,主要表现如下:

一、被告医院违反法定告知义务

被告医院对原告开展的子宫肌瘤射频消融术是一种特殊治疗和手术,按照《医疗机构管理条例》第三十三条规定:“医疗机构施行手术、特殊检查或者特殊治疗时,必须征得患者同意,并应当取得其家属或者关系人同意并签字。”然而,本案中,整个射频消融术的治疗前后,医师未履行任何告知义务,侵犯了原告的知情同意权。

二、被告手术存在违法嫌疑

射频消融术作为一项新技术,至今未载入妇科诊疗常规,因此,这是一项实验性临床医疗行为,按照《执业医师法》第二十六条:“医师应当如实向患者或者其家属介绍病情,但应注意避免对患者产生不利后果。医师进行实验性临床医疗,应当经医院批准并征得患者本人或者其家属同意。”但在本案中,该项手术的合法性值得怀疑。

三、被告医院违反法定注意义务

原告在7月9日首次门诊,被告即决定对其手术,术前未询问任何既往病史,也未注意是否存在手术指征,是否有手术禁忌症,也无详尽的手术记录。术后,也未告知原告应注意事项,在原告一再询问被告的情况下,仍是敷衍了事,违反法定注意义务。

四、原告损害后果严重

因为被告采用违法的射频消融术,直接损伤原告的脏器并导致肠穿孔的损害后果,直至肠粘连、不全性肠梗阻,阑尾被切除,目前虽经治疗,但原告已无法正常活动,无法正常饮食,且存在着进一步加重的可能,已完全丧失劳动能力,生活质量严重受损,而所谓的子宫肌瘤也未消融。原告须长期终身治疗。

为此,原告诉至法院,要求被告赔偿经济损失费 118,265.98 元(残疾生活补助费、超出诉讼请求的营养费、护理费、医疗费等待鉴定后再行追加);精神损失费 50,000 元;保留后续治疗费、营养费、护理费、交通费等的诉讼权利;本案诉讼费由被告承担。

被告收到诉状后,考虑到其存在过错,经与原告协商,一次性赔偿原告人民币 19.5 万元,双方无其他争议。

律师解惑

本案是一起诉讼后原被告自行和解结案的案例,为何被告会自认其过错?这与原告庭前仔细收集证据形成了一条完整的证据链是密不可分的。在此,针对证据相关概念作如下点评:

一、什么是证据

证据是与案件有关的一切事实,具有法定表现形式。根据《民事诉讼法》相关规定,证据有当事人的陈述、书证、物证、视听资料、电子数据、证人证言、鉴定意见、勘验笔录八大类。

所谓当事人的陈述,是指当事人就有关案件的事实情况向人民法院所作的说明,它包括当事人自己说明案件事实和对案件事实的承认。如本案中,被告自认有关事实并承认医疗过错,所以被采信,从而省略了鉴定等环节。

所谓书证,是指能够根据其表达的思想和记载的内容查明案件真实情况的一切物品。在医疗纠纷案件中一般指病历资料、尸检报告等。

所谓物证,是指据以查明案件真实情况的一切物品和痕迹。在医疗纠纷案件中,一般指输液器材、输血器材、医疗器械等。

所谓视听资料,是采用现代技术手段,将可以重现案件原始声响、形象的录音录像资料和储存于电子计算机的有关资料及其他科技设备提供的信息,用来作为证明案件真实情况的资料。一般而言,医疗纠纷案件很少有视听资料证据,但随着社会的发展,视听资料逐渐出现并已有被采信。

所谓电子证据,是指以数字形式保存在计算机存储器或外部存储介质中,能够证明案件真实情况的数据或信息。例如保存在硬盘、DVD、U盘等存储设备中的数据。电子证据是《民事诉讼法》修订后新增加的一类证据,目前这一概念的定义尚在发展中。结合《电子签名法》及《电子病历基本规范(试行)》等规定,在医患纠纷中出现的电子证据常有电子病历、电子邮件、短消息等,这类新型证据在今后的医患纠纷中将大量出现。

所谓证人证言,是指知道案件真实情况的人,向办案人员所做的有关案件部分或全部事实的陈述。在医患纠纷案件中,此类证据虽较少,但不排除被采信。

所谓鉴定意见,是指鉴定人运用自己的专门知识和技能以及必要的技术手段,对案件中发生争议并具有专门性的问题进行检测、分析、鉴别的活动。鉴定意见是正确认识和处理案件的重要根据之一。因此,鉴定有"证据之王"之称。在医患纠纷中,特别是进入诉讼程序后,法官经常会启动鉴定程序以查清事实。

所谓勘验笔录,是指办案人员对与案件有关的场所、物品、人身进行勘验、检查时,所作的文字记载,并由勘验、检查人员和在场见证人签名的一种书面文件。在医患纠纷中,勘验笔录这类证据采用频率较低。

证据必须查证属实,才能作为认定事实的根据,也就是证据必须真实、客观,具有可信性、可靠性,才有证明力。为了支持自己的观点,当事人必须搜集足够多的证据,特别是符合法律规定的程序条件和合法形式的证据,也即是有证据力的证据才行。

二、本案收集了哪些证据

第一,本案原告在被告医院就诊时使用的是罗某的名字,为此,原告及时至公安机关办理了相关证明文件,以确定主体资格。

第二，本案原告进行子宫肌瘤射频消融术是在门诊进行，只是留院观察了一夜，所以，原告在诉前先至医院获取了相关病史资料，并复印了外科住院手术病史资料，以固定就诊事实。

第三，原告考虑被告进行的子宫肌瘤射频消融术具有资格违法嫌疑，为此，至有关行政管理部门调查，获得了相关资料。

第四，原告通过不同医院的就诊，固定了原告的损害后果。

所以，通过原告诉前的一系列证据收集活动，为"谁主张，谁举证"赢得了第一步。最终，通过被告的认可，本案得以调解。

法律链接

《中华人民共和国民事诉讼法》

第六章　证据

第六十三条　证据包括：

（一）当事人的陈述；

（二）书证；

（三）物证；

（四）视听资料；

（五）电子数据；

（六）证人证言；

（七）鉴定意见；

（八）勘验笔录。

证据必须查证属实，才能作为认定事实的根据。

第六十四条　当事人对自己提出的主张，有责任提供证据。

当事人及其诉讼代理人因客观原因不能自行收集的证据，或者人民法院认为审理案件需要的证据，人民法院应当调查收集。

人民法院应当按照法定程序，全面地、客观地审查核实证据。

第六十五条　当事人对自己提出的主张应当及时提供证据。

人民法院根据当事人的主张和案件审理情况,确定当事人应当提供的证据及其期限。当事人在该期限内提供证据确有困难的,可以向人民法院申请延长期限,人民法院根据当事人的申请适当延长。当事人逾期提供证据的,人民法院应当责令其说明理由;拒不说明理由或者理由不成立的,人民法院根据不同情形可以不予采纳该证据,或者采纳该证据但予以训诫、罚款。

Case
案例7
颧骨缩窄整形手术失败诉讼案(整形医院)

核心问题:录音资料可否作为证据?

关键词:录音资料 当事人陈述

案情简介

原告:王某,女,25岁

被告:某医院(所涉科室:整形医院)

王某于2005年至某整形医院行颧骨缩窄术,术后感觉满意。2007年3月,因为颧骨骨髓炎至他院多次治疗,仍无法治愈。此时,王某考虑是否与前次整形术有关,遂至某整形医院与其交涉。但王某此时方知自己手中无任何整形医院发票,也无任何整形病历资料,整形医院以未对王某实施过诊疗行为为由,将王某拒之门外。万般无奈之下,王某与当时的手术医师通电话,并将电话作了录音,以此为由,王某将医院诉至法院。

原告诉称,被告违反手术诊疗常规,术后未进行详尽的观察,并且未告知原告注意事项,致使原告发生骨髓炎,被告应予赔偿。

被告辩称,被告未对原告实施过手术。原告的录音资料可能系伪造,所谓的手术医师已不在本院工作,故不同意赔偿。

法院审理中,要求被告通知该手术医生到庭,手术医师到庭后承认实施过该项手术,最终医院也承认这一事实。法院对原告提供的录音资料予以采信。最终经原、被告协商，被告一次性赔偿原告人民币2万元，本案就此了结。

律师解惑

本案是一起非常特殊的案例，原告的证据仅有一份录音资料。一般而言，因为录音资料是传来证据，非原始证据，对定案有一定困难，所以，在本案中，当被告拒绝承认这份录音资料时，法院通知该手术医师到庭接受调查，非常必要。

本案有如下证据：

一、录音资料

一般而言，一份真实的录音资料是原始声音的真迹再现，它能逼真地反映出讲话人的音质、音素、语言习惯、讲话时的心情以及当时当地各种因素的影响。当播放这些录音时，熟悉情况的人很快就能作出辨认，讲话人也不能随意加以否认。因此，录音资料被称为“会说话的证据”。

本案中，作为手术医师，因为心理因素无法否认自己说过的话和做过的事，所以当庭承认。当然，如果该医师否认，原告也可申请就该录音资料进行音质鉴定。

二、当事人陈述

当事人陈述是一种直接证据，本案手术医师当庭承认手术，而该医师虽然现在离开整形医院，但在两年前是在医院工作的，当时的行为属于职务行为，法院可以采信并要求医院就医师的过错承担民事责任。

三、对医师的调查资料

原告在诉前对该手术医师进行了调查，获得了手术医师的相关注册资料，也有助于法官通知该医师到庭接受调查并确认医师与整形医院之间的关系。

本案是一起在没有病历这一原始、直接证据前提下，根据录音资料、当事人陈述及相关调查资料，构成证据锁链，确认相关事实，最终实现原告胜诉的案件，具有一定的特殊性。

法律链接

《中华人民共和国民事诉讼法》

第七十一条 人民法院对视听资料,应当辨别真伪,并结合本案的其他证据,审查确定能否作为认定事实的根据。

案例8 老年患者住院期间如厕摔倒诉讼案(内分泌科)

核心问题:何种情况适用高度盖然性原则?

关键词:举证能力 高度盖然性原则

案情简介

原告:袁某,男,72岁

被告:某医院(所涉科室:内分泌科)

原告诉称,3月4日,原告因患糖尿病至被告内分泌科住院治疗。3月7日9时许,原告至所在病区的公共厕所如厕,因地面有积水湿滑而摔倒在地,致原告股骨颈骨折。事后经与被告交涉无果,故诉至法院,要求被告全额赔偿原告医疗费、护理费、交通费、住院伙食补助费、营养费、残疾赔偿金、残疾辅助用具费、精神损害抚慰金、律师代理费、鉴定费等共计人民币18万元。

被告医院辩称,原告如厕的地方是病人浴室厕所,非公共厕所,而且事发当日系病人浴室的非开放时间,原告却至病人浴室内的厕所如厕从而摔倒,原告私自进入浴室厕所如厕违反住院相关规定。原告陈述其因浴室内有积水而滑倒,但并未就地面有积水提供充分证据,故被告对该事发原因不予认可。据此,被告认为,原告如厕时自行摔倒,被告在该事故中无过错,不应承担任何赔偿责任。

庭审中,原告为证明事发时因地面积水而摔倒,特提供如下证据:(1)到庭证人的证人证言,主要内容为:证人的父亲因患糖尿病入住被告处,恰与原告住同一病房,证人在陪伴父亲的过程中曾听到原告与被告处护士谈论涉案事故,原告问护士,其如厕时是否因地面积水而摔伤及护士因此为其更换了裤子,护士对此予以认可;(2)事发后原告家属与被告处工作人员协商纠纷的谈话录音光盘及书面整理资料,被告处工作人员在谈话中陈述:"……厕所内到底是一摊水,还是厕所本身潮湿,我们不回避……你强调水,换裤子是事实,我们不回避。……"

经质证,被告对证据(1)的真实性持异议,不予认可;对证据(2)的真实性无异议,确认录音资料中相关人员系被告处的工作人员。案件审理中,法院曾至被告处询问录音光盘中涉及的相关工作人员,被告处相关人员对原告提供的录音光盘及书面整理资料的真实性均予以认可,但表示其并未对地面有积水予以认可。

另经法院查明,事发浴室门上注明"病人浴室非开放时间请勿入内",且张贴的洗澡须知注明开放时间为"病人浴室:每周二、四、六,开放时间:13:00－17:00"。事发当天非浴室开放时间。

法院审理认为:本案的争议焦点之一在于原告如厕时摔倒的原因。

现根据原告提供的录音资料及证人证言可知,事发后被告处工作人员及时为原告更换了有水渍的裤子,原告方在与被告工作人员协商解决过程中始终坚持原告系因浴室地面积水而滑倒,被告方对此的态度一直为"不回避",据此,法院认为原告关于在浴室厕所如厕时因地面积水而滑倒摔伤的主张具有高度盖然性,可予确认。虽然被告辩称,原告未对其摔倒原因提供直接证据,且原告如厕时可能因为受惊吓、起身时血压降低等因素摔倒,但本院认为,被告作为事发场所的管理者具有取证的便利,但其并未就相关辩称或排除原告系因浴室地面积水滑倒的事实提供相应证据加以证实,相反,事发时原告系无家属陪伴的老年病人,要求其在摔倒的第一时间获取直接证据未免过于苛刻,故被告的辩称法院不予采纳。

本案的争议焦点之二在于对原告摔伤的损害后果,被告是否尽到了相应的安全保障义务,以及原告自身是否具有相应的过错。

本案中,被告作为从事医疗活动的组织,对至其处就诊的患者依法负有合理限度范围内的安全保障义务。现因被告于事发时未在涉案浴室铺设防滑垫,亦未确保浴室地面处于干燥状态,为涉案事故的发生埋下了安全隐患,存有明显过错,故应就原告摔倒致伤的损害后果承担赔偿责任。至于被告关于原告在浴室的非开放时间至浴室内的厕所如厕违反了住院规定的辩称,法院认为,首先,虽然被告在浴室外张贴了"病人浴室非开放时间请勿入内"的告示,但在浴室的非开放时间内并未采取相应措施关闭浴室,为住院病人自由进出浴室提供了可能,故在管理上存有漏洞;其次,原告作为完全民事行为能力人,明知"病人浴室非开放时间请勿入内"却仍入内如厕,同样存有过错,同时原告至浴室厕所如厕时对其自身安全也有相应的注意义务,故对涉案事故亦应负有一定责任。根据有关法律规定,被侵权人对损害的发生也有过错的,可以减轻侵权人的责任。据此,综合考虑本案实际情况,法院确定涉案事故造成的原告的损害后果应由被告承担70%的民事赔偿责任。

法院最终判决被告赔偿原告医疗费、护理费、交通费、住院伙食补助费、营养费、残疾赔偿金等共计人民币86,000元。

律师解惑

本案是一起住院患者如厕摔倒致损伤的案例。类似案例经常会出现对摔倒原因的争执,是医方原因还是患方原因,常常纠结不清。现实中因医方常见的原因有未尽到合理注意义务,未尽到合理保障义务,未尽到合理告知义务,比如没有设置安全提示和告示,没有设置安全护栏,厕所装备不符合安全要求,地面有水渍油渍或污渍,对患者没有进行风险评估,护理等级与患者病情不匹配,等等。因患方常见的原因有未遵守医院管理规定,未到规定区域如厕,自己磕碰,自己病情所致跌倒,自己未注意周围设施设备等。可以发现,一旦发生患者损害事件,必然会涉及对各方举证能力的考量和认证问题,本案无疑具有很好的借鉴意义。

一、对双方举证能力的考量

证据需要经过举证、质证和认证三个环节,举证是对客观事实的再现,质证是对客观事实的审验、质疑和批驳,认证是对客观事实的固定。本案在庭审中,双方举证的证据有:当事人陈述、书证、物证、视听资料、证人证言等,较普通医患纠纷案件证据类别更多样。从案情简介中可以发现原告方举证了证人证言与视听资料的证据,为什么原告方要列举如此之多的证据呢?因为本案属于非医疗纠纷的医患纠纷,本案的争议焦点之一是原告如厕时摔倒的原因,原因不同,责任不同,判决结果也不一样。所以,原告方在无法取得摔倒时现场直接证据的情况下,要尽量收集相关的间接证据,使其尽量相互印证,以期能还原再现当时摔倒的事实,形成证据链。本案启发患方,在没有第一直接证据的情况下,可以充分收集其他证据以支持自己的观点,因为客观事实需要通过法律事实也就是法律证据来证明。

二、何谓高度盖然性

法院在判决中认为:"原告关于在浴室厕所如厕时因地面积水而滑倒摔伤的主张具有高度盖然性,可予确认。"那么,什么是盖然性?什么又是高度盖然性呢?盖就是概率,然就是必然,盖然也就是具有必然发生的概率,高度盖然性也就是诉请没有严格的证据锁链,但是法官根据良知、理性、经验法则和逻辑推理,可以发现证据之间存在关联,据此独立认定事实做出判断。《最高人民法院关于民事诉讼证据的若干规定》第六十四条规定:"审判人员应当依照法定程序,全面、客观地审核证据,依据法律的规定,遵循法官职业道德,运用逻辑推理和日常生活经验,对证据有无证明力和证明力大小独立进行判断,并公开判断的理由和结果。"这一条就是对盖然性的法律阐述。

本案为什么可以适用高度盖然性原则,是因为原被告双方均无强有力的证据链以自证自己的事实并推翻对方的事实,在这种情况下,就有法官根据自己的理性和经验,依据自由心证并尽可能接近事实以做出独立判断。所以,本案对类似案例是有很强的参考和借鉴作用的。

法律链接

《中华人民共和国民事诉讼法》

第六十七条　人民法院有权向有关单位和个人调查取证,有关单位和个人不得拒绝。

人民法院对有关单位和个人提出的证明文书,应当辨别真伪,审查确定其效力。

第六十八条 证据应当在法庭上出示,并由当事人互相质证。对涉及国家秘密、商业秘密和个人隐私的证据应当保密,需要在法庭出示的,不得在公开开庭时出示。

第六十九条 经过法定程序公证证明的法律事实和文书,人民法院应当作为认定事实的根据,但有相反证据足以推翻公证证明的除外。

第七十条 书证应当提交原件。物证应当提交原物。提交原件或者原物确有困难的,可以提交复制品、照片、副本、节录本。

提交外文书证,必须附有中文译本。

第七十一条 人民法院对视听资料,应当辨别真伪,并结合本案的其他证据,审查确定能否作为认定事实的根据。

第七十二条 凡是知道案件情况的单位和个人,都有义务出庭作证。有关单位的负责人应当支持证人作证。

不能正确表达意思的人,不能作证。

Case 案例9

股骨头骨折漏诊诉讼案(骨科)

核心问题:患者借阅资料遗失致无法鉴定将导致什么后果?

关键词:证据遗失

案情简介

原告:宋某,女,48岁

被告:某医院(所涉科室:骨科)

5月5日,宋某因不慎摔倒致右腿摔伤至某医院检查,当时医师为其摄片检查右侧胫腓骨,无骨折,简单处理后,宋某回家。数日后,宋某右腿无法行走,再次至医院检查,经摄片检查发现右侧股骨头骨折,医院为其施行了右侧股骨头切开复位术。术后两年,患者检查发现股骨头坏死,在他院被行右侧人工股骨头置换术。为此,患者向医院借阅X线片子九张,并写了借条。患者通过向其他专家请教,认为医院延误诊断,致使患者股骨头骨折未能得到及时诊断和治疗,是造成股骨头坏死的原因之一,因此,诉至法院要求医院赔偿人民币15万余元,并保留后续治疗费的诉讼权利。

医院辩称,在当时的情况下,对患者进行的诊断和治疗没有过错,患者股骨头坏死是股骨头骨折术后并发症,医院不同意赔偿。

法院经被告申请委托某医学会进行鉴定。在递交相关资料时,原告所借阅的九张片子只有七张,遗失了初次门诊的两张片子,医学会认为本案资料不全,无法进行鉴定,退回法院。

法院审理认为,无法进行鉴定的原因是因原告而起,为此,原告承担相应责任。同时法院认为,被告在第一时间未检查得出原告股骨头骨折的事实,仍存在一定的过错,法院最终判令被告补偿原告人民币2万元,驳回原告的其他诉讼请求。

律师解惑

本案是一起因原告遗失相关病史资料,致使诉请无法得到完全支持的案例。

本案中,因为原告向被告借阅相关证据X光片子,致使对片子的举证责任由原告承担,因原告遗失,最终无法进行鉴定,原告承担不利后果。

所以,本案提醒我们,任何时候都不可以遗失案件相关证据,因为事实是通过证据证明的。

结 束 语

本章阐述了怎样收集、举证和质证医患纠纷证据。在此,对证据的相关法律问题作如下整理:

一、诉讼证据的基本特征

诉讼证据与一般意义的证据不同,基本特征表现在以下几个方面:

（一）证据的客观性

证据的客观性，是指由证据证明的事实必须是伴随着案件的发生、发展的过程而遗留下来的，不以人们的主观意志为转移而存在的事实。比如，在医患纠纷案件中，无论是纸质病历还是电子病历，病历必须是伴随着患者的整个就医过程而产生并记录下来的，不是医务人员凭借自己的想象而产生。

（二）证据的关联性

证据的关联性，是指证据必须同案件事实存在某种联系，并因此对证明案情具有实际意义。证据对于案件事实有无证明力，证明力大小，取决于证据与案件事实有无联系，以及联系的紧密、强弱程度。在医患纠纷案件中，包括病历资料、影像资料、病理切片、鉴定结论等证据均应从各个角度证明医疗行为有无过错，医疗行为与患者的损害后果之间有无因果关系等等，也就是证据与事实之间有无关联性，只要确认证据与案件事实有关联性，该证据就具有一定的证明力。

（三）证据的合法性

证据的合法性，是指收集证据的主体要合法，证据来源程序要合法，证据必须具有合法形式，证据必须经法定程序查证属实。在医患纠纷案件中，每个证据必须合法才能作为定案的依据，如果一旦伪造，则将不可采信，相关举证责任人也将承担败诉的法律后果。

二、证据的意义

“以事实为根据，以法律为准绳”是当代中国法的适用原则之一。我们知道，事实如果没有证据证明，当事人将承担败诉的法律风险。所以，证据是整个诉讼与调解活动的基础和核心，也是诉讼实务中最重要的环节，贯穿于形式审查和实质审查程序之中。通过本书许多案例，我们可以发现，不管是病历资料也好，鉴定结论也好，法官断案的基础均需依靠相应的证据，即便是行使自由裁量权，采用盖然性原则或者优势证据规则，也是在综合诉讼各方证据的基础上，运用自己的常识、经验、法律知识等综合判断而成。所以，在一定程度上，审案是以证据为基础和根据的。调解也需以证据为核心，不可能凭空调解，否则就没有说服力，会使调解失败。

三、收集证据应注意事项

收集证据是一项重要的活动，也是最基础的工作。当事人收集相关证据必须符合以下基本要求：

（一）必须依照法律的要求收集证据

收集证据必须依照法定程序和要求才能有证据力。比如《侵权责任法》第六十一条规定，“医疗机构及其医务人员应当按照规定填写并妥善保管住院志、医嘱单、检验报告、手术及麻醉记录、病理资料、护理记录、医疗费用等病历资料。患者要求查阅、复制前款规定的病历资料的，医疗机构应当提供。”《民事诉讼法》第六十八条规定，“书证应当提交原件。物证应当提交原物。”第六十五条规定，对证据“应当辨别其真伪，审查确定其效力。”这些规定从法律上确保证据的真实性，真实性是证据力的基础。

（二）收集证据必须主动、及时

所谓主动、及时，是指案件发生后，赶赴现场要快，要立即着手收集证据，快速深入调查，以免失去收集证据的机会。因为证据的内容会随着时间的推移而发生变化甚至消失，越近则越真实，对方也越无改动的机会。比如，一旦发生医患纠纷，患方要在第一时间复印和封存相关病历，封存相关输液器材，获得相关证据，以确保真实性，医方也要及时保存证据，切忌伪造、篡改病历资料，同时要及时通知患方封存相关药品、输液器材等材料并由医患双方签名封存。

（三）收集证据必须客观、全面

所谓客观地收集证据，就是要从客观实际情况出发去收集客观存在的证据材料，既不能用主观猜想去代替客观事实，也不能按主观需要去收集证据，更不能弄虚作假去伪造证据。所谓全面地收集证据，就是要从不同的角度去收集能证明所有案件事实要素的证据，既不能只收集支持某事实主张的证据而无视否定该事实的证据，也不能只收集证明案件主要事实的证据而不收集证明案件次要事实的证据，否则难免以偏概全，断章取义，最终判断失误。比如在医患纠纷案件中，就必须收集与案件有关的整个诊疗过程的证据，比如病史资料，相关物证，诊疗常规，专家意见等证据，以期全面客观反映整个案件事实，以查清医疗行为是否有过错，是否与患者损害后果之间存在因果关系，以便能全面掌握整个案件。

（四）收集证据必须深入、细致

收集证据本身是一项深入、细致的调查工作。与案件有关的痕迹存在于各个细节之中。比如本章所讲的录音资料，以及有关案件中所涉及的录像资料等，均是通过深入、细致的工作而得之，最终也是依靠这些关键证据而一锤定音。所以，收集证据是一项需要精雕细琢的工作，有时要付出大量艰辛。

四、医疗侵权纠纷案件举证责任如何分配

医疗侵权纠纷案件举证责任一般要围绕双方当事人的争议焦点，根据相关法律进行分配。这类案件的争议焦点一般包括：(1)患者与医疗机构之间是否存在医患关系；(2)患者的损害后果；(3)医疗行为是否存在过错；(4)医疗行为如果存在过错，与患者的损害后果之间是否存在因果关系及责任程度。

对于适用《侵权责任法》的医疗侵权纠纷案件，上述争议焦点的举证责任均在患方。关于医疗产品责任纠纷的举证责任，《侵权责任法》第五十九条规定，因药品、消毒药剂、医疗器械的缺陷，或者输入不合格的血液造成患者损害的，患者可以向生产者或者血液提供机构请求赔偿，也可以向医疗机构请求赔偿。患者向医疗机构请求赔偿的，医疗机构赔偿后，有权向负有责任的生产者或者血液提供机构追偿。由于对医疗机构是否属于销售者以及血液是否属于产品争议极大，在《侵权责任法》颁布后，各界均认可本条规定是关于产品责任的特殊规定，即医疗产品损害责任，也就是说，立法者为了便于患者一方求偿，在立法中将医疗机构视为医疗产品销售者。同时，对于输入不合格的血液造成损害的，亦比照医疗产品责任进行处理。既然医疗产品是产品责任的一种，医疗产品损害责任与《侵权责任法》第五章规定的产品责任就应该适用同样的归责原则，即无过错原则。也就是说，对于医疗产品责任纠纷，患者一方无须证明医疗产品的生产者、销售者、医疗机构是否有过错。由患方对产品缺陷、损害结果、因果关系承担举证责任。因输入的血液是否合格引发的损害责任纠纷案件，由患方对血液不合格、损害结果、因果关系承担举证责任。

对于医疗行为和损害后果均发生在《侵权责任法》施行之前的医疗侵权纠纷案件，一般由患方承担存在医患关系及损害后果的举证责任，由医疗机构就医疗行为

与损害结果之间不存在因果关系及不存在医疗过错承担举证责任。

此外,医疗机构还应当就其免责事由承担举证责任。

五、针对证据,当事人要避免几个极端:

(一)患方单纯依靠手中几张病史资料即起诉

常常在庭审中发现患方只有几张病史资料,实际上患方对整个案情并未完全了解就起诉,庭前功课没有做好,证据准备不足,最终证明医方并不存在过错,或不属于医疗损害,原告方耗费了大量的人力、物力和财力,却只换得败诉的后果。

(二)收集证据过多过滥,没有重点

常常在庭审中发现患方提交了大量的证据,包括许多的证人证言,然而对案件的关键问题却没有概括性证据,参加鉴定会也是喋喋不休,没有重点,最终导致败诉,可见过犹不及,这也是因没有掌握证据的意义和诉讼的特点及技巧而致。

(三)医方过于自信,诉调前不进行证据准备

在庭审中,经常发现医方过于自信自己的证据,然而质证中却发现没有证据链,仅仅想通过鉴定获得证据支持,想毕其功于一役,却忽略了对其他证据的关注,最后导致败诉。

第9章 如何审查病历资料

章首序

一旦发生医疗纠纷,患方首先需要启动的程序就是复印并封存病历。何谓病历?根据《病历书写基本规范》第一条规定:“病历是指医务人员在医疗活动过程中形成的文字、符号、图表、影像、切片等资料的总和,包括门(急)诊病历和住院病历。”由此可以看出病历是专业性很强的资料,那么它具体包括什么内容,如何收集,如何固定,如果发现病历有涂改、伪造、遗漏等缺陷,意味着什么样的法律后果,对病历怎样进行形式审查和实质审查?本章将回答您这些问题。

Case 案例10
剖宫产术后四小时死亡调解案(妇产科)

核心问题:如果患者自管病历与医院保存病历产生冲突,如何认定其效力?

关键词:病历　真实性　合法性

案情简介

患方:李某,男,23岁

医方:某医院(所涉科室:妇产科)

产妇系李某妻子,因停经9月,双胎入院待查,某日18:45行剖宫产术。术中吸出羊水800/1000ml,色清,LOT/ROT助娩二女,体重分别为2950g与3000g。术中出血350ml,19:30术毕按压宫底压出积血约100ml,予对症处理。术后四个半小时,患者就被宣布死亡。李某忍住悲痛,立即要求复印并封存了病历。审查患者的病程记录,其中有这么一段记载:

20:30,患者阴道出血,称重800ml,血压120/80mmHg,心率88次/分,宫底脐平,质软。予以对症,并输红细胞悬液4单位。急查血常规、凝血四项。

21:00,心率108次/分,呼吸24次/分,血压144/98mmHg。血Rt:红细胞:$2.4 \times 10^{12}/L$(正常值$3 \sim 4.5 \times 10^{12}/L$),血红蛋白:61g/L(正常值110~150g/L);凝血四项延长,纤维蛋白0.997g/L(正常值2~4g/L),措施联系纤维蛋白原。

21:40,患者又出血称重670ml,至此出血共计1920ml。

………

23:20,患者又出血称重750ml。

23:30,患者出现血不凝。心率136次/分, BP:68/32mmHg。

23:50,准备手术,但插管后心跳停止。凌晨0:00宣布患者死亡。死亡原因是失血性休克。

经专业人士审查分析认为,如果医方能早期发现、早期检查并早期启动抢救措施,患者不一定会死亡,所以医方存在观察不当、治疗不当的过错,应承担较重的法律后果。

患方据此和医方协商。对患方所指出的过错,医方并无太大异议,对损害等级,双方均认为构成一级甲等医疗损害,可是在承担责任的比例上,双方出现争议,患方认为医方应承担完全责任,医方认为患者死亡结果是手术的并发症之一,基于这一点,医方承担的责任是次要责任。双方争议较大,于是患方申请启动医疗纠纷调解方式。

医疗纠纷人民调解委员会(以下简称医调委)受理患方的申请后,通知医方参与调解。在调解进行过程中,医调委咨询专家进行论证,专家认为,从病程记录单上可以看出,医师已经观察到了患者产后大出血,但是,由于处理失误,没有及时启动再次手术,导致病情贻误,医方应承担主要责任。医调委据此征询医患双方的意见,双方仔细考虑后认同了专家的意见,最终医方同意承担70%的主要责任。

本案得以通过医调委以调解的方式解决。

律师解惑

本案是一起经过调解结案的医疗纠纷案例。为什么通过调解就能结案呢？这与双方对病史资料的及时保存及审查密不可分。在医患纠纷中，特别是医疗纠纷中，对医方过错的审查需要通过搜集证据来获取第一手资料，而病历是非常重要的证据，所以有必要对病历的相关法律问题进行详细的阐述。

一、《侵权责任法》实施后对医疗纠纷案件审理模式的变化

《侵权责任法》已于2010年7月1日起实施，在该法实施前，医疗纠纷案件审理是依照《最高人民法院关于民事诉讼证据的若干规定》的规定："因医疗行为引起的侵权诉讼，由医疗机构就医疗行为与损害结果之间不存在因果关系及不存在医疗过错承担举证责任。"这就是举证责任倒置原则。在实务操作中，常需由医方就自己不存在医疗过错及不存在因果关系进行举证，如果无法举证，则推定医方有责任，医方需承担相应法律责任。

然而自《侵权责任法》实施后，情况发生了改变。《侵权责任法》第五十四条规定："患者在诊疗活动中受到损害，医疗机构及其医务人员有过错的，由医疗机构承担赔偿责任。"该法实施后医疗纠纷案件就不再适用举证责任倒置原则。也就是医方是否存在过错及是否存在因果关系，均由患方提供证据证明，似乎加重了患方的举证责任。其实不然，因为《侵权责任法》第五十八条规定："患者有损害，因下列情形之一的，推定医疗机构有过错：(一)违反法律、行政法规、规章以及其他有关诊疗规范的规定；(二)隐匿或者拒绝提供与纠纷有关的病历资料；(三)伪造、篡改或者销毁病历资料。"这就给患方举证带来一定的实际操作空间，也就是患方只要有证据能证明这其中之一的，法院就可以直接推定医方有过错，医方就需要承担相应的法律责任。所以，患方对病历的复印、封存和审查非常重要。

二、关于病历的基本概念

根据《医疗机构病历管理规定》，病历是指医务人员在医疗活动过程中形成的文字、符号、图表、影像、切片等资料的总和，包括门(急)诊病历和住院病历。在《侵权责任法》实施以前，病历分为主观病历和客观病历。然而《侵权责任法》第六

十一条规定:“医疗机构及其医务人员应当按照规定填写并妥善保管住院志、医嘱单、检验报告、手术及麻醉记录、病理资料、护理记录、医疗费用等病历资料。患者要求查阅、复制前款规定的病历资料的,医疗机构应当提供。”显然,自《侵权责任法》实施后,病历不再有主客观之分,患者有权复印所有病历资料,包括打印生成的电子病历纸质版本。这是非常重要的法律变化,医患双方都要及时了解并掌握。

三、《侵权责任法》实施后医患双方举证病历的责任分配

根据《医疗机构病历管理规定》,病历包括门(急)诊病历和住院病历,门(急)诊病历内容包括门(急)诊病历首页[门(急)诊手册封面]、病历记录、化验单(检验报告)、医学影像检查资料等。住院病历内容包括住院病案首页、入院记录、病程记录、手术同意书、麻醉同意书、输血治疗知情同意书、特殊检查(特殊治疗)同意书、病危(重)通知书、医嘱单、辅助检查报告单、体温单、医学影像检查资料、病理资料等。病历可按规定分别由医方或患方保管,住院病历由医方保管,门(急)诊病历除特殊规定外由患方保管,所以在启动医患纠纷解决方式前,各方要出示自己保管的病历原件。针对患方出示的住院病历复印件,医方须提交原件。

四、患方如何复印病历

首先,谁有权复印病历。如患者是完全民事行为能力人,则患者本人有权复印病历,其委托代理人带好委托材料也有权复印病历。如患者是限制民事行为能力人或者无民事行为能力人,则由其监护人带好相关材料复印病历。如患者已死亡,则由其继承人带好相关材料复印病历。

其次,复印病历的程序。由上述人员携带材料至医院的相关部门提出申请,相关部门不得推诿,按照《侵权责任法》的规定,除法律有特殊规定外,应当立即提供。

五、如何审查病历的形式要件和实质要件

病历作为重要的证据,必须具备证据的法律要素,即真实性、合法性与关联性,这就是对病历进行形式审查和实质审查。如《病历书写基本规范》第三条规定:“病历书写应当客观、真实、准确、及时、完整、规范。”《侵权责任法》第五十八条规定,医方伪造、篡改或者销毁病历资料的，直接推定医疗机构有过错，所以病历的真实性是第一要义。

如何审查病历的真实性？首先，要区分组成部分，也就是按照《病历书写基本规范》的规定，住院病历内容包括住院病案首页、入院记录、病程记录、手术同意书、麻醉同意书、输血治疗知情同意书、特殊检查（特殊治疗）同意书、病危（重）通知书、医嘱单、辅助检查报告单、体温单、医学影像检查资料、病理资料等。患方要审查各个病历内容是否相互印证，是否一致，如有不一致的地方，则可以推定其中存在伪造、篡改等嫌疑。其次，要查看病历与患者自己搜集的其他证据是否印证，如有不符，也不能排除病历的伪造或篡改的嫌疑。所以，病历在形式要件也就是真实性上要符合法律规范。

至于审查病历的合法性，要注意其内容是否符合法律、法规、规范及诊疗常规等，也就是是否存在医疗过错。本例中，为什么患方会审查出医方没有在早期启动抢救措施的过错，依据就是诊疗常规。因为通过病史可以发现，患者在术后血压进行性下降，心率进行性增快，提示有休克表现，按照诊疗常规，此时医师应积极查找原因，进行病因鉴别，及时阻断引起休克的原因，及时启动第二次开腹手术的抢救措施以终止产后大出血引起的休克。患方的这一行为就是审查病历的实质要件即合法性，如违反法律、行政法规、规章以及其他有关诊疗规范的规定，按照《侵权责任法》的规定，直接推定医疗机构有过错，所以本案得以通过调解快速解决纠纷。

六、医疗纠纷案件证据以病历资料及鉴定为主

在医疗纠纷案件的审理过程中，常有患者举出录音带、照片等证据，但不被法院采信，患者感到困惑，无法接受。这是因为医疗纠纷案件涉及医疗这一专业问题，作为法官，根据自己一般的专业知识无法判断医院的医疗行为是否存在过错，所以，许多案件依赖鉴定意见也就不足为奇了。而鉴定意见是一种主观证据，对客观事实的认定可能会因人而异，具有一定的误差，所以实践中，常常会有相似的案件，鉴定结果却大相径庭。不过，这一现象将长期存在，因为医学的服务对象是人体，而提供服务的主体是医务人员，所以，涉及的主观因素较多，虽然有医疗法律法规及诊疗常规等约束，但仍不可能像设备一样精确到标准件，对于这点，患方应当理性面对。

但鉴定的前提是真实合法有效的病历，所以，作为患方不能放弃对医院病历资料进行仔细审查的机会，必须以相应的法律法规为准绳，仔细对照。

七、如果患者自管病历与医院保存病历产生冲突，如何认定效力

如果是医方伪造住院病历则按照《侵权责任法》的规定直接推定医方有过错，医方承担相应的法律责任。实践中也出现患者伪造自管病历的情况，这时就必须与医药费单据或其他证据相对照，甚至可以通过笔迹鉴定进行审查，一旦经审查确定伪造，将承担不利后果，所以，任何一方当事人均不可伪造证据。

因此，了解和掌握有关病历的基本知识，有助于患者（方）在第一时间掌握第一手资料，防止医务人员伪造、隐匿、篡改或者销毁病历资料，有助于获得主动性，当然，必须在法律的框架下进行，如果患者（方）因一时之气抢夺或撕毁病历资料，则患方将承担败诉的法律后果。

本案之所以通过调解快速解决纠纷，很重要的一个原因是患方及时取证、及时论证并正确选择处理方式。一旦发生纠纷，患方需要客观面对理智应对，及时搜集证据，特别是及时复印封存病历，并及时请示相关专业人员分析，了解正确的纠纷处理方式，这些可以减少处理难度，提高胜诉概率。实践中，常有患方发生纠纷后，采取堵门、辱骂甚至殴打医务人员的过激方式来泄愤，情绪可以理解，但是方式显然不当，当被采取行政强制措施后又不敢或不能维权，自己的利益反而受损，雪上加霜不可取。

法律链接

《中华人民共和国侵权责任法》

第五十八条　患者有损害，因下列情形之一的，推定医疗机构有过错：

（一）违反法律、行政法规、规章以及其他有关诊疗规范的规定；

（二）隐匿或者拒绝提供与纠纷有关的病历资料；

（三）伪造、篡改或者销毁病历资料。

第六十一条　医疗机构及其医务人员应当按照规定填写并妥善保管住院志、医嘱单、检验报告、手术及麻醉记录、病理资料、护理记录、医疗费用等病历资料。

患者要求查阅、复制前款规定的病历资料的，医疗机构应当提供。

《医疗机构病历管理规定》

第五条 医疗机构应当严格病历管理，严禁任何人涂改、伪造、隐匿、销毁、抢夺、窃取病历。

《医疗事故处理条例》

第九条 严禁涂改、伪造、隐匿、销毁或者抢夺病历资料。

第十七条 疑似输液、输血、注射、药物等引起不良后果的，医患双方应当共同对现场实物进行封存和启封，封存的现场实物由医疗机构保管；需要检验的，应当由双方共同指定的、依法具有检验资格的检验机构进行检验；双方无法共同指定时，由卫生行政部门指定。

疑似输血引起不良后果，需要对血液进行封存保留的，医疗机构应当通知提供该血液的采供血机构派员到场。

Case 案例11
急腹症猝死病历缺陷协商案（急诊科）

核心问题：如何区别合法修改病历与伪造病历？

关键词：伪造病历 病历缺陷

案情简介

患者：钱某，男，30岁

医方：某医院（所涉科室：急诊科）

某日2:00患者因腹痛一小时去急诊，有呕吐，当时查体温38℃，心律90次/分，脉搏25次/分，血压90/60mmHg，检查腹肌紧张，有压痛，有反跳痛，腹部摄片有液平，考虑可能是肠梗阻，医师立即给予克林霉素等抗感染治疗，并予以解痉等对症处理。3:20给予患者静滴NS250ml＋克林霉素1.2克，半小时滴完更换其他盐水时，患者突然神志不清，血压下降，经抢救无效死亡。

患者死亡后，医师查看急诊病历，发现上面没有血压记录，慌乱之下把原来的一份急诊病历撕毁又重新写了一份急诊病历，将血压加入，并向家属解释不排除患者有隐匿性心脏病发作心源性猝死或颅内病变猝死可能，建议家属尸体解剖以明确原因。6:00当患者家属从慌乱中清醒过来后，拿回急诊病历，细心的家属发现这份急诊病历似乎有问题，仔细查看发现，急诊病历封面上记载的患者名字不是自己所写，是别人的笔迹，原来家属陪同患者就诊时，挂号后是由自己填写的门急诊病历封面上的姓名、性别、年龄及家庭住址等内容，可是现在手中的这份门急诊病历封面上的内容明显不是自己的笔迹，具有法律意识的患者家属马上想到了医师伪造了病历，立即向医方提出。当医方管理者看到后，意识到问题的严重性，立即核对家属和夜班医师的笔迹，发现患方手中持有的这份病历是急诊夜班医师所写，这时夜班医师声明患者就诊后就是由自己所写的病历，包括封面。家属不答应，有眼尖的家属发现急诊室内安装录像监控探头，要求调取夜间录像。医院管理者立即调取急诊间的夜间录像，录像资料显示是家属填写的病历封面。应家属的要求，对这段录像也进行了刻录保存。

至此，事情已经非常明了，急诊医师重新书写了病历。这时，急诊医师又声明自己只是添加了血压，其他内容都没有改变，都是对患者诊治措施的真实记载，没有伪造和篡改。可是医方管理者明知非原始的病历就是伪造病历，按照《侵权责任法》的规定应承担相应的法律责任。本案经过医患双方协商后送交医调委，协商解决此案。

律师解惑

在本案中，大家会发现医师有两次声明，当然第一次声明通过另一个证据录像监控得以否定，但是第二次声明在现实中经常出现。医师通常认为对事实部分更改不是伪造，而本案为何会认定为伪造呢？

一、什么情况属于伪造病历

所谓伪造，顾名思义就是造假。本案为什么会被认定为造假呢？因为原始件的消失。一般情况下，患者就诊后对自己所经过的细节记忆非常深刻，通常在实务操作中，患者一般不会说谎，当然不排除患者隐瞒或有其他目的的情况而说谎。在现实中，确实存在医师为患者书写病历并附带填写封面的情况，除非患者有证据，这种情况就认定医师所写的病历是真实的原始件。但是在本案中，家属坚持封面是自己所写而且最终由录像证明，这就可以直接认定医师造假了。可是医师第二次声明认为虽然是自己另写的门急诊病历，但是内容没有变啊，这怎么叫伪造呢？这就又回到本章前面一个案例所讲的病历的真实性和合法性问题了。真实性是合法性的前提，如果没有真实性，那就不需要审查合法性了，其实严格意义上的真实性也是合法性的内涵之一。所以，实践中，只要病历存在不真实，也就是形式要件不合法的情况，就会被直接认定是伪造、篡改，按照《侵权责任法》第五十八条之规定，医方伪造、篡改或者销毁病历资料的，直接推定医疗机构有过错。

二、如何区别合法修改病历与伪造病历

如果本案中，急诊医师并未撕毁原始门急诊病历，而是在病历上又添加了当时的血压，这属于伪造吗？不属于，这是对真实状态的记录，属于符合法律规定的修改病历，也就不会直接推定医疗机构有过错了，本案的结局也许就不一样了。所以，医方的法律意识也非常重要。

三、如何审查本案的实质要件

其实，本案对克林霉素的使用是有问题的。根据《临床医生用药大全》《克林霉素药物说明书》等关于克林霉素滴速的规定："每小时静脉滴注含有克林霉素的药液不能超过100ml，否则滴速过快会发生呼吸中枢神经抑制引起血压下降，心跳骤停和呼吸循环衰竭死亡。"本案医生于3:20给患者静滴NS250ml＋克林霉素1.2克，半小时就滴完，滴速太快，患者死亡考虑是"滴速过快会发生呼吸中枢神经抑制引起血压下降"的不良反应。这么看来，本案的用药是有问题的。

写到这里，笔者想到作为不具备专业医学知识与法律知识的患方，要想打赢医疗官司确实非常难，需要具备火眼金睛的能力。

四、关于缺陷病历的认定及法律后果

综合相关法律规定，对病历的法律要求是真实合法，严禁伪造、篡改、隐匿、销毁等，如果出现这些情况，则统称为缺陷病历。缺陷病历可分为部分缺陷和全部缺陷，如果只有部分病历存在伪造、篡改、隐匿或销毁等情况，则在诉讼中法官可以根据盖然性原则以决定其他病历是否仍可以做鉴定，也就是部分缺陷对案件的影响程度是根据具体情况决定的，有些剔除缺陷病历仍可做鉴定，有些剔除缺陷病历后则不可做鉴定，实践中处理不一。但如果所有病历都存在伪造、篡改、隐匿或销毁等情况，则就直接推定医方存在过错，医方要承担完全责任。本案中虽然只是封面造假，但因为急诊病人的病史都记载在门急诊病历上，夜班医师说只是添加血压，但是也有可能改变了全部病历，所以就直接推定医方存在过错，严格意义上医方是要承担完全责任的。所以，病历的缺陷程度不同，法律后果不一样。

法律链接

《病历书写基本规范》

第二章　病历书写

第十一条　门(急)诊病历内容包括门(急)诊病历首页(门(急)诊手册封面)、病历记录、化验单(检验报告)、医学影像检查资料等。

第十二条　门(急)诊病历首页内容应当包括患者姓名、性别、出生年月日、民族、婚姻状况、职业、工作单位、住址、药物过敏史等项目。

门诊手册封面内容应当包括患者姓名、性别、年龄、工作单位或住址、药物过敏史等项目。

第十三条　门(急)诊病历记录分为初诊病历记录和复诊病历记录。

初诊病历记录书写内容应当包括就诊时间、科别、主诉、现病史、既往史，阳性体征、必要的阴性体征和辅助检查结果，诊断及治疗意见和医师签名等。

复诊病历记录书写内容应当包括就诊时间、科别、主诉、病史、必要的体格检查和辅助检查结果、诊断、治疗处理意见和医师签名等。

急诊病历书写就诊时间应当具体到分钟。

第十四条 门(急)诊病历记录应当由接诊医师在患者就诊时及时完成。

第十五条 急诊留观记录是急诊患者因病情需要留院观察期间的记录，重点记录观察期间病情变化和诊疗措施，记录简明扼要，并注明患者去向。抢救危重患者时，应当书写抢救记录。门(急)诊抢救记录书写内容及要求按照住院病历抢救记录书写内容及要求执行。

Case 案例12 电子病历瑕疵诉讼案(消化内科)

核心问题：电子病历的合法性要求

关键词：电子病历

案情简介

原告：李某，男，43岁

被告：某医院(所涉科室：消化内科)

原告父亲因呕血被诊断为上消化道出血入住某院消化内科。1月6日深夜23:00，患者突然大量呕血，经抢救无效死亡。当时患者儿子李某不在场，得知消息赶到医院已是凌晨2:00，父亲已经去世。死亡原因诊断是失血性休克。李某当时忙于处理父亲后事，没有复印封存病历。1月11日10:00，李某觉得医疗行为似乎有过错，就到医院要求复印并封存病历。因患者的病历是电子病历，当时尚有一些资料未打印出来，李某等待科室医护人员打印出来后，复印了病历并将打印的纸质版本进行封存。

李某将复印的病历拿回家，委托律师查看病历资料是否有问题，经律师查看发现抢救记录并无太大问题，即便有瑕疵也属于较小的缺陷。这时，这位律师询问了李某复印封存病历时的细节，律师发现了一些端倪。分析后，李某决定起诉医院。

法院受理后，择期开庭。庭审中，原被告双方对医院提交的住院病历原件,也就是电子病历的纸质版本进行质证。原告认为本案有一个庭外的事实需要法院调查核实,如若无法核实,申请进行鉴定。也就是按照《电子病历基本规范》第二十一条规定:“住院电子病历随患者出院经上级医师于患者出院审核确认后归档,归档后由电子病历管理部门统一管理。”本案中,原告认为,自己在父亲去世五日后至医院复印病历,可是当时这份电子病历尚未归档,违反了法律规定。被告认为,电子病历早已在患者死亡时固定,只是未打印保存,所以不违反法律规定。针对这个事实,双方似乎都有道理,这时原告申请法院根据《民事诉讼法》第六十七条规定:“人民法院有权向有关单位和个人调查取证,有关单位和个人不得拒绝。人民法院对有关单位和个人提出的证明文书,应当辨别真伪,审查确定其效力。”合议庭经评议认为,电子病历涉及许多技术问题,需要由专门机构认定。据此,原告申请对电子病历是否有伪造和篡改进行文检鉴定。本案委托某科学技术研究所司法鉴定中心进行鉴定,鉴定人进入被告数据库调查后,做出鉴定结论认为,患者的抢救记录形成时间是1月7日1:50,可是在1月11日10:30有进入的记录并有修改记录,故认定该电子病历形成时间、再次进入时间及修改时间不一。再次开庭时法官询问原告的意见是否进行因果关系的司法鉴定,原告拒绝并认为这份病历存在伪造,应直接推定医方存在过错并承担全部责任。

法院经审理查明,1月6日23:00患者出现呕血时,被告医师即对患者采取了相关抢救措施,1月7日1:30经抢救无效宣布临床死亡,1月7日1:50,被告医师对抢救经过进行了详细记录,这符合法律规定。1月7日,被告对病历进行了归档。根据《电子病历基本规范》相关规定,归档后电子病历即应统一保管,然而1月11日10:30又有进入患者电子病历的记录和修改记录,该行为属于伪造、篡改病历,被告存在过错,按照《侵权责任法》第五十八条之规定,应承担一定的法律责任,最终判令被告承担60%的赔偿责任。

律师解惑

本案是一起电子病历瑕疵的新类型案例。关于电子病历的认定和鉴定,实务操作尚属于初始阶段,将来会增多。针对电子病历,需要把握以下法律问题。

一、电子病历的概念

《电子病历基本规范》第三条规定:“电子病历是指医务人员在医疗活动过程中,使用医疗机构信息系统生成的文字、符号、图表、图形、数据、影像等数字化信息,并能实现存储、管理、传输和重现的医疗记录,是病历的一种记录形式。使用文字处理软件编辑、打印的病历文档,不属于本规范所称的电子病历。”由此可见,电子病历是使用医疗机构内部的信息系统即相应的软件而形成的一系列数字化信息,也就是电子数据。在实务中就表现为在医院信息系统中记载的患者病史。那么,实践中是不是纸质版本就消失了呢?不是的。实践中,各大医院均按照《电子病历基本规范》第二十三条规定:“归档后的电子病历采用电子数据方式保存,必要时可打印纸质版本,打印的电子病历纸质版本应当统一规格、字体、格式等。”也即是电子版和纸质版共同使用。

二、电子病历的合法性要求

《电子病历基本规范》第五条规定:“电子病历录入应当遵循客观、真实、准确、及时、完整的原则。”所以对电子病历的要求和纸质病历是同样的,也就是真实合法,不得伪造篡改。

三、有哪些措施确保电子病历的合法性

根据《电子病历基本规范》规定,电子病历系统应当为操作人员提供专有的身份标识和识别手段,并设置有相应权限;操作人员对本人身份标识的使用负责。

医务人员采用身份标识登录电子病历系统完成各项记录等操作并予确认后,系统应当显示医务人员电子签名。

电子病历系统应当设置医务人员审查、修改的权限和时限。实习医务人员、试用期医务人员记录的病历,应当经过在本医疗机构合法执业的医务人员审阅、修改并予电子签名确认。医务人员修改时,电子病历系统应当进行身份识别、保存历次修改痕迹、标记准确的修改时间和修改人信息。

医疗机构应当建立电子病历信息安全保密制度,设定医务人员和有关医院管

理人员调阅、复制、打印电子病历的相应权限，建立电子病历使用日志，记录使用人员、操作时间和内容。未经授权，任何单位和个人不得擅自调阅、复制电子病历。

该规范从操作人员、操作签名、审查权限和时限等方面都做了详细规定，实际上，各大医院都会为录入人员设定录入名和录入密码的限制，每次录入都会自动记录在后台的数据库中，这可以防止医护人员伪造篡改病历。

四、如何认定电子病历的瑕疵和缺陷

如今，一般通过文检鉴定予以确认，但实践操作中，文检鉴定费用高、耗时长、难度大，电子病历的修改一般隐蔽性很强，患方很难发现。这也给患方带来了不小的困难，是实践中需要突破的问题。

五、当事人以病历瑕疵为由拒绝鉴定如何处理

当事人以病历瑕疵为由拒绝鉴定的，人民法院应当让当事人明确瑕疵病历的异议内容，并要求对方当事人进行解释说明。经质证，人民法院无法对该瑕疵进行判断的，可以通过咨询专家、委托文件检验、病历评估或由鉴定专家作初步判断来认定瑕疵病历是否对医疗过错及因果关系鉴定有实质性影响。如果没有实质性影响，则仍可继续进行鉴定，但瑕疵病历部分不能作为鉴定依据；如果有实质性影响，造成鉴定无法客观进行的，则应终止鉴定，并由负有妥善保管并提供瑕疵病历义务的一方承担鉴定不能的不利后果。

六、电子病历如何封存和锁定

根据《电子病历基本规范（试行）》和《中医电子病历基本规范（试行）》第三十二条规定，发生医疗事故争议时，应当在医患双方在场的情况下锁定电子病历并制作完全相同的纸质版本供封存，封存的纸质病历资料由医疗机构保管。

七、电子病历能否修改，是否可以鉴定其修改过程

电子病历可以修改。根据《电子病历基本规范（试行）》第十条的规定，电子病历系统应当设置医务人员审查、修改的权限和时限。实习医务人员、试用期医务人

员记录的病历，应当经过在本医疗机构合法执业的医务人员审阅、修改并予电子签名确认。医务人员修改时，电子病历系统应当进行身份识别、保存历次修改痕迹、标记准确的修改时间和修改人信息。经锁定的电子病历，无法进行修改。根据现有技术手段，电子数据司法鉴定机构可以对电子病历是否经过修改进行鉴定。

Case 案例13
病理标本调换误诊诉讼案（泌尿外科）

核心问题：因病理报告调换而致手术方式错误，如何认定责任？

关键词：调取资料　复核鉴定

案情简介

原告：黄某，男，33岁

被告：某医院（所涉科室：泌尿外科）

原告诉称，3月11日，原告因阴茎肿块至某医院就诊，被发现右侧腹股沟淋巴结手触可及，当日即被收住入院。经过病理检查确认，原告患有阴茎分化型鳞癌。当月15日，医师为原告施行阴茎部分切除及双侧腹股沟淋巴结活检术，当月22日确认原告左侧腹股沟淋巴结阳性，而右侧无阳性发现。当月27日，医师为原告施行左侧腹股沟淋巴结清扫术。术后病理报告左侧腹股沟淋巴结未见肿瘤累及。原告出院后不久，发现右侧腹股沟转移性鳞癌成倍增长，并转移至肺部。

原告认为，医方存在严重失误，导致丧失最佳治疗时机，病情严重恶化，造成重大损失，诉至法院，要求赔偿医药费、护理费、住院伙食补助费、交通费等共计人民币5万余元。

医院辩称，针对原告的诊断正确，依据淋巴结活检结论为原告施行左侧腹股沟淋巴结清扫术符合医疗常规，医院提供的诊疗服务无过错，故不同意原告的诉讼请求。

案件审理过程中，法院委托某医学会进行医疗事故技术鉴定，结论为，医院在整个医疗过程中未违反医疗卫生管理法律、行政法规和诊疗护理规范、常规;阴茎癌行部分切除术,同时按常规行双侧腹股沟淋巴结活检术,根据左侧淋巴结阳性的病理报告行左侧淋巴结清扫术符合诊疗常规;目前患者的病情症状与阴茎癌发展自然规律相符,与医院的诊疗行为无直接因果关系,因此,本病例不构成医疗事故。

在此之际,原告方通过审查病历发现,3 月 22 日病理报告示左侧腹股沟淋巴结有肿瘤累及,而 3 月 27 日术后病理报告却为左侧腹股沟淋巴结未见肿瘤累及。这两份报告前后矛盾,必有一假。原告通过法院调取被告医院病理检测申请单发现,送检医师严重违反诊疗常规,在病检申请单上记载:"带线为右侧腹股沟淋巴结,不带线为左侧腹股沟淋巴结",而未标明编号和姓名分别放置在不同容器中,而是放置在一个容器中,最后左右颠倒,引发一系列损害后果。

为此,原告向法院提出,鉴定机构未充分注意到原告初次到被告处就诊时,被告的医师关于原告右侧淋巴结有病变应送检的客观记录,该记录与被告之后出具的左侧淋巴结病变的报告显然矛盾,鉴定机构未予说明,故对鉴定结论原告不予认可,申请就被告在诊疗过程中是否有过错进行司法复核鉴定。

经法院委托,某司法鉴定专家委员会于第二年 11 月 14 日出具复核鉴定书,其中分析说明部分如下:

1. 据医院病理检测申请单记录:右侧检材(带线)组织结节 1.5×1.0cm,左侧检材(不带线)组织结节 0.5×0.5cm。而病理切片中组织大者为左侧,有鳞癌浸润;组织小者为右侧,无肿瘤浸润。结合医院 B 超和临床检查结果,上述描述与病理切片组织的标识不相符,致临床清扫腹股沟淋巴结左右位置有误,故院方存在过错。

2. 对阴茎癌行一侧阳性淋巴结清扫未违反诊疗常规。

3. 医院病理诊断提示被鉴定人(患者)阴茎癌细胞已浸润肌层,且一侧淋巴结已有转移,说明已为晚期肿瘤。医院先后对被鉴定人(患者)实施左右淋巴结清扫术后,其病理切片中淋巴结均未检见肿瘤细胞,仅在其右侧腹股沟纤维结缔组织中检见鳞癌浸润。目前其肺部鳞癌病变,考虑为血行转移所致,符合阴茎癌病变发展过程。故院方存在的上述过错与被鉴定人(患者)阴茎癌转移之间无因果关系。

结论为:医院在对患者的诊疗过程中存在过错;该过错与其阴茎癌肺转移无因果关系。

原告对鉴定书确认被告在进行病理活检时将左、右腹股沟淋巴结搞错一节无异议,但认为被告既然在活检中将左、右侧颠倒,那么依据错误的病理活检结论施行左侧腹股沟淋巴结清扫当然也是错误的。原告在被告处就诊时已出现癌细胞淋巴结转移的现象,被告未及时对实际已受累及的右侧腹股沟淋巴结进行清扫,是导致癌细胞转移至肺部的直接原因,故复核鉴定认为原告的癌细胞转移是通过血行进行,被告的过错与原告受到的损害无因果关系的结论,原告不能认同。为此,原告申请鉴定人到庭作证。故此,某司法鉴定专家委员会委派两位鉴定人到庭参加质证。鉴定人认为,原告"肺部鳞癌病变"、"考虑为血行转移所致"仅是倾向性意见,并不具有唯一性和排他性。

原告据此调整诉请,要求赔偿医药费、护理费、住院伙食补助费、交通费等共计人民币23万余元的50%约11万余元。

法院最终认为,原告因病至被告处就诊,原、被告之间即确立医疗服务合同关系,被告理应为原告提供恰当乃至优质的医疗服务。经过医疗事故技术鉴定,虽确认原、被告之间的医疗事件不构成医疗事故,但通过复核鉴定,确认了被告在进行两侧腹股沟淋巴结细胞活检时将左、右侧搞错,被告为原告施行的腹股沟淋巴结清扫术实际位置有误,被告方存在明显的错误,而原告阴茎癌业已向肺部转移,对此原、被告均无异议,本案发生在《侵权责任法》出台前,故被告应对其在病理活检及施行腹股沟淋巴结清扫中存在的过错而导致原告癌细胞肺部转移之间不存在因果关系承担举证责任。

通过鉴定人对于复核鉴定结论的当庭解释和原、被告质证,表明鉴定人确认原告至被告处就诊时,已有癌细胞淋巴转移,原告又是中、晚期癌症,那么即使现在临床上没有查证原告的盆腔、腹部乃至纵隔有淋巴转移,但实际应已有极高比例的癌细胞淋巴转移。鉴定人认为,原告"肺部鳞癌病变"、"考虑为血行转移所致"仅是倾向性意见,并不具有唯一性和排他性,以现在的医学理论,无法绝对排除癌细胞是通过淋巴转移的可能,故鉴定人据"肺部鳞癌病变”、“考虑为血行转移所致”的倾向性意见,得出被告“过错与原告的阴茎癌肺部转移无因果关系”的结论,本院不予采信。被告对其过错与损害结果之间无因果关系无法提供肯定确实的证据,理应承担举证不能的法律责任,即对其存在的过错给原告造成的损失承担相应的赔偿责任。

被告的医疗行为有过错,在医学理论上也无法绝对排除该过错与原告癌细胞肺部转移之间的因果关系,但原告的病情主要源于自身原发的癌症,其至被告处就诊时,已有癌细胞淋巴转移的事实,如鉴定人所述,即使被告医疗中将原告两侧腹股沟淋巴结都进行了清扫,同样不能避免癌细胞向肺部转移,更何况根据原告现在的症状,其癌细胞转移更大的发展应是通过血行转移所致,故原告自身的病情及癌症病程的发展应是原告癌细胞肺部转移的主要原因,被告的过错是次要原因,因而原告主张其产生的损失由被告承担50%的要求明显过高,可以由原告承担70%,被告承担30%,据此法院判决被告承担原告各类损失共计27,103.18元,精神损失费20,000元。

律师解惑

本案的焦点问题,就是3月22日活检病理报告示左侧腹股沟淋巴结有肿瘤累及,而3月27日术后病理报告却为左侧腹股沟淋巴结未见肿瘤累及。这两份报告前后矛盾,是否存在误诊等过错?

诚如案情介绍,原告方通过审查手术医师的病检申请单,发现这样记载:“带线为右侧腹股沟淋巴结,不带线为左侧腹股沟淋巴结”,将两侧淋巴结放置在一个容器中,最后左右颠倒,引发一系列损害后果。根据实验室诊断与基础治疗常规,医师在送检标本时,必须详细填写病理申请单,核对申请单与标本容器上之编号和姓名是否一致,然后了解病史与标本采取部位。按此规定,被告手术医师对原告切下的双侧淋巴结应当置于不同的容器中,分别编号,写明姓名、符号等信息,病理科医师据此进行脱水、包埋、切片、染色、镜检等,然后作出诊断。本案中,被告医师采用丝线结扎标本形式,将双侧淋巴结置于同一容器中,显然违规,因为一旦丝线脱落则无法分清左右,且在淋巴结被石蜡包埋后又怎能看清丝线?而病理科医师对这一违规行为未予审核,因为按照实验室诊断与基础治疗常规,如医师填写过于简单或缺少重要项目，不能反映患者真实病情，病理科医师可将申请单退回送检医师重新填写。病理科医师显然未履行应尽的注意义务，不仅未退回不符规定的标本而且出具了错误报告，临床医师又审核不严，被告存在误诊的过错。本案有两个法律问题需注意：

一、向法院申请调取相关资料

通过法院调取被告医院病理申请单，找到了问题症结所在。所以，对医院病历的审核，不仅包括门诊病历、住院病历等，必要时需要调取医院内存的申请单、登记表等资料，甚至需要对X线、CT、MRI等片子进行重新读片，对病理切片进行重新镜检，甚或对腊块进行重新切片等，以获得更进一步的确切信息。

二、病历记载相互矛盾，对相互矛盾之处如何采信

病历记载即使存在相互矛盾之处，亦为医疗机构所记载，实践中可通过专家咨询、鉴定等方法判别哪部分记载是准确的，并将准确的部分作为鉴定资料使用。如通过上述手段仍无法作出判别，则可以在医疗过错及因果关系鉴定中采用有利于患方的记载作为鉴定资料使用。

法律链接

《最高人民法院关于民事诉讼证据的若干规定》

第二十五条　当事人申请鉴定，应当在举证期限内提出。符合本规定第二十七条规定的情形，当事人申请重新鉴定的除外。

对需要鉴定的事项负有举证责任的当事人，在人民法院指定的期限内无正当理由不提出鉴定申请或者不预交鉴定费用或者拒不提供相关材料，致使对案件争议的事实无法通过鉴定结论予以认定的，应当对该事实承担举证不能的法律后果。

第二十六条　当事人申请鉴定经人民法院同意后，由双方当事人协商确定有鉴定资格的鉴定机构、鉴定人员，协商不成的，由人民法院指定。

第二十七条　当事人对人民法院委托的鉴定部门作出的鉴定结论有异议申请重新鉴定，提出证据证明存在下列情形之一的，人民法院应予准许：

（一）鉴定机构或者鉴定人员不具备相关的鉴定资格的；

（二）鉴定程序严重违法的；

（三）鉴定结论明显依据不足的；

（四）经过质证认定不能作为证据使用的其他情形。

对有缺陷的鉴定结论，可以通过补充鉴定、重新质证或者补充质证等方法解决的，不予重新鉴定。

第二十八条　一方当事人自行委托有关部门作出的鉴定结论，另一方当事人有证据足以反驳并申请重新鉴定的，人民法院应予准许。

《中华人民共和国民事诉讼法》

第一百三十九条　当事人在法庭上可以提出新的证据。

当事人经法庭许可，可以向证人、鉴定人、勘验人发问。

当事人要求重新进行调查、鉴定或者勘验的，是否准许，由人民法院决定。

结　束　语

本章重点论述病历的基本概念以及如果病历存在伪造、篡改等缺陷瑕疵医患双方将承担的法律责任。

民事案件有一个基本原则：谁主张，谁举证。也就是向法院提起诉讼，当事人必须对自己提出的诉讼请求所依据的事实或者反驳对方诉讼请求所依据的事实有责任提供证据加以证明。没有证据或者证据不足以证明当事人的事实主张的，由负有举证责任的当事人承担不利的法律后果。

在医疗纠纷案件中，医患双方争执的焦点常常围绕医疗行为合法合规与否展开，而最终就落实在病历资料是否真实与合法上。我们知道，病历是指医务人员在医疗活动过程中形成的文字、符号、图表、影像、切片等资料的总和，包括门（急）诊病历和住院病历。作为患方，一般不具备专业的医学知识，患方无法辨识或鉴别其中是否存在医疗过错，特别是针对保管在医疗机构一方的病历资料。那怎么办？如何突破？上述案例给患方提供了一条审查病历的基本程序，即首先审查病历的真实性,看其是否存在伪造篡改或隐匿销毁等瑕疵,接着要审查病历的合法性,看其诊疗行为是否符合法律法规及规范。一旦查证病历资料不具备真实性,则可以以此为突破口,要求医方承担相应的法律责任,但具体的责任程度很难统一,要具体问题具体分析,但不管怎样,真实性是第一抓手。这其中,适当学习相应的法律法规很重要,因为在有关病历书写的法律法规中,对病历的正确书写及禁止行为均有明确规定,当事人掌握这些规定,将有助于保护自己的合法权益。

在司法实践中,笔者发现,常常有患方提出有录音带、病友的证明文件、照片甚至录像带等资料。对于这些材料是否有证据效力,要具体问题具体对待。一般而言,法院以病历资料及鉴定文书为主,对于其他资料一般不予采信。当然实践中也有这样的案例,比如某患者携带有手术现场的录像带,其中明确显示有一名非医护人员参与了手术,对于这份证据,就必须采信。

那么,作为患方,应当如何采集并使用这些证据呢? 首先,应确保第一时间性,即是事发现场的材料;其次,要确保原始性,必须是直接针对手术或用药等的材料;最后,要确保真实性,不可以采用电脑拼图 PS 等方式。当然,最好的办法是在第一时间获得病历资料的复印件,并及时封存相关病历,这是目前法律给予患方的最好方式之一。

但是这里还有一个问题,即病历未按规定及时妥善封存导致鉴定不能时的责任如何承担。《侵权责任法》实施后,医疗过错及因果关系的举证责任由医疗机构转移到了患者一方,但无论医疗过错及因果关系的举证责任在医疗机构还是患者,进行相关鉴定所必需的病历等资料,必然要由保管方向法院提交,经质证后供鉴定机构鉴定使用。病历资料的真实性、客观性、完整性是鉴定能否进行的重要因素,完好保管病历资料是鉴定得以顺利进行的重要保障。根据《医疗事故处理条例》的规定,对于在医疗机构建有病历档案的患者,其病历资料由医疗机构保管,没有建立病历档案的,病历资料一般由患者保管。由于病历资料由医疗机构保管,且亦由医疗机构书写、记录,故实践中不能排除医疗机构为胜诉而篡改、伪造的可能。如果经过篡改、伪造的病历作为鉴定材料交由鉴定机构鉴定,其结果对患者极不公正。为了避免这种情况的发生,《医疗事故处理条例》及《医疗机构病历管理规定》规定了病历封存和复印制度。《医疗事故处理条例》规定,发生医疗事故争议时,死亡病例讨论记录、疑难病例讨论记录、上级医师查房记录、会诊意见的病程记录应当在医患双方在场的情况下封存和启封。封存的病历资料由医疗机构保管。《医疗机构病历管理规定》则规定医疗机构在受理患方复印或复制病历资料申请后，应当由医务人员按规定时限完成病历后予以提供。上述规定表明，当发生医患争议时，医疗机构为了将来能够通过鉴定确定其医疗行为有无过错，与患者的损害后果有无因果关系，在患者要求封存病历时应将病历资料进行封存并按患方申请及时将病历复印件向患者提供。如果医疗机构不按患者的要求及相关规定及时妥善封存病历资料并提供复印病历，由于病历由医疗机构记录和保管，患者就有合理理由怀疑其病历可能发生篡改甚至造假的可能。此时患者若对病历的真实性、客观性、完整性提出质疑，法院也很难排除患者的这种合理怀疑，未及时妥善封存的病历就难以通过质证、认证并作为鉴定资料交由鉴定机构进行医疗过错及因果关系的鉴定。

综上，若医疗机构未尽到妥善封存病历资料的义务，导致相关鉴定无法进行，其应承担不利后果。

律师提示：

律师对患方的建议：

(1)第一时间复印并封存病历；

(2)必要时请专业人士帮助审查并阅读相应片子；

(3)根据庭审实际情况及时调取医院内部资料；

(4)妥善保管自存的影像资料或病理切片等资料。

律师对医方的建议：

(1)切忌在病历的真实性上出问题；

(2)要注意合法修改与违法篡改伪造等之间的区别；

(3)一切要合乎法律规定，要多学习，要建立守法理念及制度；

(4)对电子病历的保管也要警示医务人员守法，切不可因其隐蔽性就随意进入修改，要知道每一次行为都会遗留痕迹。

第10章 鉴定程序与质证认证

章首序

在本书所讲的案例中，许多需要经过鉴定，特别是医疗损害司法鉴定、三期鉴定、伤残等级鉴定等。由此可见，鉴定非常重要。鉴定结论，是指鉴定人运用自己的专门知识和技能，以及必要的技术手段，对案件中发生争议并具有专门性的问题进行检测、分析、鉴别的活动。鉴定结论是处理医患纠纷案件的重要根据之一，也是法院审理案件的重要依据，因其重要，鉴定被称为“证据之王”。本章将重点阐述鉴定的性质，鉴定的程序，鉴定结论的意义，如何从证据角度审查质证一份鉴定结论，等等。

Case 案例14 急诊是否耽误脑CT检查诉讼案（急诊科）

核心问题：如何申请鉴定？

关键词：鉴定　鉴定程序

案情简介

原告：汪某，女，55岁

被告：某医院（所涉科室：急诊科）

原告诉称，患者为原告丈夫，5月12日5时许，患者突发高烧昏睡，当日6时许由救护车送至被告医院急诊抢救室进行抢救。医师询问得知，患者去年11月得过脑溢血。随后，医师开出了病危通知单，原告签字。之后医师又开出了抢救药品单、拍胸片、心电图、B超单，但未开出头部CT单。患者于当日9:00去世。原告认为,医院明知患者不久前得过脑溢血,却不拍头部CT核查,属于误诊;且在患者死亡原因不明的情况下未通知原告进行尸体解剖,存在过错,现要求被告赔偿原告经济损失。

被告某医院辩称,患者被送到医院抢救时已生命垂危,被告对患者尽到了抢救的义务,拍胸片、心电图、B超单这些检查均在急诊抢救室内完成,而CT则需要转移至CT室才能检查,当时患者病情危重不可转移以做脑CT检查。患者的死亡系因其病情危重、变化迅速所致,根据现有的医疗条件难以克服,与被告无直接因果关系;另,患者的死亡原因明确,非属原告所称的死因不明确的情况。综上,请求驳回原告的诉讼请求。

庭审中,经原被告双方确认的事实如下:5月12日6:38,患者因"发热半天,神志不清2小时余"至被告医院急诊。经病历卡记载,患者昨晚开始发热,最高体温40℃。今晨4时左右出现神志不清,无呕吐。入抢救室抢救。查体,体温40.6℃,脉搏80次/分,氧饱和度70%,血压50/30mmHg。神志不清,两肺可闻及痰鸣音,四肢肌力检查不配合,双侧巴氏征(-)。患者4月前有脑出血病史。初步诊断:(1)发热、神志不清待查;(2)脑出血后。处理:告病危;经口气管插管、呼吸机辅助通气;多巴胺升压;喘定平喘;阿奇霉素、头孢西丁抗感染等。同时完善各项检查:血常规:白细胞 11.29×10^9/L,中性粒细胞74%。肌钙蛋白0.18ng/ml(参考值0~0.16ng/ml),肌酸磷酸肌酶681 U/L(参考值40~200 U/L),血糖17.5 mmol/L(参考值3.9~6.1 mmol/L),尿素氮11.9 mmol/L(参考值2.9~8.2 mmol/L),肌酐113 umol/L(参考值53~97 umol/L),尿酸438 umol/L(参考值238~416 umol/L)。心电图:房颤、房扑、偶伴室性异位搏动;完全性右束支传导阻滞;电轴右偏+258°;ST-T改变。床旁胸片:右肺炎症;心脏增大。经上述抢救措施,病情无好转,出现呼吸、心跳停止,予心肺复苏。于8:25宣告死亡。

在诉讼的过程中,经原告申请,本案经某医学会进行医疗损害司法鉴定。鉴定分析意见认为:(1)5月12日,患者因"发热半天、神志不清2小时余"至医院急诊。根据症状、体征及辅助检查,患者为肺部感染、低氧性呼吸衰竭、代谢性酸中毒、中毒性休克、心律失常、肾功能异常。医方急诊后给予的抢救措施及相应的检查符合诊疗常规。(2)患者经抢救无效死亡。根据送检的材料综合判断,其死因为肺部感染导致的中毒性休克,代谢性酸中毒,多器官功能衰竭。(3)患者半年前有脑出血病史,但此次入院的临床症状表现不支持脑出血的诊断,且患者入院时生命体征已处于危重状态,抢救其生命为首要任务,医方未行脑部CT检查不存在过错。根据上述分析说明,作出鉴定意见:(1)本例不属于对患者人身的医疗损害。(2)医院在医疗活动中不存在医疗过错,与患者的人身损害结果不存在因果关系。

法院认为,患者在诊疗活动中受到损害,医疗机构及其医务人员有过错的,由医疗机构承担赔偿责任,医疗机构及其医务人员没有过错的,医疗机构不承担赔偿责任;另,医务人员在抢救生命垂危的患者等紧急情况下已经尽到了合理的诊疗义务,医疗机构亦不承担赔偿责任。本案中,根据病历记载,患者在被送至医院抢救时已处于病情危重状态,原告未能举证证实被告对患者的抢救治疗存在过错;且鉴定机构已对该病例作出了客观全面的评定,确认医院在诊疗过程中不存在过错,病例不属于对患者人身的医疗损害;又,原告诉称患者死因不明医院未通知其进行尸检,因本案诊疗记录及居民死亡医学证明中已记载的患者的死亡原因,原告诉称的该事实与证据不符,法院难以采信。综上,原告的诉讼请求缺乏事实、证据,法院不予支持。据此,依照《侵权责任法》第六十条第一款第(二)项之规定,判决如下:驳回原告的诉讼请求。

一审判决后,原告未提出上诉。但之后,原告申诉,最终结论是维持原审判决,后原告未再申诉。

律师解惑

本案是一起诉讼后经过鉴定最终认定医方无责任的案例。本案的争议焦点是医院是否应对患者进行脑CT检查以及死因是否不明确而需要进行尸体解剖鉴定。下面对本案重点问题作如下分析:

一、尸检应由谁提出,未做尸检导致医疗过错及因果关系鉴定不能的,如何处理

关于患者死亡后尸检的问题,《医疗事故处理条例》第十八条作了相应的规定,

即患者死亡，医患双方当事人不能确定死因或者对死因有异议的，应当在患者死亡后48小时内进行尸检；具备尸体冻存条件的，可以延长至7日。尸检应当经死者近亲属同意并签字。尸检应当由按照国家有关规定取得相应资格的机构和病理解剖专业技术人员进行。承担尸检任务的机构和病理解剖专业技术人员有进行尸检的义务。医疗事故争议双方当事人可以请法医病理学人员参加尸检，也可以委派代表观察尸检过程。拒绝或者拖延尸检，超过规定时间，影响对死因判定的，由拒绝或者拖延的一方承担责任。

实践中，患者就医后死亡，医患双方当事人不能确定死因或者对死因有异议，一般应由医疗机构向死者近亲属告知尸检的有关事项，要求其进行尸检，并在征得其同意并签字的情况下，依法进入尸检程序。

医疗机构未要求患者一方进行尸检，导致无法查明死亡原因，并致使无法认定医疗行为与损害结果之间是否存在因果关系或医疗机构有无过错的，医疗机构应承担不利的法律后果；医疗机构要求患者一方协助进行尸检，但因患者一方的原因未进行尸检，导致无法查明死亡原因，并致使无法认定医疗行为与损害结果之间是否存在因果关系或医疗机构有无过错的，患者一方应承担不利的法律后果。

本案中，医师已明确患者的死因，所以无须进行尸检。

二、何谓鉴定

鉴定，是鉴定人运用自己的专门知识和技能，以及必要的技术手段，对案件中发生争议并具有专门性的问题进行检测、分析、鉴别的活动。鉴定意见是一种重要的证据，是正确认识和处理案件的重要根据之一，是查明案件事实，确定案件性质，明确责任的重要根据。因此，鉴定有“证据之王”的美誉。

以本案为例，虽然案情并不复杂，但当原告起诉后，被告做出了完全相悖的辩论，作为法官，因为对专业程度较高的医学无法以常规知识做判断，因此必须借助专门性的鉴定判案，而医疗损害鉴定是目前最常用的司法鉴定模式，所以，在医疗纠纷案件中，选择这种鉴定模式成为常态。

在《侵权责任法》实施前，适用举证责任倒置原则，由被告医方申请就医疗行为是否存在过错及是否存在因果关系进行医疗事故技术鉴定，而《侵权责任法》实施后不适用举证责任倒置原则，则由原告患方申请就医疗行为是否存在过错及是否存在因果关系进行医疗损害鉴定。

三、鉴定要经过什么程序

无论当事人参与何种鉴定，都要经过如下程序：提起、受理、参与鉴定、得出鉴定结论等。以本案为例，医疗损害鉴定的基本程序如下：

（一）提起。《最高人民法院关于适用〈中华人民共和国侵权责任法〉若干问题的解释》第三条规定："人民法院适用侵权责任法审理民事纠纷案件，根据当事人的申请或者依职权决定进行医疗损害鉴定的，按照《全国人民代表大会常务委员会关于司法鉴定管理问题的决定》、《人民法院对外委托司法鉴定管理规定》及国家有关部门的规定组织鉴定。"在诉讼过程中，医疗纠纷中的双方当事人都可以向法院申请进行医疗损害鉴定，当事人未申请鉴定，法院在必要时也可以依职权委托有关医学会或者司法鉴定机构进行鉴定。当事人申请鉴定，应当在举证期限内提出。当事人申请鉴定经法院同意后，由双方当事人协商确定有鉴定资格的鉴定机构、鉴定人员，协商不成的，由法院指定。

（二）程序。由医学会组织的医疗损害鉴定与由司法鉴定机构进行的医疗损害鉴定在鉴定程序上有较大不同。由医学会组织的鉴定应当依照《医疗事故处理条例》、《医疗事故技术鉴定暂行办法》等规定的鉴定程序进行；由司法鉴定机构进行的医疗损害鉴定应依照《最高人民法院关于民事诉讼证据的若干规定》、《人民法院对外委托司法鉴定管理规定》、《司法鉴定程序通则》等规定的鉴定程序进行。还需注意的是，各地法院指定的司法指导性文件中也有相关规定。因此，当事人应根据具体情况，充分了解相应具体规定。

（三）鉴定人独立进行鉴定或组成专家鉴定组。由医学会承担的鉴定现阶段仍采用专家组鉴定模式，根据所涉学科专业，专家鉴定组组成人数应为3人以上单数。医疗争议涉及多学科专业的，其中主要学科专业的专家不得少于专家鉴定组成员的二分之一。涉及死因、伤残等级鉴定的，应当从专家库中随机抽取法医参加鉴定组。医学会对当事人准备抽取的专家进行随机编号，并主持双方当事人随机抽取相同数量的专家编号，最后一个专家由医学会随机抽取。双方当事人各自随机抽取一个专家作为候补。

(四)参与鉴定会。司法鉴定人可以要求双方当事人参加鉴定会或独立进行书面鉴定。而医学会鉴定模式则自接到双方当事人提交的有关材料之日起45日内组织鉴定并出具鉴定书。鉴定由专家鉴定组组长主持,并按照以下程序进行:(1)双方当事人在规定的时间内(一般20分钟)分别陈述意见和理由。陈述顺序先患方,后医疗机构;(2)专家鉴定组成员根据需要可以提问,当事人应当如实回答。必要时,可以对患者进行现场医学检查;(3)双方当事人退场;(4)专家鉴定组对双方当事人提供的书面材料、陈述及答辩等进行讨论;(5)经合议,根据半数以上专家鉴定组成员的一致意见形成鉴定结论。专家鉴定组成员在鉴定结论上签名。专家鉴定组成员对鉴定结论的不同意见,应当予以注明。

(五)鉴定文书。鉴定文书应当包括下列主要内容:(1)双方当事人的基本情况及要求;(2)当事人提交的材料和鉴定调查材料;(3)对鉴定过程的说明;(4)医疗行为是否违反医疗卫生管理法律、行政法规、部门规章和诊疗护理规范、常规;(5)医疗过失行为与人身损害后果之间是否存在因果关系;(6)医疗过失行为在损害后果中的责任程度;(7)责任等级;(8)对患者的医疗护理医学建议。经鉴定为医疗损害的,鉴定结论应当包括上款(4)至(8)项内容;经鉴定不属于医疗损害的,应当在鉴定结论中说明理由。

四、鉴定的注意事项

首先,当事人必须重视陈述意见的书写,必须抓住案件的关键事实,必须有论点论据,论证必须客观真实充分,切忌眉毛胡子一把抓,夸大其词,只做控诉。必须以事实为依据,以诊疗常规医疗法律为准绳,紧扣主题。

其次,参与鉴定会时,必须客观陈述,切忌太情绪化。不宜用太生活化的语言,必须适当地运用专业词语。同时,必须客观地回答专家的问题。比如,患者桡骨头骨折复位不全,在书写陈述意见时患者活动不能,但在参加鉴定会时,患者病情有了一定的好转,必须做出必要的说明,以免夸大损害结果,影响鉴定结论。

法律链接

《医疗事故处理条例》

第十八条　患者死亡，医患双方当事人不能确定死因或者对死因有异议的，应当在患者死亡后48小时内进行尸检；具备尸体冻存条件的，可以延长至7日。尸检应当经死者近亲属同意并签字。

尸检应当由按照国家有关规定取得相应资格的机构和病理解剖专业技术人员进行。承担尸检任务的机构和病理解剖专业技术人员有进行尸检的义务。

医疗事故争议双方当事人可以请法医病理学人员参加尸检，也可以委派代表观察尸检过程。拒绝或者拖延尸检，超过规定时间，影响对死因判定的，由拒绝或者拖延的一方承担责任。

《中华人民共和国侵权责任法》

第六十条　患者有损害，因下列情形之一的，医疗机构不承担赔偿责任：

（一）患者或者其近亲属不配合医疗机构进行符合诊疗规范的诊疗；

（二）医务人员在抢救生命垂危的患者等紧急情况下已经尽到合理诊疗义务；

（三）限于当时的医疗水平难以诊疗。

前款第一项情形中，医疗机构及其医务人员也有过错的，应当承担相应的赔偿责任。

Case

案例15
新生儿臂丛神经损伤诉讼案（产科）

核心问题：医疗事故的责任比是如何判断的？

关键词：医疗损害等级　责任程度　三期鉴定

案情简介

原告:张某,女,1 岁

法定代理人:王某,张某之母

被告:某医院(所涉科室:产科)

原告诉称,12 月 18 日 13:20,原告母亲王某 G2P1 孕 39 +4 周,胎膜早破,入院待产。入院体格检查:体温 37.3℃,脉搏 80 次/分,呼吸 20 次/分,血压 120/70mmHg;胎位 LOA,胎心 140 次/分,胎动好;宫高 37cm,腹围 113cm,初步估计胎儿 3900 克。据当日 B 型线阵实时显像报告单记载:胎头位置头位,胎心规则,胎动存在,股骨长 72cm;双顶径 91cm;胎盘位置左侧壁;胎盘成熟度Ⅱ级;羊水最大暗区 57mm,清晰度清;提示:宫内单活胎。入院诊断:G2P1 孕 39 +4 周,胎膜早破。予以相关检查、监护、待产及抗感染处理。产妇 12 月 18 日 14:00 产程开始, 19:00 宫口开全,行胎吸术,20:25 分吸出一女婴即原告,肩难产。新生儿体重 4400 克。据分娩记录:胎儿娩出,新生儿青紫窒息,心率 120 次/分,肌张力差给予吸氧,心脏按压,人工呼吸,气管插管。1、5、10 分钟 Apgar 评分分别为 3、3、8 分。

原告于 12 月 18 日 22:00 被转入某儿科医院住院治疗,于次年 1 月 8 日出院。出院诊断为:新生儿窒息、缺血缺氧性脑病、颅内出血、气胸、右臂丛神经损伤、吸入性肺炎、肝血肿、肾上腺出血、巨大儿。后经某医院骨科检查,原告右侧臂丛神经严重损伤,被行右臂丛神经修复术。检查发现原告生长发育略落后,抬头略差,会看、会笑、会伸手取物,但不够灵活。

原告认为,被告 B 超项目检查不全面,数据测量不准确,医师经验欠缺,巨大儿被漏诊,产科医师选择错误的分娩方式,最终造成原告损害后果;医方在胎头负压吸引术中牵引时间过长也违反诊疗常规,加重损害后果;医方疏于履行注意义务并在第二产程延长的情况下处置不当。据此,提起诉讼,要求被告赔偿原告医疗费 13,273.88 元、住院伙食补助费 620 元、陪护费 2235 元、残疾赔偿金 289,233 元、营养费 14,400 元、出院后护理费 216,000 元(以 20 年计算)、误工费 49,170 元、交通费 3358 元、住宿费 975 元、律师代理费 15,100 元、精神损害抚慰金 41,319 元。

被告辩称,在对产妇王某施行胎吸术的整个过程中,医疗行为符合诊疗常规,与原告目前的状况无因果关系。在对王某施行胎吸术前,与其丈夫作了谈话并签字,明确告知术中术后可能发生的问题,包括新生儿产伤、新生儿头颅血肿等。原告目前的症状属于并发症,非医疗过错造成。原告出生时,因体重达4400克,属于巨大儿,肩难产,出头位3分钟后胎儿娩出,属于临床无法预料的医疗意外,因此造成的臂丛神经损伤属于难以避免的并发症,非医疗过错。此事发生后,医院及时采取了积极的救治措施,及时予以气管插管、人工呼吸,并及时转入上级医院进一步治疗,而且目前患者的右臂丛神经也在恢复之中,后果并非如患方所讲的这般严重。医院认为不存在过错故不同意赔偿。

经被告申请,法院委托某医学会进行医疗损害鉴定。经鉴定分析认为:(1)医院在对产妇产前胎儿体重估计不足,未能较早作出巨大儿的诊断。产妇在第二产程延长伴胎头下降受阻发生头位难产时,医方认识不足,经阴道产应用胎吸指征和时机掌握不符合规范。(2)产妇在分娩中发生肩难产时,医方应急措施和方法不完善,直接导致新生儿"颅内血肿"及右臂丛神经损伤后果。(3)依据现有资料及现场医学检查,目前患儿智力低下,不存在脑瘫的临床表现。鉴定结论:本病例属于二级丙等医疗损害,医方承担主要责任。另经司法鉴定科学技术研究所司法鉴定中心鉴定:出生时有肩难产,后诊断为右臂丛神经损伤,其休息时限22个月,需长期设置陪护,营养时限为12个月,是否构成医疗依赖,以临床专科医师的意见为准。

法院认为,医疗机构及其医务人员在医疗活动中,违反医疗卫生管理法律、行政法规、部门规章和诊疗护理规范、常规,过失造成患者人身损害的,应当承担相应的损害赔偿责任。本案中,双方争议的焦点主要在于造成原告损害后果,被告承担责任的大小。法院认为,根据医学会的鉴定书,被告在无充分证据证明该鉴定报告存在程序的疏漏或鉴定人员不公正,又无其他具有证明力的相反证据予以推翻的情况下,法院认定该鉴定书的证据效力并作为定案的依据。根据鉴定分析意见:医院在对产妇产前胎儿体重估计不足,未能较早作出巨大儿的诊断。产妇在第二产程延长伴胎头下降受阻发生头位难产时,医方认识不足,经阴道产应用胎吸指征和时机掌握不符合规范;产妇在分娩中发生肩难产时,医方应急措施和方法不完善,直接导致新生儿"颅内血肿”及右臂丛神经损伤后果。被告在为产妇做分娩手术时存在过错，理应对原告的损害后果承担主要责任。

原告主张的医疗费、住院伙食补助费、护理费、残疾赔偿金、交通费、精神损害抚慰金等损失，赔偿项目在法律规定的范围内。医疗费，按实际发生的金额计算；住院伙食补助费，应予支持；陪护费，考虑出生婴儿本身需要父母护理，故按16年计算支持；伤残等级参考《医疗事故分级标准（试行）》按四级计；营养费，结合原告的伤情本院按每天30元计算；原告发生伤害后虽有休息期，但其尚系婴儿，故原告主张误工费，难以支持；交通费，结合原告治疗情况酌定以2000元计；原告家属为抢救治疗原告需要，就近医院住宿，所发生的住宿费975元，尚属合理；本起医疗损害，被告诊疗行为存在过失，给原告造成身体损害，势必给原告今后的生活和工作造成不便，给其产生精神痛苦，因此，原告主张精神损害抚慰金，应予支持，但金额应考虑被告过失行为程度、损害后果、所在地平均生活水平等因素；本起医疗事故纠纷，比较专业，原告通过诉讼途径实现自己的民事权利而聘请律师，当属合理，合理的律师费用被告应当承担。

综上，依照《中华人民共和国民法通则》第九十八条、第一百零六条第二款、第一百一十九条之规定，判决如下：一、本案中，本起医疗损害造成原告的损失有：医疗费13,273.88元、住院伙食补助费620元、残疾赔偿金116,788元、营养费10,800元、护理费172,800元、交通费2000元、住宿费975元、律师代理费5000元，上述费用合计人民币322,175.78元，被告医院按70%承担计225,523.04元，于本判决生效之日起十日内赔偿给原告；二、被告医院于本判决生效之日起十日内赔偿原告精神损害抚慰金25,000元；三、驳回原告要求被告医院赔偿误工费的诉讼请求。

一审判决后，原、被告服判，均未提出上诉。

律师解惑

本案是一起因分娩不当致新生儿臂丛神经损伤的案例。通过本案了解如下法律问题：

一、如何确定医疗损害等级

目前的医疗损害等级与《侵权责任法》实施前的医疗事故等级参照的标准未有改变，都是参照《医疗事故分级标准（试行）》所确定的标准而定的。医疗损害分四个等级，其中一级医疗损害分甲等、乙等，二级医疗损害分甲等、乙等、丙等、丁等，三级医疗损害分甲等、乙等、丙等、丁等、戊等，四级医疗损害不分等级。医疗损害一级乙等至三级戊等对应伤残等级一级至十级。造成患者死亡的医疗损害为一级甲等医疗损害。

本案为二级丙等医疗损害，对应伤残等级四级伤残。根据规定，该医疗损害是指患者存在器官缺失、严重缺损、明显畸形情形之一，有严重功能障碍，可能存在特殊医疗依赖，或生活不能自理的情况。

本案中，经鉴定会专家对患者现场体检情况记载：神清，哭声正常。眼球活动可。哭时鼻唇沟基本对称。右上肢短小变细，肌张力低下，针刺时可见右手轻度活动，肌力约Ⅱ^{0}，上肢不能活动。下肢肌力正常，腱反射对称，病理征（-），针刺觉存在。下肢行走步态基本正常。对照标准，属于二级丙等医疗事故中的“16、单肢两个大关节（肩、肘、腕、髋、膝、踝）功能完全丧失，不能行关节置换”情形，因此，认定本病例属于二级丙等医疗损害，对应伤残等级四级。

但我们需要注意，患者的损害后果不可能与标准完全一致，所以标准在每个医疗损害等级中均有一句“例如造成患者下列情形之一的”，是列举加概况规定，不可拘泥。

二、如何确定医疗损害责任程度

损害责任应当综合分析医疗过失行为在导致医疗损害后果中的作用、患者原有疾病状况等因素，判定医疗过失行为的责任程度。医疗损害中医疗过失行为责任程度分为：

（一）完全责任，指损害后果完全由医疗过失行为造成；

（二）主要责任，指损害后果主要由医疗过失行为造成，其他因素起次要作用；

（三）次要责任，指损害后果主要由其他因素造成，医疗过失行为起次要作用；

（四）轻微责任，指损害后果绝大部分由其他因素造成，医疗过失行为起轻微作用。

例如本案,专家认定:医院在对产妇产前胎儿体重估计不足,未能较早作出巨大儿的诊断。产妇在第二产程延长伴胎头下降受阻发生头位难产时,医方认识不足,经阴道产应用胎吸指征和时机掌握不符合规范;产妇在分娩中发生肩难产时,医方应急措施和方法不完善,直接导致新生儿颅内血肿及右臂丛神经损伤后果。最终认定医方承担主要责任,是充分考虑医方可以在产前进行干预,产中如果运用正确措施均可阻止新生儿右侧臂丛神经的损伤,同时考虑新生儿本身是巨大儿,有一定肩难产的发生率,致使右侧臂丛神经损伤并发症的发生等因素得出的结论。

而我们知道,鉴定结论是鉴定专家依据自己的专业知识结合客观事实的综合判断,是主观对客观的反应,具有一定的主观性,因此,鉴定结论总是有一定的误差,不可能百分之百的精确。本案中,对于医方的责任,可以在主要和次要之间进行认定,所以,常有一定的判断范围。

三、什么是三期司法鉴定

司法实践中,常常需对患者的休息、营养、护理等期限进行司法鉴定,以便于法院审理,这就是三期鉴定。一般而言,针对患者伤残需要长期护理的案件,患方需要申请进行三期司法鉴定,与此同时,患方可以根据实际情况申请需要长期医疗的司法鉴定。

Case 案例 16
癌症是否漏诊漏治致死亡诉讼案(普外科、肛肠外科、妇科)

核心问题:法官对鉴定意见有何认证权利?

关键词:鉴定意见质证　鉴定意见认证

案情简介

原告:应某,女,45 岁

被告 1:某二级医院 A(所涉科室:普外科)

被告 2:某三级医院 B(所涉科室:肛肠外科、妇科)

原告诉称，患者系其母亲，9月7日因大便时感觉有异物脱肛，遂前往被告1医院普外科就诊，被初步诊断为直肠息肉而入院治疗。9月11日，被告1为患者行“直肠肿瘤经肛门切除术”，术中医师告诉原告，肿块不在肛门的位置，无法经肛门切除，只能用肠镜，但是肿块的蒂比较大，肠镜下切不掉，因此切除一块送冰冻病理检查，病理报告示：粘膜组织高级别上皮内瘤变，伴腺癌变。9月12日患者入住被告2医院肛肠外科，于9月18日在被告2行“乙状结肠癌根治术”，术后病理报告示：乙状结肠局部粘膜处见变性坏死灶，大小约2×1.5厘米。9月27日患者出院。术后一周，患者阴道开始出血。11月6日，患者至被告2妇科检查，通过阴道镜示：自宫口脱出一大椭圆形肿物，其上另见菊花样分布的肿物，易出血。超声示：子宫形态欠规则，宫颈后壁处见不均低中回声41×33mm，血流杂乱分布，边界欠清，宫腔内膜不清晰，回声不均，子宫前壁处见数个中低回声，边界不清。左侧盆腔包块，来源不详。宫颈处异常回声，子宫不均质占位，盆腔积液。同日，患者入住被告2医院妇科，入院诊断：盆腔包块，绝经后阴道出血，子宫内膜增厚，环下移，肠癌术后，乳腺癌术后。11月21日被告2为患者行“开腹全子宫+右侧附件切除+粘连分解术”，术后病理示：子宫浸润性低分化腺癌，符合子宫内膜浆液性腺癌，浸润至宫旁、右输卵管周围及宫颈周围。术后第二天患者出现恶心，11月26日查腹部立位平片示：部分肠腔扩张充气明显，伴多个大小不等液平影。考虑为肠梗阻。12月7日，患者出院。于次年3月16日患者经临床救治无效死亡。

原告认为被告1严重违反诊疗常规，对于肠道肿瘤的病人未予必要的内窥镜检查和其他辅助检查，就盲目诊断为直肠息肉，肿瘤的部位及性质均误诊，造成手术方式错误，而误诊误治又导致被告2进一步误诊误治。而被告2针对被告1的冰冻病理提示高级别上皮内瘤变，灶性癌变可能，未履行上级医院的义务，术前未行病理检查，也未会诊外院的病理结果，就不适当地选择结肠癌根治术，手术缺乏依据；在术前诊断患者为恶性肿瘤的情况下，违反诊疗常规，没有就周边毗邻组织器官进行影像学检查，导致漏诊了患者盆腔内明显的恶性肿瘤，术前检查既不能了解病情，合理分期，也不能正确指导手术方案；进行根治手术时没有依据规范对临近组织器官进行检查，导致漏诊漏治，最终老年患者短期内不得不接受了两次手术，术后难以恢复，出现肠梗阻而死亡。被告2的医疗行为存在过错，导致患者最终出现手术失败综合征。原告遂诉至法院，要求两被告赔偿医疗费、住院伙食补助费、护理费、死亡赔偿金、律师费等共计人民币50余万元。

被告1辩称，自己给予患者乙状结肠息肉癌变诊断明确，治疗规范，肿瘤位置变化较大，实属罕见，患者入院时已存在出血表现，如术前再行灌肠、泻药行肠镜检查可能导致大出血或肿瘤嵌顿，故未再行术前肠镜检查。患者症状、体征未支持妇科方面的异常，冰冻病理结果告知患方后，患者即至外院检查，故被告1无法进行后续治疗。所以，被告1认为自己不存在过错，不同意原告的赔偿请求。

被告2辩称，子宫内膜癌和乙状结肠癌是两种不同的肿瘤。9月18日手术中探查盆腔未见明显异常，在乙状结肠癌入院诊疗过程中无差错，不存在人为漏诊误治；手术中探查未见肿瘤浸润盆腔，11月21日妇科手术距离第一次手术2月余，妇科病理为子宫浸润性低分化腺癌，恶性程度高，短期内即可有转移，首次手术有可能无法观察到原发妇科肿瘤浸润情况；肠旁淋巴结转移，结肠癌转移可能大，妇科肿瘤极少有肠旁淋巴结转移。被告2的医疗行为并无不当之处，故不同意原告的诉请。

庭审中，双方对诊疗事实无异议，但是对医方是否有过错以及是否构成医疗损害存有明显差异。在原告的申请下，法院委托某医学会进行医疗损害鉴定。专家组分别对被告1医院A和被告2医院B的行为进行了鉴定。鉴定分析意见分别为：

针对医院A，专家组分析认为：患者因肛门脱出息肉，经内镜下电切部分息肉，后患者在外院行外科、妇科手术，数月后死亡。医院A诊治符合常规。病灶的性质需要病理明确，术前难以完全明确。根据患者主诉“反复鲜血便1月余”，肛指检查发现“截石位12－1点钟方向距肛缘6cm可见一肿块突出，质地偏韧，无触痛，指套可见少量血染”，9月11日医方给予在腰麻下行乙状结肠息肉摘除术，术中发现肛门25cm见4×5cm的巨大有蒂息肉，经家属同意内镜下部分息肉送病理。最终石蜡病理诊断：粘膜组织高级别上皮内瘤变，伴腺癌变。医方处置未违反诊疗常规。后患者在外院手术中证实子宫内膜浆液性腺癌已广泛转移(Ⅲc期),该肿瘤为恶性程度极高的肿瘤,故最终患者死亡系自身疾病进展所致,与医方医疗行为无关。综上所述,医院A医疗行为符合诊疗常规,医方不承担患者人身损害后果的责任。

针对医院B,专家组分析认为:9月11日患者于医院A行乙状结肠息肉摘除术,冰冻病理诊断:粘膜组织高级别上皮内瘤变,伴腺癌变。9月12日患者入住医院B肛肠外科,9月18日行乙状结肠癌根治术。出院后一周患者出现阴道出血,经检查考虑盆腔包块,11月21日患者行开腹全子宫+右侧附件切除+粘连分解术。术后病理:子宫内膜浆液性腺癌。后患者死亡。

分析认为:(1)医院B结肠手术有指征。根据患者主诉"反复鲜血便1月",结合外科冰冻病理"高级别上皮内瘤变,伴腺癌变",行手术有指征,结合手术病理"肠旁淋巴结2/12,另送肠旁淋巴结1/1",医方行乙状结肠癌根治术符合医疗常规。(2)医院B妇科手术正确。在该院出院后一周患者才出现阴道出血症状,经宫腔镜检查活检术,诊断子宫内膜浆液性腺癌。后行全子宫+右侧附件切除+粘连分解术,手术符合妇科医疗常规。

但医院B存在以下过失行为:术前准备欠充分。结肠手术前对外院病理切片未调取以进一步明确,肠镜过程未行活检,结肠手术中未行冰冻。在MRI未能完成的情况下未行其他影像检查。但患者在9月18日结肠手术前始终无阴道出血、腹痛等不适,肿瘤标志物CA125正常范围,9月18日术中盆腔探查亦未发现明显异常,故妇科检查可以不作为术前常规内容之一。患者妇科疾病症状隐匿,以后病程进展迅速是当初疾病难以发现的原因。患者在妇科手术中证实为子宫内膜浆液性腺癌已广泛转移(Ⅲc期,多处淋巴结、小肠均见转移灶),该肿瘤为恶性程度极高的肿瘤,故半年后患者死亡系自身疾病进展所致,与医方的医疗行为无关。最终认定本例不属于对患者人身的医疗损害。医院B在医疗活动中存在术前准备欠充分的医疗过错,但与患者死亡的人身损害结果不存在因果关系。

庭审中,原被告双方对两份鉴定进行了充分的质证。

法院最终认为,公民享有生命健康权。由于过错侵害他人生命健康权的,应当承担民事责任。参照两份鉴定意见,被告1依据患者主诉病情及相关检查,给予患者在腰麻下行乙状结肠息肉摘除术有手术指征,符合诊疗常规,至于病灶的性质术前难以完全明确，需病理明确，故在家属同意内镜下部分息肉送病理，最终病理诊断为粘膜组织高级别上皮内瘤变，伴腺癌变。上述处置均未违反诊疗常规，且患者死亡系自身疾病进展所致，故被告1对患者的医疗行为无过错，不存在对患者的人身损害。原告虽对该鉴定意见有质疑，但未提供足够证据及事实足以推翻该鉴定意见，且鉴定程序符合规范，故本院对该节鉴定意见予以认可，故原告要求被告1承担赔偿责任的请求不予支持。至于针对被告2的鉴定意见，虽然明确了该院给予患者行乙状结肠癌根治术及后行全子宫+右侧附件切除+粘连分解术有手术指征，且患者罹患子宫内膜浆液性腺癌为恶性程度极高的肿瘤，又已广泛转移，故患者最终死亡系其自身疾病进展所致，与医方医疗行为无关。但在鉴定意见中也指出，被告在结肠手术前存在肠镜检查未行活检，术中未行冰冻，未行MRI检查等过错，本院认为如果在术前依据诊疗常规进行了相关检查，不排除提早发现患者罹患妇科肿瘤的可能性。虽然患者罹患肿瘤恶性程度极高，但治疗疾病的原则系早发现、早治疗，最大限度延续患者的生命。本院由此判断被告2对原告已构成侵权，应承担相应的民事赔偿责任。被告2赔偿的数额由本院根据其过错、患者自身的疾病、患者的现状酌定。据此，依照《中华人民共和国侵权责任法》第十六条、第二十二条、第五十四条之规定，判决被告2承担15%的赔偿责任。

律师解惑

本案是一起法院对鉴定意见根据自己的盖然性原则进行自由裁量的案例。那么，鉴定意见究竟应如何质证和认证呢？

一、如何质证鉴定意见

鉴定是鉴定人的分析意见，根据《民事诉讼法》第一百三十九条规定，当事人在法庭上可以提出新的证据。当事人经法庭许可，可以向证人、鉴定人、勘验人发问。当事人对鉴定结论有权依据自己的分析来对鉴定进行重新认识，如果有证据证明鉴定有误，则可以申请重新鉴定或推翻已有鉴定，是否采纳由法院决定，所以鉴定虽被称为证据之王，但仍需和案件其他证据结合进行质证和认证。依据《最高人民法院关于民事诉讼证据的若干规定》,未经质证的证据不能作为定案依据,因此,针对鉴定意见,人民法院应当组织医患双方对鉴定意见质证。鉴定书应当在法庭上出示,由当事人质证。鉴定人出庭作证,接受当事人的发问,回答有关鉴定争议的问题,并说明鉴定的过程、依据等。

二、法官对鉴定意见有何认证权利

笔者曾在本书第九章"如何收集、举证、质证医患纠纷证据"中分析什么是高度盖然性原则。高度盖然性就是法官根据良知、理性、经验法则和逻辑推理,可以对证据结合事实及认识等独立做出判断,体现法官的自由裁量权。本案中法官根据被告2过错、患者自身的疾病、患者的现状酌定判决被告2承担15%的赔偿责任,则是独立判断的典范。一般而言,医疗纠纷案例是专业性极强的案件,法官一般依照鉴定意见进行判案,但长此以往就不能排除出现以鉴代判的偏差,所以必要时需要法官结合良知、理性、经验法则、逻辑推理等对鉴定意见作出独立分析认证,才能明断是非,提高法官的公信力。司法实践中,鉴定人应当出庭接受当事人的质询,鉴定人无正当理由据不出庭且拒绝书面答复,或结合质询仍不能排除对鉴定意见的合理怀疑的,法院对鉴定意见可不予采信。人民法院的裁判文书应当载明对医疗损害鉴定意见的审查情况、审查结论,并说明理由。

法律链接

《中华人民共和国侵权责任法》

第十六条　侵害他人造成人身损害的,应当赔偿医疗费、护理费、交通费等为治疗和康复支出的合理费用,以及因误工减少的收入。造成残疾的,还应当赔偿残疾生活辅助具费和残疾赔偿金。造成死亡的,还应当赔偿丧葬费和死亡赔偿金。

第二十条　侵害他人人身权益造成财产损失的,按照被侵权人因此受到的损失赔偿;被侵权人的损失难以确定,侵权人因此获得利益的,按照其获得的利益赔偿;侵权人因此获得的利益难以确定,被侵权人和侵权人就赔偿数额协商不一致，向人民法院提起诉讼的，由人民法院根据实际情况确定赔偿数额。

第五十四条　患者在诊疗活动中受到损害，医疗机构及其医务人员有过错的，由医疗机构承担赔偿责任。

《中华人民共和国民事诉讼法》

第一百三十八条　法庭调查按照下列顺序进行：

（一）当事人陈述；

（二）告知证人的权利义务，证人作证，宣读未到庭的证人证言；

（三）出示书证、物证、视听资料和电子数据；

（四）宣读鉴定意见；

（五）宣读勘验笔录。

第一百三十九条　当事人在法庭上可以提出新的证据。

当事人经法庭许可，可以向证人、鉴定人、勘验人发问。

当事人要求重新进行调查、鉴定或者勘验的，是否准许，由人民法院决定。

Case 案例 17
眼科 RK（放射状角膜切开术）纠纷诉讼案（眼科）

核心问题：如何判断司法鉴定的效力？

关键词：司法鉴定效力　一审　二审

案情简介

原告：张某，女，18 岁

被告：某医院（所涉科室：眼科）

一审情况：

原告诉称，3 月 29 日，原告在被告某医院眼科进行眼科双眼 RK 术。因手术造成感染，感到眼部不适，曾于 5 月 8 日到被告处进行检查，被告知没有异常情况。8月原告又感到眼部不适,到被告处检查。11月17日,原告右眼感到剧烈疼痛、畏光、眼红、流泪、视物不清。经数家医院眼科检查,诊断为“右眼RK手术后感染导致绿脓杆菌角膜溃疡,有角膜白斑”。因被告施行眼科双眼RK手术后感染及延误治疗的不当医疗行为,给原告造成了右眼无光感、左眼矫正视力为0.4的严重损害后果。经某鉴定事务所鉴定,原告的损害程度相当于六级伤残。请求法院判令各项费用共计人民币805,069.80元。后原告向法院提出申请,增加诉讼请求1,252,000元,其中后续治疗费952,000元,精神损害赔偿金300,000元。

被告辩称,(1)在为原告施行手术过程中不存在过错。原告目前的损害后果与为其施行的手术之间不存在因果关系。手术医师对原告施行的新型放射状角膜切开治疗近视手术符合诊疗规定,原告目前的损害后果是“细菌性角膜溃疡”所致,致病源是“绿脓杆菌”,而绿脓杆菌感染时间是在11月17日,与原告3月29日施行的近视眼治疗手术时隔七个多月。根据细菌性角膜炎起病急骤,发展迅猛,诊疗不当可使患者致盲、穿孔等眼科临床医学理论和实践,足以表明张某目前的损害后果与被告为其施行的治疗近视眼手术没有因果关系。(2)原告诉称事实有不实之处。原告目前的情况可以通过角膜移植手术获得治疗,而且费用相对较低,但原告不予接受,且在治疗尚未终结前做伤残评定,不应予以支持。

法院审理过程中,委托某省医学会做医疗损害鉴定,因原告对手术医师资质提出异议,省医学会中止鉴定。经原、被告双方同意,法院委托某司法鉴定中心对本案医疗行为与损害结果之间是否存在因果关系及是否存在医疗过错作司法鉴定。次年4月17日,该鉴定中心出具鉴定意见书,鉴定审查意见为:张某左眼视力矫正不良主要与RK手术的局限性有关;右眼角膜白斑形成、视力严重下降主要与绿脓杆菌感染有关,RK术后角膜改变是该感染的诱因。某医院在对张某进行的屈光手术等治疗过程中,有关医务人员未充分尽到注意义务,存在一定的医疗过失行为,与上述不良后果存在一定的因果关系(次要原因)。

某中级人民法院一审认为,被告为原告右眼施行MiNi放射状角膜切开术时间是3月29日,医学上认为角膜上皮伤口的愈合一般仅需数周,而绿脓杆菌感染的临床表现为起病急骤,潜伏期较短,原告右眼具有感染绿脓杆菌临床表现的畏光、流泪、疼痛的时间在11月18日,与角膜切开手术已相隔七个多月,因此,被告施行的MiNi放射状角膜切开手术与原告右眼感染绿脓杆菌并无直接的因果关系。但被告对原告施行的手术致使原告角膜改变是该菌感染的诱因,且被告对原告进行屈光手术诊疗过程中,对中等近视、视力可矫正至正常水平的原告,在术前未对其屈光度进行随访记录的情形,属于医务人员未尽到注意义务,存在医疗不足。但鉴于原告角膜白斑形成、视力下降主要原因是绿脓杆菌的感染,故原告自己应负主要责任。被告对原告施行的MiNi放射状角膜切开术与原告的损害后果之间存在一定的因果关系,应对原告造成的损害后果承担次要责任即40%的损害赔偿责任。据此,经法院审判委员会讨论并作出决定,根据《民法通则》第一百一十九条、第一百零六条第二款、第一百三十条之规定,判决如下:

(1)被告某医院应赔偿原告张某医疗费7081.60元、交通费4977.64元、护理费391.60元、住院伙食补助费132元、残疾生活补助费58,184元;(2)被告应赔偿原告张某精神损害抚慰金10,000元;(3)上述两项共计80,766.84元,限于本判决生效之日起十日内付清。

一审判决后,原告不服,上诉至某省高级人民法院。

二审情况:

张某上诉称,(1)原审判决在认定医院在诊疗过程中存在严重过错,并与其眼睛失明的后果存在因果关系的情况下,只认定医院承担40%的次要赔偿责任,显属错误。原审判决的主要依据是鉴定中心的鉴定结论。该鉴定认定,"有关医务人员未尽到注意义务,存在一定的医疗过失行为,与上述不良后果存在一定的因果关系",但并不能据此确定医院只承担次要责任。从医院违法行为的严重性、主观过错的恶性程度以及与损害后果的直接相关度来看,医院应承担全部责任。(2)原审判决未认定后续治疗费,显属不妥。(3)精神损害抚慰金过低。

医院辩称,(1)原审判决其承担的赔偿责任过重,本案事实决定了其赔偿责任比例应不超过30%,原审判决确定为40%,已最大限度满足了张某的要求。张某是在手术后七个月后因绿脓杆菌感染,患"细菌性角膜炎"致损害后果的。根据眼科临床医学理论和实践,细菌性角膜炎起病急骤,发展迅猛,诊疗不当可使患者致盲、穿孔等。该事实决定张某的损害后果不是手术造成。(2)一审中,张某提出高额后续治疗费,但其主张建立在一份形式瑕疵,而且缺乏客观依据的病情证明表上,没有事实根据和法律依据。(3)张某要求提高精神损害抚慰金的请求缺乏依据。

二审法院审理查明,鉴定中心出具的鉴定意见书分析说明载明:(1)放射状角膜切开术(RK)的原理是在角膜前表明中央区以外区域行对称的放射切开,使角膜中央区变扁平,屈光减弱,从而矫正视力。目前一般认为,该手术是矫正中、低度近视的方法之一,至今仍被采用,但并非理想的屈光手术,在可预测性、可矫正度数等方面均存在较大局限,操作技巧对手术结果的影响很大,手术并发症多。MiNi 放射状角膜切开术是 RK 的改良,它减少了切口数目,缩短了切口长度,也减少了手术并发症,同时也更加缩小了屈光矫正范围。但是,屈光手术毕竟是在正常的眼球组织上进行,被手术者的期望值一般都很高,医务人员应当特别注意此类手术的安全性、有效性和准确性,充分告知手术风险,尽可能避免术后并发症。此外,接受屈光手术的眼球应当已经发育成熟,术前一段时间内应反复检测均显示屈光度稳定,以减少术后本身眼球屈光度持续变化导致的手术效果不佳等后果。张某术前为 17 周岁,患中等近视,视力可矫正至正常水平,但送检材料中未见术前屈光度的随访记录,存在医疗不足。(2)张某目前存在的左眼视力下降、矫正不良与 RK 手术有关,通常是因为此类手术常见的诸如不规则散光、眩光等并发症所致。由于 RK 手术本身存在的局限,目前难以完全避免上述并发症。(3)张某右眼视力严重下降的直接原因为其于 RK 术后数月所发生的绿脓杆菌感染治疗后遗留的角膜大片白斑形成。目前还可考虑行角膜移植术等治疗,可能在一定程度上提高右眼视力,但估计难以恢复至正常水平。一般认为,RK 手术角膜上皮伤口的愈合一般仅需数周,而绿脓杆菌感染的临床表现为起病急骤、潜伏期又较短。因此,本案 RK 手术与张某右眼角膜感染绿脓杆菌并无直接的因果关系。但是,由于 RK 术后角膜较正常者脆弱,易受外伤,或活动后伤口破损机会增加,均可能引发感染。据此分析,其 RK 术后角膜改变为其后感染的诱因。

二审法院审查认为，根据鉴定中心的鉴定意见书，屈光手术是在正常的眼球组织上进行的，故医务人员应当特别注意此类手术的安全性、有效性和准确性，充分告知手术风险，尽可能避免术后并发症。而医院在宣传资料中称该手术的特点是操作简便安全可靠，手术切口由精密的仪器严格控制，以达到准确的效果，“无一例因手术意外终身残疾”，实际上作了扩大宣传。而且手术过程中存在医疗不足：手术协议中对手术可能发生的情况表述简单，对手术风险未尽完全告知义务；手术时张某年仅17周岁不在宣传资料的手术范围内，且手术协议无监护人的签字；术前亦无屈光度的随访记录，未检测屈光度是否稳定。因此，二审法院认为，医院应对张某的损害后果承担主要责任，对张某的损失应承担80%的赔偿责任。关于后续治疗费，二审法院认为，在张某已经主张了残疾赔偿金的情形下，后续治疗费应待实际发生后另行处理，原审判决并无不妥。

据此，二审法院认为张某的部分上诉理由成立，予以采纳。原审判决在责任认定和对具体损失的认定及计算中存在的问题，予以纠正。依照《中华人民共和国民事诉讼法》第一百五十三条第一款第（三）项之规定，判决如下：(1)维持某中级人民法院民一初字第18号民事判决第四、五项；(2)撤销某中级人民法院民一初字第18号民事判决第一、二、三项；(3)某医院赔偿张某医疗费、交通费、护理费、住院伙食补助费、残疾生活补助费等损失142,430.74元；(4)某医院赔偿张某精神损害抚慰金20,000元。

上述两项共计162,430.74元，限于本判决生效之日起十日内付清。

律师解惑

本案是一起对RK术存有异议的纠纷。

一、如何判断医疗过错司法鉴定的证据效力

本案中，因为原告对手术医师资质提出异议，省医学会中止鉴定。经原、被告双方同意，法院委托某司法鉴定中心对本案医疗行为与损害结果之间是否存在因果关系及是否存在医疗过错作司法鉴定。由此我们可以看出，一般而言，针对医疗

纠纷引发的人身损害赔偿纠纷案件，法院一般先委托医学会进行医疗损害鉴定，当医疗损害鉴定因故中止或无法鉴定时，法院一般委托司法鉴定中心进行医疗过错司法鉴定。本案中，司法鉴定中心审查意见为：张某左眼视力矫正不良主要与RK手术的局限性有关；右眼角膜白斑形成、视力严重下降主要与绿脓杆菌感染有关，RK术后角膜改变是该感染的诱因。某医院在对张某进行的屈光手术等治疗过程中，有关医务人员未充分尽到注意义务，存在一定的医疗过失行为，与上述不良后果存在一定的因果关系（次要原因）。

二、本案两次诉讼分别有什么特点

一审法院鉴于原告角膜白斑形成、视力下降主要原因是绿脓杆菌的感染，故认定原告自己应负主要责任，医院承担40%的民事赔偿责任。而二审法院综合被告的扩大宣传，手术过程中存在的医疗不足，未尽完全告知义务，手术时张某年仅17周岁，术前亦无屈光度的随访记录，未检测屈光度是否稳定等，判令医方承担80%的赔偿责任。由此我们可以发现，医疗过错司法鉴定针对医疗行为是否有过错，如有过错与患者的损害后果之间是否有因果关系做出鉴定，但在责任比例上，法院存在一定的判断自由度，法院可以综合案件事实，法律规定，逻辑推理及日常生活经验等，对鉴定、病史、当事人陈述等证据进行综合判断，所以，司法鉴定是一份重要的证据，但并不是唯一的证据，我们需要综合分析判断。

法律链接

《最高人民法院关于民事诉讼证据的若干规定》

五、证据的审核认定

第六十三条　人民法院应当以证据能够证明的案件事实为依据依法作出裁判。

第六十四条　审判人员应当依照法定程序，全面、客观地审核证据，依据法律的规定，遵循法官职业道德，运用逻辑推理和日常生活经验，对证据有无证明力和证明力大小独立进行判断，并公开判断的理由和结果。

结 束 语

本篇重点阐述鉴定程序与质证认证,关于鉴定的基本概念和一般原则已在各案例中作了简要陈述。医疗纠纷案件的鉴定在《侵权责任法》实施前后发生了一定的变化,在此对该问题做如下梳理:

一、如何审查一份鉴定文书

鉴定作为一份重要和关键的证据,必须具备真实性、合法性、关联性。所谓真实性,也叫客观性或确实性,是指证据所反映的内容应当是真实的,客观存在的;所谓合法性,是指证明案件真实情况的证据必须符合法律规定的要求;所谓关联性,也叫相关性,是指证据与案件事实之间存在客观联系。

根据《最高人民法院关于民事诉讼证据的若干规定》第二十九条规定,审判人员对鉴定人出具的鉴定书,应当审查是否具有下列内容:

(一)委托人姓名或者名称、委托鉴定的内容;

(二)委托鉴定的材料;

(三)鉴定的依据及使用的科学技术手段;

(四)对鉴定过程的说明;

(五)明确的鉴定结论;

(六)对鉴定人鉴定资格的说明;

(七)鉴定人员及鉴定机构签名盖章。

关于第(一)点委托人姓名或者名称、委托鉴定的内容,一方当事人可以自行委托有关部门作出鉴定,当事人双方可以自行委托同一鉴定机构进行鉴定,还可以由人民法院委托鉴定部门进行鉴定。一般而言,涉及医疗纠纷案件,一般由法院应当事人的申请委托进行鉴定。委托鉴定的内容,在医疗纠纷案件中,一般鉴定医方的医疗行为是否存在过错,如有过错与患者的损害后果之间是否有因果关系,是否构成损害等。

关于第(二)点委托鉴定的材料,在医疗纠纷案件中,一般包括病史资料、影像资料、封存的器材,以及对患者的检查等材料。

关于第(三)点鉴定的依据及使用的科学技术手段,鉴定属于专业领域内的工作,所以,鉴定的依据以及使用的技术手段要获得同一专业领域人员的认可,但不一定为当事人或法官所理解,当事人可以通过申请当庭质证形式进行说明。

关于第(四)点对鉴定过程的说明,是鉴定人从接受鉴定到作出鉴定结论的整个过程的客观陈述和表述。

关于第(五)点明确的鉴定结论,一般可以得出结论确切地肯定或否定(排除)某些事务之间的关联性的。比如本章所讲案例,得出构成或不构成医疗损害,具有或不具有因果关系等,鉴定结论必须明确表明自己的立场,不能使用大概、可能等字样,不能模棱两可,必须忠实于科学的观察和判断。

关于第(六)点对鉴定人鉴定资格的说明,根据《司法鉴定人登记管理办法》,鉴定人应当具有《司法鉴定人执业证》。鉴定人应当将其证书的复印件附在书面鉴定结论后,以备查考。

关于第(七)点鉴定人员及鉴定机构签名盖章,鉴定结论的形式必须合法。一般而言,鉴定是鉴定人的个人行为,鉴定机构盖章,是单位的信用担保。

当事人认为法院委托的鉴定结论有缺陷的,在法定条件下,可以申请重新鉴定;不需要重新鉴定的,通过补充鉴定、重新质证或者补充质证等方式解决。

二、医疗侵权纠纷案件的鉴定有哪几种类型、效力如何

在《侵权责任法》实施之前以及不适用《侵权责任法》的医疗侵权纠纷案件,根据《最高人民法院关于参照〈医疗事故处理条例〉审理医疗纠纷民事案件的通知》,对于构成医疗事故的医疗侵权纠纷案件,参照《医疗事故条例》的有关规定进行审理。对于医疗事故以外的原因引起的医疗侵权纠纷案件,则适用《民法通则》的相关规定进行审理。在司法实践中,医疗侵权纠纷案件的鉴定主要有医疗事故技术鉴定和医疗过错及因果关系的司法鉴定两种。依据《医疗事故处理条例》和《最高人民法院关于参照〈医疗事故处理条例〉审理医疗纠纷民事案件的通知》的精神,医学会是组织进行医疗事故技术鉴定的唯一合法机构,其他司法鉴定机构不能进行医疗事故技术鉴定。一方当事人(往往是患方)申请进行有关医疗过错及因果关系的司法鉴定,而另一方当事人申请医疗事故技术鉴定的,应优先委托进行医疗事故技术鉴定。根据《医疗事故处理条例》第二十一条的规定,首次医疗事故技术鉴定工作由设区的市级地方医学会和省、自治区、直辖市直接管辖的县(市)地方医学会负责组织。省、自治区、直辖市地方医学会负责组织再次鉴定工作。必要时,中华医学会可以组织疑难、复杂并在全国有重大影响的医疗事故争议的技术鉴定工作。当事人对首次医疗事故技术鉴定结论不服的,可以在诉讼中申请法院委托上一级医学会再次进行医疗事故技术鉴定。经鉴定,构成医疗事故的,按照《医疗事故处理条例》的规定,判决医疗机构承担赔偿责任。经鉴定,不构成医疗事故的,可以根据另一方当事人的申请,再委托进行有关医疗过错及因果关系的司法鉴定。但是,如果当事人提出进行有关医疗过错及因果关系的司法鉴定申请,而对方当事人予以同意的,则不必进行医疗事故技术鉴定。司法鉴定意见做出后,一般不再进行医疗事故技术鉴定。

在《侵权责任法》实施之后,依据《最高人民法院关于适用〈中华人民共和国侵权责任法〉若干问题的通知》,人民法院适用《侵权责任法》审理民事纠纷案件,根据当事人的申请或者依职权决定进行医疗损害鉴定的,按照全国人民代表大会常务委员会《关于司法鉴定管理问题的决定》及国家有关部门的规定组织鉴定。最高人民法院在这个通知中,要求将医疗纠纷案件中的医疗损害鉴定按照司法鉴定的法律规范及国家有关部门的规定进行。卫生部《关于做好〈侵权责任法〉贯彻实施工作的通知》规定医学会可参照《医疗事故技术鉴定暂行办法》《医疗事故分级标准(试行)》开展医疗损害责任技术鉴定。目前,该鉴定可视为国家有关部门组织的鉴定。因此,根据上述两个通知的精神,《侵权责任法》实施后的医疗损害鉴定主要有医疗损害责任技术鉴定和医疗过错及因果关系的司法鉴定两种。如果一方当事人申请委托司法鉴定机构组织进行医疗过错及因果关系鉴定,另一方当事人申请委托医学会组织进行医疗损害责任技术鉴定,应组织进行医疗过错及因果关系的司法鉴定。当事人都同意委托进行医疗损害责任技术鉴定的,也可以委托医学会进行医疗损害责任技术鉴定。该鉴定既可以委托设区的市级地方医学会或省、自治区、直辖市直接管辖的县(市)地方医学会,也可以直接委托省、自治区、直辖市地方医学会组织医疗损害责任技术鉴定。技术鉴定和司法鉴定一样,一般情况下都只进行一次。并且这两种鉴定意见或结论的效力相同,互相不成为对方的救济手段，当事人只能择一申请。

三、医疗侵权纠纷案件中，申请医疗过错及因果关系鉴定的责任由谁承担？法院能否依职权启动鉴定

申请医疗过错及因果关系鉴定的责任在《侵权责任法》实施前后有较大差别。

在《侵权责任法》实施之前及不适用《侵权责任法》的案件中，按照《最高人民法院关于民事诉讼证据的若干规定》第四条第（八）项的规定，因医疗行为引起的侵权诉讼，由医疗机构就医疗行为与损害结果之间不存在因果关系及不存在医疗过错承担举证责任。该司法解释确定医疗侵权纠纷案件的归责原则为过错推定原则，在举证责任上采用部分倒置规则，由医疗机构就不存在医疗过错及医疗行为与损害后果之间不存在因果关系承担举证责任。在实践中，医疗机构提供的病历往往无法直接证明其医疗行为不存在过错以及不存在因果关系，因此，由医疗机构申请鉴定，通过鉴定进一步证明医疗行为无过错、无因果关系。所以，此时申请医疗过错及因果关系的鉴定责任由医疗机构承担。当然，在当时的司法实践中，由于医疗事故技术鉴定的内容也包括医疗过错及因果关系的分析，所以有的医疗机构申请的是医疗事故技术鉴定，通过该种鉴定，证明其医疗行为无过错或与损害后果无因果关系。

在《侵权责任法》实施之后，适用《侵权责任法》的案件，依据《侵权责任法》第五十四条的规定，患者在诊疗活动中受到损害，医疗机构及其医务人员有过错的，由医疗机构承担赔偿责任。由此可知，《侵权责任法》实施后，医疗侵权纠纷案件的归责原则由过错推定原则变为了过错原则，举证责任也由部分倒置变为了"谁主张，谁举证"。因此，患者要承担证明医疗机构有过错，且与其损害后果存在因果关系的举证责任。由于专业性较强，患者提供的资料一般难以直接证明，所以，一般情况下，患者应承担申请医疗过错及因果关系的鉴定责任。但在侵害患者知情同意权纠纷等案件中，由于举证责任在医疗机构，如医疗机构欲证明其尽到告知义务而进行相关鉴定，则申请鉴定的责任不在患者。

一般而言，申请鉴定的责任由当事人承担。但司法实践中，情况较为复杂：比如有的当事人诉讼能力较低，经释明后仍不提出鉴定申请；有的当事人因经济原因,无力预交鉴定费导致不主动申请鉴定等情况时有发生。如果法院简单的依据证据规定,作出对其不利的处理,可能会导致案件实体明显不公正,对于当事人申请鉴定确有困难的,人民法院在必要时可依职权委托鉴定。同时,《民事诉讼法》第七十六条第二款规定,当事人未申请鉴定,人民法院对专门性问题认为需要鉴定的,应当委托具备资格的鉴定人进行鉴定。由此可见,人民法院在必要时可以依职权启动鉴定。

第11章 医疗程序审查与医疗实体审查

章首序

程序公正与实体公正缺一不可，程序公正是实体公正的前提和保障，而实体公正是程序公正的目标和追求，所以，从法律角度而言，程序和实体同等重要。在医患纠纷案例中，程序性审查是指诉讼或调解程序合法，是审查流程，同时医疗行为程序是否合法又是审查的对象，实体性审查是指法官要审查医疗行为是否履行了应尽的义务，是否侵犯了患者的合法权益。

那么，在医患纠纷中应如何审查程序和实体，又有什么现实指导意义呢？

第一节 医疗程序与合法性审查

医疗程序，非常新颖的概念，直接约束着医疗实体。所谓医疗程序，是指在医疗行为中，医务人员必须按照医疗卫生法律、法规、规章、诊疗常规、护理操作常规等规范实施各种诊疗行为的诊断治疗方式和步骤。医务人员应当履行的医疗程序主要包括：注意义务、告知义务、救治义务等。医疗程序是否合法规范将直接影响到治疗效果这一实体，所以程序合法是实体权益保障的前提。怎样审查医疗程序的合法性？

一、关于注意义务与注意义务的合法性审查

注意义务是指医务人员在从事医疗行为时必须保持注意力的集中，预见并防范可能产生的失误，确保自己的行为符合规范。根据注意义务的医疗主体不同，可

以分为医师的注意义务、护士的注意义务、技师的注意义务和管理人员的注意义务等。注意义务要求医务人员具有娴熟的医疗技术能力,同时还要求医务人员具备扎实的理论功底和法律实务能力,也就是要求医务人员必须具备全面的人文科技知识,知识面要宽,不可以偏颇和偏激。只有良好的储备才能随时应对复杂的医学实践。

注意义务可分为一般注意义务和特殊注意义务。一般注意义务是指医疗护理行为必须符合法律、法规、规章和诊疗常规等规范性文件的规定,这是判断医疗行为是否存在过失的具体标准。是否正确履行一般注意义务判断标准较为清晰。如:当医师接待任何一位门诊患者时,要进行视触叩听,要进行检查诊断和治疗,这就必须符合首诊负责制;针对危急重症患者,要开通绿色通道,必须符合危急值抢救制度;针对住院患者,行为要符合诊疗常规及相关规章制度。而特殊注意义务是指医务人员对患者实施的医疗活动,是否达到与其资质相应的医疗水准,是否尽到符合其相应专业要求的注意、学识及技能,这是判断医疗是否存在过失的抽象标准。是否正确履行特殊注意义务判断标准较为复杂,常需结合专业、资质等综合判断。如:当医师决定为患者实施髋关节置换术,这位医师必须首先考虑患者是否有适应症,是否有替代医疗方案,是否有禁忌症,是否有其他不利于手术的合并症,医疗条件如何,器材是否配套等,这些就是特殊注意义务的要求,这和医师的职业道德、职业操守、职业伦理息息相关;当医师决定开展一项药物的临床试验时,这位医师必须考虑是否已经通过了医院伦理委员会的审查,是否采取措施以保护患者的安全,对不良事件有何处理应对措施,试验药物本身的安全性是如何保证的,等等。之所以严格规定注意义务,是因为医患关系双方在技术上不对等,患者处于医疗信息和技术的弱势地位,不可能知晓太多的内部信息,而且对现代医学诸多复合学科比如药理学、设备管理学、感染控制规定等更了解不多甚至不了解,所以需要通过严格的方式规定医务人员的注意义务,以确保患者的合法权益。

如果出现注意义务违反了相关法律法规规范等规定,一旦确定与患者的损害后果之间存在因果关系,则医方需承担相应的法律责任。比如如果开展药物临床试验的医师没有注意试验药物的不良反应,没有及时观察患者的情况,最终导致肾脏功能正常的患者出现肾功能衰竭的损害后果,则医方需承担相应的法律责任。

二、关于告知义务与告知义务的合法性审查

根据《侵权责任法》第五十五条规定以及其他法律规定，医务人员必须及时告知患者相关病情和医疗措施，同时，在实施手术、特殊检查、特殊治疗前，医务人员必须告知患者相关风险及替代方案等措施。告知是医务人员重要的义务也是最常见的医疗行为之一。随着社会的发展，随着人们对知情权日益增长的需求，作为医务人员要善于告知。告知行为根据不同的标准可以分为门急诊告知和病房告知，一般告知和特殊告知，手术告知和非手术告知，医师告知和护士告知，等等。总之，无论何种告知，告知的目的都是尊重患者的知情权，让患者知晓病情、知晓诊治措施、知晓相关风险，做出选择、判断、准备和应对。同时，医学本身是一门经验科学，医学一定是有局限的，所以告知的目的也是为了尽可能地达成医患双方的共识。基于这一点，医务人员的告知应当尽可能地让患者明白和知晓，善于用通俗的语言阐述诊治要义。这实在是一门艺术，需要医师用心揣摩，只要心存一颗仁爱之心就不难做到，可见，医学伦理精神是医务人员的立身之本，绝非豪言，也绝非空话。

如果出现履行告知义务违反了相关法律法规规范等规定，一旦确定与患者的损害后果之间存在因果关系，则医方需承担相应的法律责任。如果告知不尽责，虽未出现患者的损害后果，或者与患者的损害后果之间不存在因果关系，也有可能要承担一定的法律责任，这是告知义务担责的特殊之处。笔者将在后面的章节中具体阐述。

三、关于救治义务与救治义务的合法性审查

救治义务是指医务人员具体给予患者的救治措施，比如体检、体格检查、实验室检查、影像学检查、病理检查等诊断措施，比如手术、用药、理疗、放疗、介入、护理等治疗措施，比如会诊、转诊等救治措施等。救治义务是医务人员运用注意等措施后决定付诸患者身体的措施，救治措施一旦开展就不能逆转。比如一旦决定实施甲状腺切除术，则甲状腺一旦被切除，事后被证明是误切则无法逆转。再如一旦对青霉素过敏患者用青霉素，则药物一旦进入体内就无法取出。所以，救治措施是最终对患者身体直接接触的措施，其重要性不言而喻。

正确履行救治义务的前提来自于正确的注意,如果注意失误则必然导致救治错误,如误诊必然误治,漏诊必然漏治。所以注意义务、告知义务、救治义务,三者的关系是前提和结果的关系,有了正确的注意才会有正确的告知,而有了正确的注意才会有正确的救治,有了正确的告知患者才会理性客观地面对救治的结果,三者的关系也是思维认识的逻辑关系。作为医者必须明白这三种义务并能娴熟掌握实施这三项义务。

如果出现救治义务违反了法律法规规范,一旦确定与患者的损害后果之间存在因果关系,则医方需承担相应的法律责任。

第二节　医疗实体与合法性审查

医疗实体,也是非常新颖的概念,那么,什么是医疗实体呢?

所谓医疗实体,指在医疗行为中,医务人员按照医疗卫生法律、法规、规章、诊疗常规、护理操作常规等规范,实施的各种诊疗行为对患者施加的最终状态。实体行为包括手术、用药、护理、理疗、放疗、氧疗、介入、康复等各种诊治措施,患者接受诊治措施后的最终身体状态,医学上可分为治愈、好转、恶化或死亡等结果。对医疗实体是否合法的审查具体表现为对医疗措施与患者结果状态的审查,比如手术切除了哪些组织、脏器、器官,化疗造成了患者哪些影响,用药最终使患者是否治愈,护理是否使患者康复等。医疗程序履行是否正确将直接影响治疗效果,所以程序合法是实体权益的前提和保障,而实体合法权益则是医疗程序合法追求的结果和目标。应该如何保障患者的实体权益?怎样审查医疗实体行为的合法性?

一、关于手术措施的合法性审查

手术是指以侵袭性治疗方式为手段而实现有益于患者的目的。手术本身因侵袭性的特点对患者是有损伤的,但是由于患者在手术前的状态已经无法选用非手术保守疗法了,所以必须选择有风险的手术方式。而手术又会带来一些新的损害,那么是否有损害医师就要担责呢?这需要具体问题具体分析。针对手术,必须分析手术适应症、禁忌症、手术的配套措施、手术中特殊情况的注意措施防护措施、手术中用药情况、手术后治疗护理措施等是否正确,如果医方每个环节均符合现有医学科学技术条件,均是合法规范的,那么即使造成患者感染、肠粘连、肠梗阻等后果,医方也无须承担法律责任。但是,如果前述环节违反医疗法律法规,如术后观察失误,没有及时注意患者腹痛、伤口情况,导致感染未及时控制,延误治疗,则医方就需承担法律责任。所以,针对手术的合法性审查贯穿于术前、术中、术后整个手术期。

二、关于用药措施的合法性审查

用药是指针对患者疾病给予相关药物的治疗措施。药物包括口服、肌肉注射、静脉注射等给药方式。药物本身有一定的副作用,所以俗语称"是药三分毒"。但是,药物和手术同理,是指机体自身无法自愈的情况下必须用药治病,病的损害远远超出了药的损害,当然就选择药了。然而,是否药物的损害都需要医方担责呢?也得具体问题具体分析。用药是否合法同样必须审查药物的适应症、禁忌症、配伍禁忌、注意事项、用量用法、配药渠道、给药途径、给药时间等细节。如果这些措施合法,则即使出现不良后果,医方也无须承担责任。如果这些措施有部分失误,则医方难以免责。所以,针对用药的合法性审查必须贯穿于用药前、用药中、用药后,审查的主体行为有医师的行为,也有护士和药师的行为,甚至还涉及医药采购渠道是否合法,所以针对用药的合法性审查领域比较宽泛。

三、关于护理措施的合法性审查

护理是内涵非常丰富的诊治措施。护理包括基础护理和不同级别护理等内容。护理和医疗同等重要,俗话说"三分治疗,七分护理"就是这个理。护理有独立于医疗的护理常规,护理措施和护理技术规程等规范性文件系统。护理安全是整个医疗安全的保障和支持,所以,患者一半的安全是交给护士的。然而,护理因其内容复杂,要求也特别复杂,很难用统一的标准来阐述护理。总而言之,护理措施的合法性主要体现在等级护理措施、特殊护理措施、护理诊断措施、护理治疗措施等必须符合规范。笔者根据多年的经验发现,护理过错经常表现在缺乏有效的护理评估系统，对患者的风险没有系统的评估能力，造成护理观察不足，护理诊治不足，护理措施与患者病情不匹配，对患者去留的安全管理不足等。因护理过错而造成患者损害的，医院必须承担相应的法律责任。

概言之，医疗程序合法与医疗实体合法同等重要，缺一不可。医疗程序也就是整个诊疗流程要体现规范化、人性化，而医疗实体也就是患者最终诊疗结果要体现科学化、专业化。因医疗过错而造成患者损害的，医方当然要承担法律责任。其具体表现有哪些，作为医患纠纷当事人应如何审查，笔者将在后面的章节中详细阐述。

第12章 如何审查医疗程序性过错：注意义务

章首序

作为医疗程序之一，注意义务是指医务人员在从事医疗行为时必须注意患者的病情及其变化，预见风险并防范失误，确保自己的行为符合规范，做出正确的诊治。注意义务分为一般注意义务和特殊注意义务。注意义务是伴随医患关系之间的义务，从就诊开始，至诊断和治疗，从住院开始至治疗方案终结，注意义务贯穿始终。医务人员履行注意义务不当将直接导致误诊误治、漏诊漏诊，损害患者的合法权益，所以注意义务是医务人员的基本义务，也是医疗行为是否正确的基础和保障。如何履行注意义务，注意义务有何内容，不同阶段的注意内容有何不同，违反注意义务将承担什么法律责任，本章将结合典型案例进行剖析，以使读者了解并掌握注意义务的实质和违反后果。

Case 案例18
胃痛诊断失误最终死亡调解案（急诊内科）

核心问题：医师注意义务的法律要求

关键词：注意义务法律要求　循证医学　医学综合思维能力

案情简介

患者：于某，男，50岁

医方：某医院（所涉科室：急诊内科）

患者，于某，男性，50岁，7月20日10:00因胃痛一小时在家附近社区卫生中心就诊，当时该院全科医师询问后立即进行心电图检查，提示ST段抬高。为排除心脏疾病，该全科医师建议于某迅速到上级医院就诊。

11:00，于某到上级医院，询问分检台工作人员被告知挂急诊内科。当时病人较多，11:25轮到于某。医师问：哪里不舒服？于某答：胃痛。问：多久了？答：两个多小时了。问：有没有呕吐啊？答：没有。问：恶心吗？答：没有。问：还有哪里不舒服吗？答：就是一阵一阵痛得很不舒服。医师随即让于某掀开衣服触摸了一下腹部。当时于某给医师出示了社区卫生中心的病历，但医师未看。后医师诊断于某胃痛待查，开具吗丁啉等药物。于某在配药的过程中突然倒地，立即抢救，急查为急性心梗，休克，抢救后患者陷入昏迷。送入ICU治疗。患者持续深昏迷数月，后被诊断为植物人。

该事件发生后，家属与医方产生激烈冲突，经协调，医方暂时予以家属一定补偿。第二年3月某夜，于某终因多脏器功能衰竭而死亡。

患方对此事严重不满，强烈要求医院予以赔偿。首先，患方认为医院违反了法定注意义务，指出7月20日11:00于某到医院就诊时携带的社区卫生中心病历，上面已经有心电图检查报告，为什么医院的门诊医师不看不注意。其次，当时于某已经说痛的很厉害了，可是医师只是简单地触摸一下，连一个心脏听诊都不做，还做什么医师呢？这是典型的头痛医头脚痛医脚，根本不像是大医院的医师所为。最后，看看这份门诊病历是怎么写的，上面就是这么一段话："胃痛胃胀一小时。呈阵发性，无恶心呕吐，二便可。诊断：胃痛待查。处理：吗丁啉1盒10mg tid……"这么几十个字根本没有进行病因鉴别。所以，患方强烈要求医院赔偿。

医方针对患方的观点，解释道：没看社区卫生中心的报告是医师的疏忽，可是当时忙也是原因之一，再说临近中午时间，医师已经很累了，体力不支这是原因之一。至于针对于某的整个治疗过程确实属于疏于履行相关注意义务，愿意承担相应法律责任。

医患双方坐下来开始协商处理此案，考虑赔偿金额较大，双方一致同意由医疗纠纷调解委员会调解此事。后经调解，医方承担了较大的赔偿责任。

律师解惑

本案是一起典型的违反法定注意义务的医疗过错纠纷案例。《侵权责任法》第五十七条规定："医务人员在诊疗活动中未尽到与当时的医疗水平相应的诊疗义务，造成患者损害的，医疗机构应当承担赔偿责任。"诊疗义务即涵盖了注意和救治等措施。那么注意义务在医学实践中应如何实施呢？

一、注意义务与循证医学及综合思维要求

现代医学是循证医学。循证医学是一门遵循科学证据的医学，通过慎重、准确和明智地应用当前所能获得的最好循证依据，同时结合医师的个人专业技能和临床经验，考虑病人的病情需要，制定出病人的治疗措施。其核心思想是"任何医疗卫生方案、决策的确定都应遵循客观的临床科学研究产生的最佳证据"，从而制定出科学的预防对策和措施，达到预防疾病、促进健康和提高生命质量的目的。循证医学是客观证据、法律依据、自身经验三位一体的科学，实际上就是运用逻辑思维于医学科学的认识过程，这是注意义务的核心要求。其推理三段论是这样的：

大前提：是患者的临床表现，包括主诉、现病史、既往史、体格检查、实验室检查以及影像学检查等综合病史资料概括；

小前提：是法律法规规范、诊疗常规和临床路径、规章制度与岗位职责等法律法规规范概括；

结论：患者的诊断和治疗措施。

其中大前提即医师面对的患者的临床表现整体是动态发展的，这就需要医师运用自己的知识采集患者相对静止的一个点的表现和数据等资料，同时结合动态的整个病史作出辩证分析，这样才能做出正确的概括判断。

其中小前提医疗法律法规规范依据呈现多样化、层级化表现，具体为：

第一类：宪法。宪法是我国的根本大法，是一切法律法规的重要渊源。

第二类：法律。法律有广义和狭义之分。广义的法律指是指包含所有法律法规规章等规范性文件。狭义的法律单指全国人大及其常委会制定颁布的规范性文件，如《民法通则》《民事诉讼法》《侵权责任法》《执业医师法》等。

第三类：国务院及其所属机关制定颁布的规范性文件。如国务院颁布的《护士条

例》《医疗机构管理条例》等。如国家卫生和计划生育委员会颁布的规范性文件等。

第四类:各地方性规范性文件。

第五类:诊疗常规、操作规程、临床路径等技术性规范。

第六类:医院规章制度与岗位职责;等等。

《侵权责任法》第五十八条规定:“患者有损害,因下列情形之一的,推定医疗机构有过错:(一)违反法律、行政法规、规章以及其他有关诊疗规范的规定;……”可见法律法规规章和诊疗规范是判断医疗行为的重要依据。医师需要运用自己的慧眼在浩瀚无边的法律宝库中发现需要的思考规范和行为依据。由此可见,注意义务的履行需要医师综合患者的病情并结合自身经验才能做出定论。

二、在个案中医师如何履行注意义务

本案中患者的主诉是胃痛,胃痛怎么能和心脏疾病联系在一起呢?有经验的医师知道,心脏疾病特别是急性心梗发作有时不一定单纯表现为心绞痛,还可以表现为牙疼、胃痛、背痛甚至腰痛等症状,所以有经验的医师会对这些患者做一个常规心电图检查以进行病因鉴别,这时的心电图检查就属于正确履行注意义务的必查项目,不属于不必要的检查项目。仔细观察就会发现,本案有一个非常有利的参考资料,那就是社区卫生中心的心电图报告,该检查已显示患者 ST 段抬升,这就提示患者心肌缺血,可能有急性心梗发作,医师必须迅速进行病因鉴别以正确诊治。所以,作为临床医师应有全面的观察和分析能力,同时要有内敛的慎独探究精神,客观收集病史资料,再加上充足的知识储备,才能正确履行注意义务,保护患者的合法权益。本案中医患双方的对话提示,医师已处于焦急不耐烦状态,这当然就会导致观察病情失误,分析判断失误,最终必然酿成大错。

三、注意义务与医院规章制度

每个医院都有规章制度和岗位职责,其中十四项核心制度尤为重要,具体包括首诊负责制、床位医师负责制、交接班制度、三级查房制度等,每一项制度可以说都是前人心血的积累和生命的沉淀,医师应当像对待自己的生命一样重视这些制度,应当融化在血液里,落实在行动中。本案一个突出的表现就是违反首诊负责制。

首诊负责制要求首次接诊医师对患者的病情进行尽可能的初步收集、整理、分析、判断，以作出符合诊疗常规的处理措施，确保患者的权益。而首诊行为包括观察、思考、沟通、实施等一系列心理行为过程，表现为言行合一。

卫生部《病历书写基本规范》第十三条规定："门(急)诊病历记录分为初诊病历记录和复诊病历记录。初诊病历记录书写内容应当包括就诊时间、科别、主诉、现病史、既往史，阳性体征、必要的阴性体征和辅助检查结果，诊断及治疗意见和医师签名等。"这就是首诊负责制的要求之一。通过本案门诊病历可以发现，门诊医师除了主诉和部分的现病史之外，没有采集既往史，也没有进行体格检查和辅助检查，当然就会导致诊断失误，治疗也会失误。

四、本案正确的医疗流程是什么

当医师综合审查患者的病史资料，发现其一个多小时前的心电图提示 ST 段升高，而患者表现为阵发性加重的胃痛时，应立即让患者平卧，并且立即在床边行心电图检查，同时通知急诊抢救室做好准备。如果患者在这个过程中突发心梗意外的，医方则无须承担法律责任，因为其已经尽到了应尽的注意义务。

通过上述分析，可以发现本案的焦点问题是医师未正确履行注意义务，导致患者心梗疾病被漏诊。虽然患者的疾病属于危急重症，进展较快，临床抢救余地较少，但是仍不排除如果医师及时捕捉及时阻止疾病发展，患者也会有一线生机，也有可能不恶化。医师没有做到这一点，这个过错就和患者的最终昏迷、植物人直至死亡之间有一定的因果关系，医方应承担主要责任，所以医方最后承担了较重的法律责任。

法律链接

《中华人民共和国侵权责任法》

第五十七条　医务人员在诊疗活动中未尽到与当时的医疗水平相应的诊疗义务，造成患者损害的，医疗机构应当承担赔偿责任。

《病历书写基本规范》

第十三条　门(急)诊病历记录分为初诊病历记录和复诊病历记录。

初诊病历记录书写内容应当包括就诊时间、科别、主诉、现病史、既往史，阳性体征、必要的阴性体征和辅助检查结果，诊断及治疗意见和医师签名等。

复诊病历记录书写内容应当包括就诊时间、科别、主诉、病史、必要的体格检查和辅助检查结果、诊断、治疗处理意见和医师签名等。

急诊病历书写就诊时间应当具体到分钟。

案例19
关节镜术后神经损伤诉讼案(骨科)

核心问题：术中注意义务具体包括哪些？

关键词：注意各角度　术中观察注意

案情简介

原告：张某，女，52岁

被告：某医院(所涉科室：骨科)

原告患者张某，2月14日因右侧膝关节疼痛半年到被告医院门诊就诊，当时X光摄片提示右侧膝关节退变，MRI检查提示右膝外侧半月板损伤，右膝髌上囊积液。医师考虑患者右膝骨关节炎，建议入院行关节镜手术治疗。患者入住骨科。入院时检查：患者右侧膝关节无畸形，外侧间隙压痛(+)，活动时伴摩擦感，膝关节研磨试验(-)，抽屉试验(-)，辅助检查提示右膝关节退变，右膝髌上囊积液。2月16日在硬膜外麻醉下施行右膝关节镜下清理术。术中见患者右膝关节软骨退化，滑膜增厚，外侧半月板前角损伤变性，行半月板成行及膝关节清理术。术后抗炎、消肿治疗。患者术后却出现了腰痛及右膝关节疼痛的症状，但活动不受限制。3月14日，患者到被告医院骨科复诊，当时检查右膝关节肿胀，压痛(+)，诊断为膝关节病，医师予以口服药止痛等对症处理，并嘱膝关节制动休息，随访。3月20日，患者弯腰时出现下肢麻木，再到被告医院就诊，经检查发现第5腰椎处压痛，下肢活动受限，CT

检查提示腰椎退行性改变。诊断为腰椎间盘突出，嘱口服药治疗，并予以局部热敷，休息等。4月16日，患者右下肢疼痛，腰痛症状并无改变，且越来越重并出现肿胀麻木。5月22日到外院检查提示右足背屈肌力下降，趾屈肌力Ⅱ°，右膝、踝反射下降，右侧L5－S2针刺觉下降，右足肿胀，肌电图检查提示：右胫神经完全性损害，伴腓总神经远端轴索变性。9月22日再次复查肌电图提示：右胫神经完全性损害，伴右腓浅神经轴索变性。与上次检查比较，腓总神经损害较前次检查减轻。

针对这个不良后果，患者认为自己术前除膝关节疼痛外，右侧下肢行走并无其他问题，然而手术以后却出现了无法行走的后果，这完全是因为被告在行右膝关节镜下清理手术的过程中，损伤了右膝关节神经，这是严重的过错，给自己带来了严重的后果，被告应该承担全部责任。

被告认为医方对患者的诊断明确，关节镜手术指征成立，针对术后出现右下肢胫神经损伤、腓总神经损伤的情况，因手术本身不触及神经，考虑原因为病人较为消瘦，对止血带耐受性差，故神经损伤症状为止血带反应，是一种手术并发症。

针对这一专业问题，法院委托某司法鉴定机构进行司法鉴定。鉴定检查发现患者右下肢膝关节肌力轻度减退4级，小腿肌肉萎缩，右踝关节肌力0级，右踝背屈跖屈均不能，右小腿、足背、足趾感觉缺失，右踝跟腱反射消失，表明右侧腓总神经、胫神经麻痹。

根据案情、病史资料、各方陈述意见，鉴定专家经过充分讨论认为，患者因右膝关节痛就诊，医方经检查诊断：右膝关节炎、右膝半月板损伤，诊断明确。患者右膝关节病变情况结合其临床症状，有作关节镜检查及镜下处理指征。患者术后出现右下肢胫神经与腓总神经损伤表现，右下肢麻、痛，行走不能（术前可以行走），经检查提示右下肢胫腓神经支配区感觉障碍明显，右足背屈跖屈肌力0级，右跟腱反射消失，肌电图提示胫腓神经损害。患者目前这些右下肢情况与右膝关节镜手术有关，医方术中使用气囊止血带方式，时间与压力都符合规定，但患者术后出现神经麻痹，分析原因为患者比较瘦弱，个体差异强，神经耐受性较差，不能承受一般止血带压力。医方对此个体情况未予以尽到应尽的注意义务，医方应承担部分责任。鉴定最终意见：医方对患者右下肢神经损害致右下肢功能障碍应承担部分责任（60%左右）。参照《道路交通事故受伤人员伤残评定(GB18667－2002)》第4.7.1)f项及附录A7项之规定,患者目前右下肢功能障碍属七级伤残。参照《人身损害受伤人员误工损失日评定准则(GA/T521－2004)》相关条款,并结合伤者损伤愈合情况,综合分析认为患者伤后可予以休息十个月,护理五个月,营养五个月。

本案最终经医患双方调解而解决。

律师解惑

这是一起因术中使用气囊止血带注意不当而造成患者损害的案例。本案涉及术中阶段的注意义务。那么,作为医务人员要在哪些阶段履行注意义务,如何正确有效地履行注意义务?我们必须对注意义务做更进一步阐述和分析。

一、在实践中如何从各个角度掌握注意义务

第一,我们必须明确履行注意义务的目的是什么。注意目的就是防止误诊误治,漏诊漏诊,以确保正确诊治,维护患者的生命健康等合法权益。

第二,我们必须知道注意的内容是什么。如上一个案例所述,注意内容包括患者病史资料概况和法律规范,对患者病史资料的注意包含病史采集的注意、一般项目检查的注意、特殊项目检查的注意、病因鉴别的注意等。所谓一般项目检查,指血、尿、便常规等检查;所谓特殊项目检查,指针对患者疾病由诊疗常规规定检查项目,如B超、X线、CT、MRI、造影检查等有创或无创的检查;所谓病因鉴别,指针对患者的病情、症状、体征、检查报告,应当穷尽的各种诊断并逐一排除或肯定。对法律规范的注意包括相关规程、流程、常规的注意。

第三,我们要掌握注意阶段是什么。注意阶段可分为诊断阶段和治疗阶段。在诊断阶段要审查医师是否按照诊疗常规的规定,进行了必要的病史采集和检查,当然,医师是否需要穷尽一切检查项目要具体问题具体分析,医师的医疗行为是否足以支持其诊断结果,以防止误诊和漏诊。在诊断正确的前提下要审查医师是否进行了正确的治疗。我们知道,误诊必然导致误治,漏诊必然导致漏治,正确治疗的前提是正确的诊断,但临床中也会发生诊断正确却治疗失误的情况。所以,应当

按照法律规定审查医务人员的治疗行为。治疗阶段也可分为手术治疗和非手术治疗阶段的注意。

第四，我们要清楚履行注意义务的方式是什么。履行注意义务的过程，是医务人员通过及时观察、及时沟通、及时分析、及时判断并对这些医疗行为及时记录的过程，这个过程包含了心理、行为的整体分析过程，是科学、客观、完整的辩证思维过程。但是，从医患关系这一民事法律行为角度来说，医务人员是否履行注意义务，履行是否正确有效的最终体现方式是书面病史记录，所以，医务人员必须正确有效记录，否则就无证据支持。

二、本案中医务人员为什么在术中未正确履行注意义务

治疗阶段的注意分为手术和非手术注意，手术可分为术前、术中、术后的注意，也就是围手术期注意事项。非手术注意也可分为前中后不同阶段。本案涉及术中注意。作为医务人员当然知道气囊止血带的使用方法，也就是操作规程，可是为什么还会发生患者的损害呢？读者一定注意到有一个细节：患者较为瘦弱。由于瘦弱的人脂肪偏少，止血带和神经组织之间就缺少了有效的缓冲带，所以对正常体型患者而言的正常压力对瘦弱患者就压力过大了，医务人员特别是手术室护士未充分注意区别，这是其一。止血带有许多注意事项，但其压力值的使用都是规定了使用范围，不可能明确规定一对一的压力，所以就需要医务人员特别是护士在术中加强巡视，然而因术中敷料覆盖，止血带的部位常被掩盖，再加上术中护士要注意和观察的事项较多，不会只聚焦一点，就有可能不注意患者的体型状态和压力特点了，难免因时间偏长或包扎过紧或其他原因而损伤神经，这是其二。

三、术中对止血带正确的注意流程是什么

首先，要做好术前访视。术前要对患者手术方式、手术所用器材、术中药品使用情况、麻醉方式等作一综合探查访视，要做到心中有数，把注意提前。其次，术前要做好风险评估，要对患者的病情、人体、药品、器械、环境、心理等情况做综合风险评估，而不是就看术野这一局限之地。再次，要掌握自己所使用器械药品的注意事项，任何一个器械都有适应症和注意事项，作为医务人员娴熟掌握这些注意事项是

前提。最后,术中要善于及时观察调整,无论对药品还是器械都必须根据变化及时调整,以防止过错发生损伤患者。

法律链接

《道路交通事故受伤人员伤残评定》(GA35－1992)

4.7　Ⅶ级伤残

4.7.1　颅脑、脊髓及周围神经损伤致:

f. 单瘫(肌力4级)。

案例20 肾癌根治术后观察失职诉讼案(泌尿外科)

核心问题:所谓术后观察,具体内容应包括哪些?

关键词:围手术期注意义务　术后注意　因果关系

案情简介

原告:张某,女,32岁

被告:某医院(所涉科室:泌尿外科)

3月17日,患者系原告父亲,男,60岁,因感下腹部胀痛,近两月左腰酸即到被告医院检查,被发现为左肾占位性病变,当即住院。4月1日,医院为患者施行了"左肾癌扩大根治术"。术后仅10个小时,患者被宣告死亡,医院此前未出具任何病危通知,未告知家属任何病危情况。病理报告诊断为:左肾脏透明细胞癌,周围组织及淋巴组织均未见癌转移。

患者究竟死于何因?看一看术后重危护理记录单即可明白:

16:20　患者被送回病房,血压20/12KPa,脉搏72次/分,伤口引流吸出少量液体;

17:20　患者伤口吸出血性液体100ml,护士通知医师,但无任何处理;

17:50 患者血压 13/10KPa，脉搏 82 次/分；

18:50 患者血压 9.5/7.5KPa，（注意：正常血压不得低于 12/8KPa，）脉搏 92 次/分，血压下降，护士立即通知医师，但采取的措施仅为检查血常规；

19:20 患者血压 7.5/5KPa，脉搏 120 次/分，此时血压再次下降，护士再次紧急通知医师，但仅予 706 代血浆 500ml；

19:50 患者血压 8.5/6KPa，脉搏 130 次/分，患者中心静脉压 2cmH2O，引流血性液体 100ml，处理方案为加快补液速度；

21:15 患者血压 8/5KPa，脉搏 148 次/分，输冰冻血浆 200ml；

22:20 患者血压继续下降，脉搏持续增快，已可见引流液体 400ml；

4 月 2 日凌晨 2:22 分，该情况持续，患者终因无效治疗而亡。而此时，引流液体还在增加。医院出具的死亡诊断为：左肾癌。

本案发生后，家属要求医院作出解释，医院承认对术后突发病情变化认识不足，治疗不足，同意协商解决该起医疗纠纷，但只同意赔偿人民币 2 万元。

家属无法接受，遂诉至法院。

原告诉称，医院对患者术后处置不当，违反医学诊疗常规，直接造成了患者的非正常死亡。具体表现如下：

一、疏于履行法定注意义务

自患者于 4 月 1 日术后 16:20 返回病房至次日凌晨 2:22 宣告死亡，仅仅相隔 10 小时。而期间术后 1 小时即 17:20 护士就观察到引流液体增多，及时汇报医师，但医师未予任何检查，也未进行任何分析，更无任何治疗。17:50 患者血压已较前明显下降，18:50 血压更下降至正常值以下，护士再次汇报医师，医师仍未予任何检查、分析、治疗。此后患者血压持续进行性下降，血性引流液体持续增多，直至患者死亡。在各项指标均提示患者有内出血的情况下，按照诊疗常规，医师应对患者出现的血压下降这一异常情况进行详细的检查，同时应及时进行病因鉴别，以明确血压下降的原因。而本案中，被告显然未履行任何法定注意义务，延误患者最佳治疗时机，直接造成了患者的死亡。

二、术后处理严重违反医学诊疗常规

按照《外科学》，术后患者早期出现失血性休克的各种临床表现为：“病人烦躁，无高热、心脏疾患等原因的心率持续增快，往往先于血压下降前出现；中心静脉压低于5cmH2O；……都提示有术后出血。”“一旦确诊为术后出血，都必须再次手术止血”。本案中，患者自17:50就开始出现血压下降，脉搏增快，中心静脉压仅为2cmH_2O，这些症状均提示有术后出血可能，按照诊疗常规的规定，应立即对患者进行再次手术止血，除此之外均不是有效方法。而本案被告在长达10个小时的时间之内，根本不予考虑手术止血的有效方法，而其输注的液体也同样不符合抢救原则。

而《现代外科手术并发症学》提示，根治性肾切除术后出现出血的主要原因有：“不恰当清扫已有粘连浸润的腹主动脉或下腔静脉旁淋巴结；切口不当，显露不佳等。”按此规定，被告应针对患者术后出现的异常情况，首先考虑是术中血管损伤或结扎线松脱，应立即再次手术止血。而被告却一拖再托，直至患者最终死亡。由此可见，被告的行为违反医学诊疗常规的规定，贻误患者的抢救时机致其死亡。

三、被告医院管理混乱

在患者术后长达10个小时的时间中，护士多次向值班医师汇报病情，但医师根本不予检查及治疗。在患者家属多次询问后，值班医师仍无任何病因分析，在患者血压明显进行性下降的情况下，未见值班医师请任何上级医师会诊，未见其进行任何有效治疗，更未见其有任何病危告知，严重违反了医疗卫生管理法律法规的相关夜班值班制度。

原告请求按照《侵权责任法》及《最高人民法院关于审理人身损害赔偿案件适用法律若干问题的解释》中相应赔偿项目，赔偿原告医药费、丧葬费、死亡赔偿金、精神损害抚慰金等损失。

被告应诉后，考虑存在过错，愿意与家属协商处理此事。最终在法院主持下调解，被告按照主要责任赔偿原告各项损失。

律师解惑

本案是一起因术后观察处理不当而造成患者死亡的案例。本案涉及术后的注意义务，那么术后应注意什么，如何注意，术后注意义务有哪些重要性和必要性呢？

一、针对手术病人的围手术期注意义务

整个围手术期包括术前、术中、术后三个阶段，三者缺一不可。按照手术的时限性，外科手术可分为三种：急症手术，如大血管破裂需立即修补；限期手术，如各种恶性肿瘤根治术；择期手术，如胆囊切除术等。每一个手术均经历术前、术中、术后三个阶段，在每个阶段观察注意的具体内容不一样，但大致可以归纳如下：

术前注意的目的是评估患者的病情，选择合适的手术方式，进行必要的术前准备。术前准备分为一般准备和特殊准备等，一般准备包括患者的病情、心理和生理等准备，特殊准备包括营养、药物、器材耗材、特殊合并症的处理等内容。术前注意的内容是评估是否有充足的适应症，患者是否需要手术，是否有其他可选治疗方式包括保守治疗方式，是否有需要特殊处理的并发症如糖尿病、心脏病、血栓等情况。作为手术者要做好手术分级管理、术前讨论，术前和麻醉、ICU 等科室充分沟通。

术中注意的目的是正确操作，防止发生意外情况。术中注意的内容包括患者的麻醉状态，身体状况，药物使用情况，术野情况，手术操作方式，手术并发症如出血、气腹、牵拉反应、组织器官脏器状况等情况。作为手术者在术中要整体分析，敏锐捕捉异常情况，必要时更改手术方式甚至及时终止手术。

术后注意的目的是为了让患者安全度过危险期，恢复良好。为此，术后注意的内容包括常规处理和特殊处理。常规处理是指注意患者的生命体征监测，药物使用包括抗生素等使用情况，伤口护理和观察，各种管道、插管、引流管、吸氧，疼痛等的处理。特殊处理是指针对患者出现的特殊情况的处理，例如对术后出血要及时发现及时终止，对术后发热要及时发现及时治疗，对术后感染要进行病因鉴别防止出现不可控状态等。

由此可见，围手术期注意内容非常复杂，但是每一个专科疾病有其专业注意内容，所以只要医务人员掌握正确的思维方法是可以有效防范过错发生的。

二、本案中医者违反了什么注意义务

本案中，从重症护理记录单上可以看出，医护人员已经观察到了患者血压发生的变化，但是，由于缺少对其引流量及性质进行细致观察，不进行有针对性的检查

和病因鉴别，失去了及时捕捉病情变化的时机，导致漏诊漏治，没有及时再次手术止血，最终导致患者死亡。本案提示，履行注意义务，医师不能只局限于完成常规项目的检查，在患者病情特殊的时候，必须有针对性地进行特殊项目的检查，特别要及时进行无创性的特殊项目的检查。同时，医师履行注意义务，也不能只局限于对单病种进行诊断，不能囿于患者的简单表现，必须进行各种可能性的病因鉴别以选择正确治疗方式。

注意义务作为医疗程序性义务之一，非常重要。因为，任何医师治疗患者，离不开检查和病因鉴别，而许多误诊误治往往产生于这些环节，在本书的许多案例中，也可以发现违反注意义务的情节。而本案纠正的方式很简单，就是通过 B 超等检查，发现腹腔内存在积液，予以再次手术止血即可纠正患者出血状态。我们事后分析，常常发现问题非常清楚，可为什么当时医师会发生如此“低级”的错误呢？原因之一在于，医学浩瀚无边，医务人员平时接受的训练是单一的，缺乏变化和整体思维的训练，对医疗行为需遵循的义务缺少掌控能力，或者认为手术就是终极目的，对术后病人情况变化常顺着自己的思路走，有时甚至刻舟求剑，许多错误因此而产生。所以，学习并熟练掌握注意这一程序性义务非常重要，因为它是实体权益的保障。

三、本案被告为什么承担主要责任

本案最终以被告承担主要责任而得以调解结案。被告为什么要承担主要责任呢？因为通过案例分析可以看出如果医师能及早发现患者腹腔内出血的异常情况，及时再次手术，患者失血性休克状态是可以逆转的，患者就得救了。然而在长达 10 个小时的期间内，医师一直没有采取正确的诊治措施致使机会一再丧失，最终患者死亡，医方过错明显，与患者死亡之间存在必然的因果关系。虽然术后出血是难以避免的并发症，但是这个并发症不是不可逆转的，也就是术后出血可以终止，医方当然要承担责任。医方承担主要责任是正确的，甚至不排除要承担完全责任。本案属于两因一果。现在，有必要分析一下医疗纠纷的因果关系。

四、如何理解医疗损害纠纷中的因果关系

原因和结果是揭示客观世界中普遍联系着的事物具有先后相继、彼此制约的

普遍形式的一对范畴。原因是指引起某一现象的现象，结果是指由于原因的作用而引起的现象。原因和结果是客观的普遍的辩证关系。客观性是指因果关系是客观事物所固有的，不以人们的主观意志为转移的。普遍性是指任何事物都受因果关系的支配。

在医疗损害纠纷中也存在着原因和结果的辩证关系。结果是明确的，就是患者的最终损害状态，比如伤残或死亡后果。而原因也是存在的，比如医方过错或者患者自身原因。但是，让人困惑的是每一个个案中的因果关系是非常复杂的，可以表现为一因一果、一因多果、多因一果、多因多果。究竟怎样确定一个个案中的因果关系，需要用一些逻辑方法，以探索和确定造成损害结果的原因。这些方法主要有：求同法、别异法、剩余法、同异并用法等。笔者主要介绍前两种方法。

所谓求同法，就是在两个或者两个以上的同类事例中寻求出它们的共同原因的逻辑方法。例如，一名患者肾癌根治术后恢复良好，没有出现任何失血性休克症状和不良后果，另一名患者肾脏手术后也恢复良好，也没有出现失血性休克症状和不良后果，由此就可以得出手术后正常恢复是常态，失血性休克不是必然发生的情况。那么，本案中患者失血性休克就是异常情况，由此可以得出失血性休克就是患者死亡的原因之一。

所谓别异法，是指在两个矛盾事例中比较出一定的原因产生出一定的结果的逻辑方法。比如，有一名患者肾脏手术后出现了失血性休克，但是医师迅速予以再次手术止血，患者得救了，另一名患者也如此。那就可以得出失血性休克是有抢救机会的，同时也可以说明，发生失血性休克有一定的概率，也就是说，发生失血性休克医方不一定有错，但是在现有医学科学技术条件下，发生失血性休克而死亡是医师没有及时救治的缘故，所以医师没有及时救治是患者死亡的原因，医方有过错，这个过错与患者的死亡是直接因果关系，医方应承担责任。

由此可见，因果关系分析法是明确医方是否有责任的重要分析方法，也是是否构成医疗侵权的要件之一，诉讼和调解过程中必须对因果关系梳理清楚。

法律链接

《执业医师法》

第二十二条 医师在执业活动中履行下列义务：

（一）遵守法律、法规，遵守技术操作规范；

（二）树立敬业精神，遵守职业道德，履行医师职责，尽职尽责为患者服务；

（三）关心、爱护、尊重患者，保护患者的隐私；

（四）努力钻研业务，更新知识，提高专业技术水平；

（五）宣传卫生保健知识，对患者进行健康教育。

案例 21
孕周观察失误诉讼案（产科门诊与病房）

核心问题：医疗过程中注意义务主体包括哪些？

关键词：孕周观察 产科注意

案情简介

原告：周某，男，2 岁

被告：某妇幼保健院（所涉科室：产科门诊与病房）

周某之母孕妇叶某，35 岁，曾经在十年前因"臀位"行剖宫产术。2011 年 8 月 5 日，叶某又怀孕到某妇幼保健院检查，门诊 A 医师给予第一次产检记录：月经规则，5/30 天，末次月经 3 月 9 日，经期经量同以往，预产期：12 月 16 日。医师询问孕妇胎动时间，经反复询问后病历记录"孕 4^{+} 月感胎动"。12 月 4 日，孕妇第六次产检，当时 B 医师给予孕妇检查后记录：根据 5 月 21 日尿 HCG（－），B 超（－），5 月 31 日尿 HCG（＋），故推算 LMP：2011－5－1，EDC：2012－2－8，现孕 30^{+2} 周。当日门诊 B 超提示单胎臀位，双顶径 92mm，腹径 98mm，股骨 65mm，羊水指数 194mm，胎盘成熟Ⅱ－Ⅲ级。

12 月 12 日孕妇再次产检，A 医师认为孕妇已临近预产期，建议孕妇入院待产。门诊诊断："G2P2 孕 39 + 3 周，臀位，疤痕子宫"。

入院产科检查：无宫缩，宫高 34cm，腹围 104cm，RST 位，胎心 150 次/分。B 超提示：LSA，双顶径 91mm，腹径 90mm，股骨 66mm，羊水暗区 68mm，胎盘Ⅱ + 级。拟择期剖宫产。12 月 17 日，因 NST 评分 7 分，住院医师与家属沟通后，对孕妇行剖宫产术。16:30 剖宫产 LST 位助娩一活男婴（本案原告周某），Apgar 评分 8 – 9 分，体重 2650g。

男婴出生后 20 分钟出现呻吟，新生儿科医院给予胎龄评估 36 周左右，考虑患儿"早产儿（适于胎龄儿）、呼吸窘迫综合征（新生儿肺炎）、缺血缺氧性脑病"，当日即转至某儿童专科医院。经过对症治疗后，患儿好转出院。

患儿 2 岁后经儿童发育测验报告单：儿童发育商（DQ）52 – 67 分（注：90 ~ 110 分为中等分值也就是正常值，之上为良好甚至优秀，之下为偏低甚至异常），社会适应能力（SM）8 分（8.5 ~ 11.5 分为正常值，之上强，8.5 ~ 7 分为边界值，之下考虑缺损）。

原告认为妇幼保健院医师误判预产期，12 月 17 日胎儿并未足月就施行剖宫产术致患儿过早娩出，并导致湿肺、HIE、颅内出血等严重后果。故诉至法院要求赔偿。

被告妇幼保健院认为剖宫产指征成立，手术时机选择适宜，手术顺利。所以不存在过错。

庭审中，法官归纳争议焦点为：被告妇保院是否误判了预产期导致提前剖宫产，患儿目前状态与医方行为有无因果关系？为进一步辨清事实，法院委托某省医学会进行医疗损害鉴定。经专家鉴定认为：1. 孕妇在某妇幼保健院行剖宫产，住院期间医师未能认真询问病史，未认真阅读门诊病史（该院 2011 年 12 月 4 日门诊病历对孕妇月经周期及早孕确诊时间均有记录，且已纠正预产期为 2012 年 2 月 8 日），仅依据 B 超检查结果判断孕周并选择剖宫产，导致新生儿早产出生，经儿科医师评判为胎龄 36 周。后转儿童专科医院，诊断：新生儿呼吸窘迫综合征、先天性心脏病、颅内出血等疾病，这些疾病与新生儿早产直接相关。2. 该患儿先天性心脏病随着生长发育自行愈合属于正常生理现象。

鉴定结论：本案例构成三级丁等医疗损害（边缘智能），妇幼保健院承担完全责任。

最终，在法官主持下，医患双方调解结案。

律师解惑

本案是一起预产期判断失误而提前剖宫产致新生儿损害的案例。本案提示无论在门诊还是病房，无论是观察还是治疗阶段，无论哪位医师都必须尽到审慎的注意义务。本案应掌握哪些原则呢？

一、医院规章制度涵盖于整个诊治注意义务中

从本案可以看出，首先，A 医师没有尽到首诊医师应尽责任，其对病史采集粗糙、简单，没有遵循实事求是的原则，特别没有注意尿 HCG、B 超报告以及患者关于胎动的主诉，以致主观认为患者关于末次月经的主诉就是真实状态，没有进行辩证分析。其次，A 医师没有注意 B 医师对孕周的调整，丧失了纠错机会。这种情况在临床上是非常常见的，忽略其他医师的辛勤劳动，不尊重同事，最终酿成大错。最后，病房医师也没有尽到床位医师负责制的职责，没有对病史重新分析判断，以门诊诊断为病房诊断，这就揭示为什么常常会出现开头错，一路错下去的怪现象。如果没有严谨负责的精神，医务人员是很难避免此类错误的。

二、在医疗过程中注意主体是多位多时间段的

本案中，孕妇与 A 医师、B 医师，病房其他医师，病房护士，病房助产士多位人员接触，可是除 B 医师外没有人注意孕妇的特殊病情，没有做出调整，这就是典型的“三个和尚没水吃”现象，由此可以看出有时在一些医院“床位医师负责制”形同虚设的原因之所在。如果没有很好的执行力，再好的制度也是零。最终受损的却是患者。

三、本案为什么医方要承担完全责任

通过因果关系可以发现，在孕妇整个就诊过程中，作为患者是没有相应的医学知识来判断特殊的妊娠时间的，所以就需要得到医务人员的专业帮助和支持。可是虽然 B 医师对孕妇的孕周做出了调整，但是并未告知孕妇本人，也未采取足够的

措施让他人知晓，其他医务人员也未注意到，所以整个提早剖宫产是由于医方造成的，患者没有参与。虽然12月17日这天NST评分7分，但是医方没有采取其他治疗措施以纠正，直接实施剖宫产，使患者失去了选择时机，所以医方的过错是非常明显的，应承担完全责任。

结　束　语

注意义务，是法学上的一个专业术语，指一个人在从事某种活动时，应该给予高度的谨慎和注意，以避免给他人造成不应有的危险或损害的责任。欠缺或违反应负的注意义务即构成过失。因此注意义务是判断行为人是否承担过失责任的前提条件，判断行为人的行为是否存在过失，主要就是看行为人是否履行了其应尽的注意义务和履行其注意义务的程度。医务人员的注意义务是指医务人员在医疗过程中，应该具有高度的注意，对患者尽到最善良的谨慎和关心，以避免患者遭受不应有的危险或损害的责任。

一、医务人员违反注意义务的情形

1. 违反医疗行为中不良结果的预见义务

为了避免医疗带来的不良损害，医务人员在诊疗前必须对一切可能发生的损害有一定的认识，并且采取措施防止损害的发生。如果已预见到此损害而未采取相应的回避措施或本应预见而未预见到此损害结果的，就认定为医务人员存在过失。这些情况往往发生在对一些损伤的并发症或后遗症的预见和预防中。

2. 违反了医疗行为中不良结果的回避义务

医务人员可以采取舍弃危险行为或提高注意并采取安全措施以回避医疗行为的中的不良结构。如果医务人员预见到其行为将会给患者带来危险的结果，则应舍弃该行为，以回避损害结果的发生，如果继续该行为给患者造成损害的，构成过失。这些多发生在外科手术治疗时，对于手术适应症的把握，手术方式的选择以及手术中可能的误操作等情形。

3. 违反医疗活动中的转医义务

对于医务人员在转医中的注意义务，包括转医说明义务和转医运送义务。前者是指医务人员对本领域之外或本人能力之外的患者作出转医说明的义务，即应向患者说明建议转医的原因和必要性；后者是指当患者需要转医，而病情危重无法自行赶到有条件加以治疗的医院时，医疗机构有义务将患者安全快速转运到该医院。此外，医务人员还有其他注意义务，如对病情危急的患者进行必要的诊治，对于不愿转医或没有条件转医的患者继续为其诊治，不得因患者未转医就降低对患者诊疗中的注意义务等。对多发性和复合性损伤的病人或多系统跨学科疾病的患者，常常需要根据患者情况作出转医说明。

二、实践中如何理解医务人员应当尽到“当时的医疗水平相应的诊疗义务”

法律规定医务人员应当尽到“当时的医疗水平相应的诊疗义务”，正确理解这一抽象规定，需要在实践中明确以下问题：

1. 医疗水准的时间性和地域性

医学的不断进步会带动医疗水准的不断提升，因而时间不同，医疗水准也具有差异。各地的医疗水准并不是都随着医学的进步而同步提升，地区间经济发展不平衡，直接导致各地医疗技术水准的不同。因此，在认定医务人员有无违反注意义务时，应当考虑医疗机构的客观条件及其医疗人员的平均水平，根据其实施医疗行为时所处的特定地域的医疗水准来认定。

2. 医疗水准与医务人员资质

在认定医师的注意义务时，专科医师和全科医师一般应当以不同的医疗水准为基准。此外，医疗机构的资质也有很大差异，也在一定程度上影响到对医务人员注意义务的医疗水准的判定。

总之，在诉讼程序中，注意义务是法官审查的重点，法官的争议焦点常常会归纳到医师有没有履行应尽的注意义务。在调解程序中，注意义务也是调解人员关注的重点，最终调解结案的案例也常是医患双方在这个问题上达成了共识。

针对注意义务，作为患方要有所侧重，当以诊疗常规为标准时，患方要避免以简单的某个个案报告为唯一参考，要多角度分析，否则就会陷入推不出的逻辑错误之中，本章所分析的各种注意义务可供患方在评估个案时借鉴。

第13章 如何审查医疗程序性过错：告知义务

章首序

医疗行为是一柄双刃剑，其在治疗疾病的同时总会伴有一定的风险如副作用、并发症甚至治疗失败等后果，所以在诊治过程中取得患者的知情同意非常重要和必要，这就是告知义务。告知义务是一项法律法规规定的程序性义务，其主要内容是在符合法定情形下，医务人员必须告诉患者病情、医疗措施和风险等，以尊重患者的知情权，所以告知义务是法定义务。因告知义务履行不当而引发的纠纷日益增多，而且呈现复杂化、多样化的趋势，如何掌握告知义务的法定内容，告知义务应注意哪些细节，什么是正确的医疗告知，如果告知不当如何评估其法律后果，告知不当应承担什么法律责任等，本章将剖析这些问题。

Case 案例22 精神疾病患者吞钡受损诉讼案（消化内科、放射科）

核心问题：医方未正确履行告知义务，应承担什么责任？

关键词：告知前提　目的　主体　内容　形式　效果评估

案情简介

原告：王某，男，65岁

法定代理人：王某某，系原告之姐

被告：某医院（所涉科室：消化内科、放射科）

患者王某，男，65岁，患精神分裂症30余年。长期间断在一家精神卫生中心治疗。6月5日10:00患者因吞咽困难3月余，在精神卫生中心工作人员老李的陪同下，前来医院就诊。当时分检至消化内科。医师询问病史后本想给患者进行胃镜检查以明确病因，但是又担心患者不能配合胃镜检查，决定给予食道钡剂检查以明确诊断。

老李带患者到放射科，放射科医师看单后给患者配好钡剂，让老李扶好患者服下，患者在服用钡剂约三分之二时，突然剧烈咳嗽气喘，口鼻喷出钡剂，立即停止服用，迅速胸透拍片显示患者左侧肺部部分弥漫性钙化影，右侧未见。提示钡剂已经不慎误吸入气管，引起左下肺部分支气管钡剂吸入后改变。患者出现呼吸困难，咳嗽剧烈并气喘的症状，为防止意外发生，医师迅速将患者送入ICU紧急抢救。经过治疗后，患者病情缓解，转入普通病房。

抢救当日，老李联系到患者唯一的亲人，其姐王某某，王某某看望患者后要求医院积极治疗。住院两月余，再次复片显示患者左下肺有一直径约2.5cm大小钙化影，余未见异常。提示钡剂已沉积至左肺底部。患者已无咳嗽、气喘、胸闷等症状。医院通知王某某患者可以出院了，但因医患双方就赔偿部分无法达成一致意见，患者继续在院观察。

此后，院方以患者欠费为由诉至法院，王某某收到起诉状后也起诉院方，王某某认为院方医疗行为存在过错，未正确评估患者的病情，未告知家属就对患者施行有风险的钡透检查，侵犯了患者的知情同意权，所以要求医方承担法律责任。

法院受理后，考虑本案的特殊性，在主审法官的主持下，调解结案。院方承担了相应的法律责任，同时患者也办理了出院手续离院。

律师解惑

本案是一起因误服钡剂而造成患者损害的纠纷案例。那么，医方存在哪些不足呢？

一、医务人员履行说明义务的范围

说明义务的范围分为两种情况：一是在诊疗活动中应当向患者说明病情和医

疗措施;二是在需要实施手术、特殊检查、特殊治疗的情形下,应当及时向患者说明医疗风险、替代医疗方案等情况。第一种情况是指医务人员在通常的诊疗活动中履行说明义务的范围,在这种情况下,需要说明的信息主要为病情和医疗措施。第二种情况是相对于第一种情况来说的特殊情况,在此种情况下,医务人员应当及时向患者说明医疗风险和替代医疗方案等情况。

二、医方未正确履行告知义务,侵犯了患方的知情同意权

针对告知义务,需要掌握告知前提、告知目的、告知主体、告知内容、告知形式、告知效果评估等内涵,才能厘清是否存在告知过错,以下详述。

(一)告知前提

《侵权责任法》第五十五条规定:“医务人员在诊疗活动中应当向患者说明病情和医疗措施。需要实施手术、特殊检查、特殊治疗的,医务人员应当及时向患者说明医疗风险、替代医疗方案等情况,并取得其书面同意;不宜向患者说明的,应当向患者的近亲属说明,并取得其书面同意。医务人员未尽到前款义务,造成患者损害的,医疗机构应当承担赔偿责任。”

《医疗机构管理条例》第三十三条及《医疗机构管理条例实施细则》第六十二条及其他规范也有类似规定,由此可见医务人员在医疗活动过程中履行告知义务是法定义务之一。告知义务也有其履行的逻辑要求,其三段论表现为:

大前提:法律、法规、规范等规定需要履行告知义务的情况,如在诊疗活动中,实施手术、特殊检查和特殊治疗等。

小前提:患者在诊疗活动中,被实施手术、特殊检查和特殊治疗等。

结论:医师必须履行告知义务。

怎么理解和掌握告知义务的大前提和小前提?

其大前提之一“在诊疗活动中”怎么理解?我们知道法律条文是高度凝练、概括的,不可能细化到个案,如果扩大理解《侵权责任法》第五十五条“在诊疗活动中”,那就意味着医务人员在诊疗活动中需要时时不间断向患者说明病情和医疗措施,这不可能也没必要,那么,在什么情况下需要实施告知呢?有必要对法律条文进行狭义理解,也就是当患者出现异常情况,诊断治疗方案对患者有风险的情况

下，医务人员应当向患者告知。如果无风险或常识风险可以免于告知，比如服用止痛片可能出现一些胃部刺激症状等就可以不告知。

其大前提之一"实施手术、特殊检查、特殊治疗"，手术是指以侵袭性治疗为手段而达到有益于患者的治疗目的。因其侵袭性所以有风险，因其是治疗手段所以有风险，所以手术必须取得患者的知情同意。特殊检查、特殊治疗，按照《医疗机构管理条例实施细则》第六十二条是指：有一定危险性，可能产生不良后果的检查和治疗；由于患者体质特殊或者病情危笃，可能对患者产生不良后果和危险的检查和治疗；临床试验性检查和治疗；收费可能对患者造成较大经济负担的检查和治疗。所以也需要取得患者的知情同意。

其小前提也即是指当患者出现上述情况时，医务人员应当履行告知义务。

（二）告知目的

在符合告知前提的情况下，医务人员应当履行告知义务。那么告知的目的是什么呢？以人为本。对患者而言是尊重患者的知情同意权，让患者知晓病情，知晓治疗措施，知晓风险，接受相关治疗结果。同时正确地履行告知义务也是保护医方的合法权益。我们知道，医疗行为是专业性极强的科学，作为没有接受正规医学训练的患者是很难理解医学、医学术语和医疗技术的，虽然如此，作为一个公民有权获得正确的信息以保护自己的生命健康，所以医方就有义务告知患方，告知体现了尊重患者的原则。同时因为医学本身有局限性，有些治疗方式不可避免地带有副作用、并发症、后遗症，甚至有治疗失败致患者伤残死亡的结果，所以，提前进行医疗告知可以让患者对风险进行预知、预估、预判，可以选择相关医疗方案，可以接受也可以拒绝相关诊治方案，也可对相关风险做好接受的心理准备，从这一点上，告知体现了分担风险、分配风险的原则。

（三）告知主体

一旦准备进行告知，有必要先对双方当事人的主体资格进行识别。首先，告知者是医务人员，包括医师、护士等医务人员，这些医务人员必须是患者的诊断者和治疗者，也就是有关联性。其次，告知对象是患者本人，这时的患者是指完全民事行为能力人，并且神志清醒，思维清晰。如果是无民事行为能力人或者是限制民事行为能力人，医务人员必须向患者的监护人进行告知。对于"不宜向患者说明的，应当向患者的近亲属说明”的情况，笔者理解是指患者处于意识障碍，患者有特殊要求等情况，才向其近亲属告知。临床大量存在患者入院后签署授权委托书的情况，当授权委托书签订后，医务人员可以向患者本人告知，也可以向委托代理人告知，两者告知效力一致。如果患者本人的意见和委托代理人意见不一致时，以患者本人意见为准。

当然，也有特殊情况。《侵权责任法》第五十六条：“因抢救生命垂危的患者等紧急情况，不能取得患者或者其近亲属意见的，经医疗机构负责人或者授权的负责人批准，可以立即实施相应的医疗措施。”此种情况，医务人员可以不与患者签字通过内部流程实施医疗措施。

（四）告知内容

告知内容包括患者的病情、诊断和治疗措施、可选择的替代方案、患者获益、医疗风险、风险的预案和对策等。病情告知，是指在患者门诊或入院时的病史概况情况的告知，以及在治疗过程中特殊情况的告知。比如患者胸闷住院，医师需要告知患者其基本情况，当患者出现胸闷加重时，医师要及时告知患者或其委托代理人病情情况、治疗措施及风险等内容。诊断和治疗措施告知，是指医师有义务向患者告知基本的诊断结果和治疗方案。其中当患者接受CT、MRI、病理检查、穿刺等检查或介入、腔镜或开腹手术时，医师必须履行告知义务，告知一系列方案和风险等。可选择的替代方案告知，是指当患者的治疗有两种以上措施时，医师必须告知患者以让患者做出选择定夺。如患者胆囊结石住院，医师经评估无法进行ERCP操作，有条件则必须告诉患者可以选择腹腔镜手术或开腹手术。患者获益告知，是指医务人员要正确评估治疗效果，客观理性分析并告知患者，切忌夸大诱导，否则有欺诈嫌疑。医疗风险及预案和对策告知，是指医务人员在实施有风险诊断和治疗方式前向患者告诉各种不良情况和后果，让患者做好面对现实的心理准备，同时告诉发生风险后的预案和对策，让患者也有所期待。

告知内容非常复杂，但需遵循诚实信用原则，必须以保护患者的合法权益为原则，不可夸大也不必缩小，不可欺骗也不可诱导，让患者理性面对、客观接受，当然患者也有权拒绝治疗并承担医疗风险后果。同时，告知内容也体现了一定的意思自治原则，也就是医务人员可以根据实际情况予以添加或减少，这是赋予当事人一定的自由裁量权的体现。而其自由裁量权一方面不可以违反法律规定，另一方面也不可以违反医学伦理道德。国际医疗伦理道德规范《日内瓦宣言》规定:“医生首先考虑的应是病人的健康,医生要凭自己的道德意识和尊严来从事医疗工作。”《国际医疗道德法典》规定:“医生必须经常把保持病人的生命的责任铭记在心,对病人要忠诚并献出所有的医学技术。”这就是法律与伦理道德的共同追求。

(五)告知形式

告知要采用书面形式,这是证据力和证明力的要求,非书面形式只是口头沟通,除非当事人互认,否则没有证据意义。

(六)告知效果评估

评估涉及告知与不告知两种。如果在出现告知前提的情况下医务人员履行了告知义务,而且患者没有损害后果,则当然没有任何纠纷。如果在出现告知前提的情况下医务人员履行了告知义务,但是患者出现了损害后果,医方有无责任,这时就要审查其他义务实施情况,如果有过错,则医方要承担法律责任(案例二十“肾癌根治术后观察失职诉讼调解案”就是此类情况)。如果无过错,则属于难以避免的损害,医方无须担责。如果在出现告知前提的情况下医务人员未实施告知义务,但患者没有出现损害后果,则医方没有法律责任。如果在出现告知前提的情况下不但医务人员未实施告知义务,而且患者也有损害后果,那医方有没有责任呢?如果未告知与患者损害之间有因果关系则医方担责,如果未告知与患者损害后果之间没有因果关系则具体情况具体分析,有时医方不担责,有时医方担责。

总之,履行告知义务必须对上述六点进行全面分析才能掌握透彻,医疗告知行为才会履行正确,否则失于一点有时就要担责。同样,医方告知是否有过错也是从上述六点逐一审查的。

三、侵害患者知情同意权的举证责任如何分配

侵害患者知情同意权责任纠纷也是医疗侵权纠纷的一种类型。在这类案件中,医疗机构应当举证证明其医务人员在诊疗活动中向患者说明病情和医疗措施,包括对需要实施手术、特殊检查、特殊治疗的,医务人员应当及时向患者说明医疗风险、替代医疗方案,并取得其书面同意;医疗机构还应当就不宜向患者说明的,已经向患者的近亲属说明,并取得其书面同意的情况承担举证责任。

四、本案正确医疗流程是什么

本案按前所言，消化内科医师接诊患者后，考虑是精神分裂症患者，其有吞咽困难，如果无法实施无创检查诊断的话，则需要让老李通知患者监护人王某某来院，医师向王某某告知相关诊治措施及风险预案等，王某某在知情同意并书面签字的情况下接受钡透检查。放射科医师考虑患者实际情况给予钡剂小剂量慢慢口服或者与消化内科医师商量予以风险较小的泛影葡胺口服等，以尽量规避误吸风险，在这种情况下，如果患者出现了误吸后果，则医方无须担责，因为医方已经尽到了审慎的注意义务和法定告知义务，医方无过错则无须担责。

通过分析可以看出，首先正确履行注意义务是告知义务履行的前提，其次告知义务也是尊重患者让患者思考，也是医务人员自己再思考的过程，其目的都是为了避免损害后果的发生。两项义务对医者而言应充分认识和掌握，也是患方审查医方是否有过错的抓手。

法律链接

《中华人民共和国侵权责任法》

第五十五条　医务人员在诊疗活动中应当向患者说明病情和医疗措施。需要实施手术、特殊检查、特殊治疗的，医务人员应当及时向患者说明医疗风险、替代医疗方案等情况，并取得其书面同意；不宜向患者说明的，应当向患者的近亲属说明，并取得其书面同意。

医务人员未尽到前款义务，造成患者损害的，医疗机构应当承担赔偿责任。

第五十六条　因抢救生命垂危的患者等紧急情况，不能取得患者或者其近亲属意见的，经医疗机构负责人或者授权的负责人批准，可以立即实施相应的医疗措施。

《医疗机构管理条例》

第三十三条　医疗机构施行手术、特殊检查或者特殊治疗时，必须征得患者同意，并应当取得其家属或者关系人同意并签字；无法取得患者意见时，应当取得家属或者关系人同意并签字;无法取得患者意见又无家属或者关系人在场,或者遇到其他特殊情况时,经治医师应当提出医疗处置方案,在取得医疗机构负责人或者被授权负责人员的批准后实施。

《医疗机构管理条例实施细则》

第六十二条　医疗机构应当尊重患者对自己的病情、诊断、治疗的知情权利。在实施手术、特殊检查、特殊治疗时,应当向患者作必要的解释。因实施保护性医疗措施不宜向患者说明情况的,应当将有关情况通知患者家属。

Case 案例 23
化疗未告知诉讼案(肿瘤科)

核心问题:特殊治疗是否需要告知?

关键词:特殊治疗告知

案情简介

原告:王某甲,男,30 岁

被告:某医院(所涉科室:肿瘤科)

原告之父患者王某,男,58 岁,因患非何杰金氏恶性淋巴瘤多年,入住某医院予以 CHOP 化疗(化疗药物环磷酰胺、多柔比星、长春新碱 、泼尼松联合治疗)。化疗一天后,患者即出现休克症状,经急救处理,抢救无效死亡。

王某甲经多方询问,怀疑父亲因使用化疗药后出现毒副反应致休克死亡,向医院提出赔偿,但被拒绝,故一纸诉状将医院诉至法院,要求赔偿丧葬费、精神损害抚慰金等损失。

原告认为,被告使用 CHOP 化疗前未与患者及家属进行详细告知,特别是未说明使用化疗药物可能引发的副作用和毒性反应等不良反应,致使患者丧失选择权利和机会而造成死亡。

被告辩称,CHOP 化疗方案是针对恶性淋巴瘤的有效治疗方案,已经临床使用成熟，任何化疗药都有毒副反应，作为患病已久的患者及家属应当了解这一基本知识，所以，不存在特殊告知的必要性。而患者本身所患疾病为恶性肿瘤，具有一定的危险性，随时可能发生生命危险，患者最终出现休克，属于在医疗活动中，由于患者病情异常或者患者体质特殊而发生医疗意外的，医方无过错，故不应承担民事赔偿责任。

法院主持调解不成，遂委托鉴定。

经鉴定，结论为：患者的死亡原因是恶性淋巴瘤化疗时恶性淋巴细胞的过敏反应，发生大量肿瘤细胞死亡，激发全身性、急性炎症反应休克，导致多器官功能衰竭而死亡。不属于医疗损害。

一审判决原告败诉。

原告不服，提起上诉。

二审认为：CHOP 化疗具有一定危险性，可能产生不良后果，且化疗收费可能对患者造成较大经济负担，医方诊断治疗活动符合《医疗机构管理条例实施细则》第八十八条规定的"特殊治疗"条件，根据《医疗机构管理条例》第三十三条的规定，施行特殊治疗时，必须征得患者的同意及签字。医院在决定对患者进行 CHOP 化疗时，没有取得患者、家属或者关系人同意并签字，违反上述规定。判令被上诉人医院赔偿上诉人王某各项费用计人民币 4 万余元。

律师解惑

本案提示我们，虽然经鉴定不构成医疗损害，但因为本案中医院存在履行告知义务不当的过错，侵犯了患者的知情同意权，导致患者丧失选择权，医方应承担相应的赔偿责任。

一、告知有哪些法律法规依据

笔者曾将有关医疗法定告知的内容梳理了一下，见之如下：

《侵权责任法》第五十五条规定，医务人员在诊疗活动中应当向患者说明病情和医疗措施。需要实施手术、特殊检查、特殊治疗的，医务人员应当及时向患者说明医疗风险、替代医疗方案等情况，并取得其书面同意；不宜向患者说明的，应当向患者的近亲属说明，并取得其书面同意。

医务人员未尽到前款义务，造成患者损害的，医疗机构应当承担赔偿责任。

《医疗事故处理条例》第十一条规定，在医疗活动中，医疗机构及其医务人员应当将患者的病情、医疗措施、医疗风险等如实告知患者，及时解答其咨询。但是，应当避免对患者产生不利后果。

《医疗机构管理条例》第三十三条规定，医疗机构施行手术、特殊检查或者特殊治疗时，必须征得患者同意，并应当取得其家属或者关系人同意并签字；无法取得患者意见时，应当取得家属或者关系人同意并签字；无法取得患者意见又无家属或者关系人在场，或者遇到其他特殊情况时，经治医师应当提出医疗处置方案，在取得医疗机构负责人或者被授权负责人员的批准后实施。

《执业医师法》第二十六条规定，医师应当如实向患者或者其家属介绍病情，但应注意避免对患者产生不利后果。医师进行实验性临床医疗，应当经医院批准并征得患者本人或者其家属同意。

《医疗机构管理条例实施细则》第六十二条规定，医疗机构应当尊重患者对自己的病情、诊断、治疗的知情权利。在实施手术、特殊检查、特殊治疗时，应当向患者作必要的解释。因实施保护性医疗措施不宜向患者说明情况的，应当将有关情况通知患者家属。

第八十八条规定，条例及本细则中下列用语的含义：

诊疗活动：是指通过各种检查，使用药物、器械及手术等方法，对疾病作出判断和消除疾病、缓解病情、减轻痛苦、改善功能、延长生命、帮助患者恢复健康的活动。

医疗美容：是指使用药物以及手术、物理和其他损伤性或者侵入性手段进行的美容。

特殊检查、特殊治疗：是指具有下列情形之一的诊断、治疗活动：

（一）有一定危险性，可能产生不良后果的检查和治疗；

（二）由于患者体质特殊或者病情危笃，可能对患者产生不良后果和危险的检查和治疗；

（三）临床试验性检查和治疗；

（四）收费可能对患者造成较大经济负担的检查和治疗。

二、本案提示告知内容应与患者病情相适应

对照上述法律条文，我们可以发现，本案中，医院对患者进行的CHOP方案属于化疗，有一定的危险性，可能对患者产生不良后果或危险，且收费可能对患者造成较大经济负担，属于应当告知的法定范围，医院违反强制性规定，应当承担相应的法律责任。因此，二审改判，符合法律法规相关规定。

本案医方应对患方详细告知的内容包括：

（一）患者病情分析。包括主诉、现病史、既往史、体格检查、各项检查报告等病史分析，进行诊断，并告知患者的病情现状和可能发展。

（二）治疗方案及选择。应给予患者一定的知情选择，告知治疗的获益和风险，告知不治疗的情况和风险，告知除化疗外还有无其他治疗方法，告知化疗方案有哪些，等等，给予患者充分选择权。

（三）愈后及风险。告知患者整个治疗方案的可能愈后情况，告知相关风险。

（四）特殊情况。如费用、护理、护工情况，等等。

总之，如此告知的目的是让患者充分知悉治疗方案和风险，患者及其家属有权选择接受治疗或拒绝治疗。本案医方有一个观点："任何化疗药都有毒副反应，作为患病已久的患者及家属应当了解这一基本知识，所以，不存在特殊告知的必要性。"这是不正确的。医方的告知以法律规定为前提，不能随意臆断患方已经了解就不予告知，因为患者的病情随时会变化，理解力也随时会变化，治疗方案也随时会变化，所以医方要遵循一以贯之的精神，尊重患者的各项权利。

三、本案诉讼提示的其他问题

医方需注意事项。在本案的审理过程中，医院提及虽无书面告知但医师已经向家属做口头告知。一旦发生诉讼，口说无凭，何况医方的说法还可被推断为虚假说法。所以这就是为什么《侵权责任法》要规定以书面形式告知的原因。

患方需注意事项。作为不具备医学知识的患者，有时即使医方与自己详细说明医疗方案及风险也还是无法理解其内容，尤其是涉及手术方式的时候，所以作为患方，也应通过各种渠道尽量提前做好功课，这样有利于病情的治疗，也有利于及时规避风险。

案例24
取内固定失误协商案(骨科)

核心问题:什么情况属于告知不当?

关键词:手术分阶段告知

案情简介

患者:刘某,男,75岁

医方:某医院(所涉科室:骨科)

患者刘某,男,75岁,两年前因左股骨粗隆骨折在医院行骨折闭合复位PFN(proximal femoral nail 即股骨近端髓内钉)内固定术。家属陪同患者来医院,告诉门诊医师两年前手术医师告诉自己如果愈合良好的话可以取钉,所以现在要求取内固定。门诊医师做初步检查后考虑患者无其他并发症和合并症,开具住院卡。

患者住院后,医师决定行取内固定术。术前予以常规谈话签字。第二日10:00开始行取内固定术。术中取出交锁钉两枚及近端股骨颈钉一枚,然而取远端股骨颈钉时出现了滑丝导致该钉及主钉无法取出。15:00手术医师走出手术间告知家属后决定放弃取钉终止手术。后患者出现了左臀部压疮,行切开引流术,住院两月余方治愈。

PFN示意图:

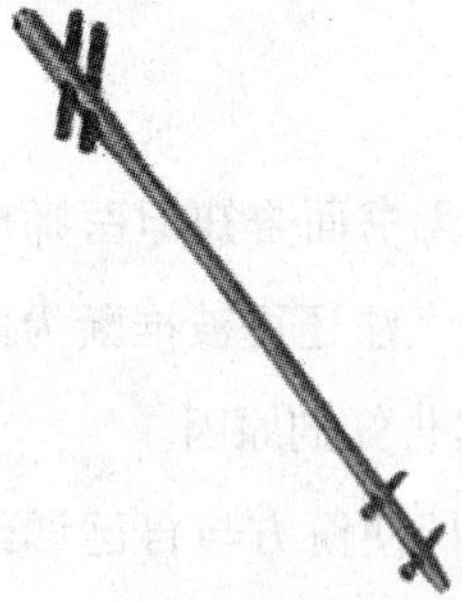

家属非常生气,向医务科领导反映:开刀前医师并没有说钢钉取不出来;手术前曾问过医师手术需要多久,医师告知自己约需要1小时,可是实际上手术却做了5个多小时,患者很痛苦,后因臀部压疮不能下床,又是化脓感染,这一系列的损害给年老的患者带来了极大的伤害,也给家属带来了很大损失,医方存在过错,所以要求赔偿8万元。

医务科领导向医师了解情况,医师反映:术前告知患方有钢钉取不出的风险,术中也告知患者及家属实际情况及风险,是经家属同意后才放弃取钉,术后患者安返病房。臀部压疮是难以避免的并发症。医师不是神仙，不可能什么钉子都取出，也不可能什么手术都尽善尽美，所以自己的行为没有过错。

医院组织专家讨论会进行讨论，讨论中专家认为：如果医师在门诊能认识到患者属于老年患者可以不取钉，髓内钉可以终身携带，把这一情况告知患者定夺；如果术前医师能与患方详细告知；如果术中发现异常情况医师能及时告知，则虽然髓内钉无法取出但不至于发生臀部压疮的损害后果。所以，专家讨论认为髓内钉未取出属于现有医学科学技术难以避免的情况，但医师存在告知不足的过错，应承担一定的责任。最后，经医患双方坦诚协商，医方一次性赔偿患者2万元。本次争议得以解决。

律师解惑

本案是一起对取内固定产生纠纷后经内部协商解决的案例。本案争议不大，但是典型地反映了临床常见的告知不当的普遍特征。本案提示分科室分阶段告知的重要性，是对告知内涵的进一步深入领会。

一、各科室告知特点简要分析

医院从不同角度可以分为门急诊和病房系统，临床、医技和职能管理科室系统，门急诊和病房都可以分为内外妇儿不同科室。从患者的诊治可以分为诊断阶段和治疗阶段（有时还有康复阶段），等等。所以，不同分类揭示了不同的告知特点。内科系统和外科系统有不同的治疗方法，当然对告知的要求也不一。比如内科系统疾病具有内在性、长期性的特点，治疗方法也以服药、非手术保守治疗为主，但是在长期缓慢的疾病发展过程中，有时也会突发某些意外情况，如前面一个化疗病人，在化疗过程中出现超敏反应而死亡。比如外科系统疾病兼具内在性和外在性的特点，可是长期缓慢和短期突发的综合表现，以手术为主要治疗方式，容易发生手术并发症。比如骨科系统疾病以创伤病人为主，急重杂、并发症多，患者期望值高，等等。这些是各个科室的疾病特点，作为医师要善于总结，提炼出自己的告知风格和方式。

二、分阶段告知以充分保护患者的知情同意权

任何患者的诊治都是可以分阶段来分析的。以手术住院病人为例,可以分为:门诊阶段、入院阶段、术前阶段、术中阶段、术后阶段、出院阶段。每个阶段的告知都有其特殊内容和要求。

门诊阶段。作为门诊医师要善于辩证分析,抓住主要矛盾,提出正确的诊治方案。以本案为例,患者虽然要求取内固定,但以患者75岁年龄,取钉要比不取钉的风险高,作为医师要向患者说明这些病情和医疗措施,供患者知情选择。如果患者经过评估不取钉则无之后风险,如果患者选择取钉,则实际上告知的目的就已实现了一部分,即已尊重了患者的知情选择权,让患者有了一定的心理准备。

入院阶段。作为病房医师也要善于评估病情,评估风险,抓住主要矛盾,及时提出正确的诊治方案,其告知内容同门诊阶段。同时,在入院阶段,医师应调取患者两年前住院病史看是否有特殊情况,以充分做好术前准备。这就是履行正确的注意义务的要求。

术前阶段。这是医师和手术患者能否达成共识,让患者能否最终接受手术风险、分担风险最重要的时刻。可现实中,医师常常是对着知情同意书的内容照本宣科一遍,患者签字就结束。最终患者根本无法理解其内容,当然也无法实现告知目的。作为专业性极强的医学术语,让患者在短期内完全掌握,这是不现实也是不可能的,那怎么办呢?医务人员要善于归纳重点,每个患者都有其特殊性,医务人员要善于针对患者的特殊情况进行有针对性的告知,这样才能把时间和精力用在刀刃上。比如本案中患者年老,两年前植入PFN,这样的患者手术就存在很多风险:术中出血,术后感染,髓内钉断裂,骨折,髓内钉无法取出等,而其中最有可能发生的是手术局部异常情况,那就是髓内钉和左股骨的损害,所以医师应将告知聚焦在这一点上,运用通俗化的语言,通过图片、示意或教学片等方式解释,以让患方理解手术的获益和风险,接受与获益伴随而来的风险后果。这么看来,医师在术前告知上是有所可为的。总之,就看是否把患者的利益放在首位了。

术中阶段。是指一旦发生任何异常情况,手术医师都要及时告知家属,让家属做出定夺。同时,手术室医师和护士要防止发生手术期间并发症。本案患者的臀部压疮是并发症,但是医方存在过错。

术后阶段。医方要及时告知术中未告知的异常情况，让患方做好准备。

出院阶段。医方的告知语言要通俗易懂，具有可操作性。

本案中的医师如果能做到上述分阶段告知的实质要求，那么就不会发生本案的过错了。所以，告知义务是非常重要的义务，不是可有可无，也不是表面功夫的义务，一定要掌握其精髓，患者的合法权益才能得以保护。

同样，在发生医疗纠纷后，患方就可以通过这些阶段审查医方的告知义务是否正确履行，有无过错，以此维权。

Case 案例25
关节镜检查中改变约定致患者损害诉讼案(骨科)

核心问题：改变手术方式应否告知患者？

关键词：告知约定　知情同意权

案情简介

原告：徐某，女，50岁

被告：某医院(所涉科室：骨科)

1月4日，患者徐某因行走时左膝外侧行走疼痛，前往某医院进行关节镜检查，术前谈话记录明确拟行操作为关节镜检查，并作相应准备。1月10日检查中，医师在未作任何告知的情况下，擅自为患者施行了半月板切除术。术后，患者左膝关节肿胀，疼痛不止，活动受限。虽经多方求医进行康复训练，但最终左膝关节强直，功能完全丧失，生活无法自理。为此，原告于第二年诉至法院，请求判令被告赔偿各项损失共计人民币21万余元。

原告诉称，被告没有履行法定告知义务，侵犯了原告的知情同意权，同时根据原告当时的症状，并非必须实施半月板切除手术，被告违反诊疗常规的规定，并侵害原告身体健康权。

被告辩称，关节镜检查包括治疗，被告在对原告实施关节镜检查时发现原告有半月板增厚症状继而实施关节镜下切除手术符合医疗常规。后由关节镜下手术而改为直视下手术,也是根据术中实际情况而定,目的是为原告进行治疗,整个治疗过程没有侵害原告的权利,原告目前活动受限,并非由于手术所致,与原告缺乏功能性锻炼有关。

法院根据原告的请求,委托北京市法庭科学技术鉴定研究所进行司法鉴定,要求就被告为原告实施关节镜检查时直接进行镜下半月板切除手术继而行直视下手术是否符合医疗常规、被告为原告实施半月板切除手术是否符合手术适应症、原告目前行动障碍的原因、原告是否依赖医疗等进行司法鉴定。该机构做出鉴定意见:(1)被告医院对原告的关节镜检查及相应的病历记录存在不足之处;对其半月板切除手术的术前交代不够,缺乏病人或其家属的签字同意。(2)原告目前症状,单纯用半月板切除术的术后表现不易解释,需要进一步检查和治疗。

原告对该鉴定结论不服,申请复核。某司法鉴定专家委员会接受委托进行复核,同时对原告的休息、营养、护理及目前伤残等级进行鉴定。鉴定结论如下:(1)根据送检病史、术前和术后影像资料及手术记录,原告左膝外侧盘状半月板诊断成立。行半月板切除术是允许的。(2)根据原告术后MRI片实示:左膝关节腔外腓侧髌下脂肪垫区域存在异物伪影,此异物何时存在,根据现有的资料难以确定,该异物对关节活动不会产生明显影响。(3)原告目前左膝活动受限,从术后的影像学资料分析,未发现左膝关节腔内有明显的医源性损伤。(4)原告目前左膝关节功能丧失大于50%(小于75%),参照《道路交通事故受伤人员伤残评定》4.9.9f之规定,相当于九级伤残。拟订休息、部分护理至今,营养六个月。(5)送检材料未见被告在对原告行左膝外侧半月板切除术时履行必要的告知义务的记录。据此,认为被告存在过错,对术后产生的后果承担次要责任。

对该鉴定结论,原告提出:(1)鉴定机构在没有针对性的MRI影像检查、关节镜检查报告、关节镜镜下检查内容、关节镜检查影像记录盘、保留切除物、切除物的病理检查报告的情况下,仅根据医师在病历上的主观记载内容及记录不全的手术记录,认定原告左膝外侧盘状半月板诊断成立,缺乏客观病历依据。(2)鉴定机构认定原告左膝关节内存有异物,同时又否定该异物影响关节活动,没有根据。(3)鉴定机构认定未发现原告左膝关节腔内有明显的医源性损伤，目前膝关节活动受限有多种原因造成，违背客观事实。原告术前膝关节活动自如，术后出现关节活动受限，完全因被告违规操作所致，鉴定机构无视上述事实做出的鉴定意见，不具真实性及合法性。(4)鉴定机构做出原告膝关节功能丧失大于50%小于75%的结论没有依据。(5)鉴定结论中关于被告应承担次要责任的意见，超出法院授权鉴定范围，要求法院不要采纳。

某司法鉴定专家委员会专家到庭接受质证，针对上述异议，答复如下：(1)医学诊断是主观诊断和客观诊断相结合，影像只是辅助检查，无法替代直视观察。关节镜检查是否录像及对切除物进行病理切片检查并不在医疗常规中。本病历中，原告术前一张影像片并不能显示盘状半月板，但根据主观诊断，反映在原告的病史记载中，内容包括原告发病时间，膝关节活动时发出特有响声，膝关节外观检查的症状等，根据客观诊断，反映在关节镜检查手术记录中，半月板太厚符合盘状半月板特征，为此，鉴定报告认为诊断成立。(2)较小的金属或非金属颗粒在影像平片上无法显现，因原告术前只有一张平片，没有核磁共振影像资料中反映出存在异物，也不能确定是伪影，并未见异物，该伪影可以是金属异物形成，也可以是非金属异物形成，因多张影像反映伪影位置未见移动，可推定为非金属异物，但不能确定。再者，伪影存在于原告关节腔外关节囊内，膑下脂肪垫区域，摩擦相对小，故对关节功能有一定影响，但该影响不大。同样，也因该伪影不在关节腔内，故不构成医源性损伤。(3)对原告关节功能丧失程度的意见，基于鉴定人员对原告进行的客观检查，与正常关节活动功能相比较得出结论。

法院认为，医学是一门专门科学，在一定的条件下存在它的局限性，医疗活动只要符合目前已知的医疗常规，应该允许其存在一定的医疗风险。本案中，原告因为其左膝疾患至被告处就诊，被告对其做出的诊断及随后的治疗，根据两份鉴定结论意见，均与目前医疗水平相符，被告在纯医疗上没有过错。但作为原告在寻求医疗过程中有选择以何种方式进行治疗或放弃治疗的权利，本案中，被告在为原告实施诊治的过程中，没有向原告说明治疗的方案，履行必要的告知义务，从而使原告失去选择的机会，对手术后产生的后果没有必要的心理准备，均在一定程度上影响手术后的康复。尽管原告目前伤残并不能简单解释为由手术造成,手术与致残之间不存在必然的因果关系,但原告目前的状况终究是在手术后造成,原告被动接受手术治疗后产生了不良后果,故被告对原告因手术而多支出的费用应承担一定的赔偿责任。

原告的损失范围包括:医疗费、误工费、营养费、护理费、交通费、因鉴定产生的相关费用、残疾用具费、残疾生活补助费、律师代理费。法院最终判决被告赔偿原告上述费用,共计人民币41,197.22元,并赔偿原告精神损害抚慰金5000元。

律师解惑

本案是一起因医院擅自改变操作方式而侵犯患者知情同意权致患者损害的案件。

本案中,患者入院时要求并与医师约定的内容是关节镜检查,也就是采用关节镜检查这一物理方式,在显示器前查明患者关节腔内情况,是否有病灶等,以决定此后治疗方式,当时并无直接切除关节腔内组织的约定。然而医师在检查中,直接切除了患者的半月板,超出术前双方约定内容,也超出了患者的知情范围,侵犯了患者的知情同意权,程序违法。而程序性违法常常导致实体违法,也就是程序侵权常导致实体侵权,表现为医师的诊疗行为过错导致患者身体产生了实质性伤残损害后果。本案中,因为医师未征得患者同意,直接行半月板切除术,导致患者左膝关节肿痛、强直,最终功能大部分丧失,九级伤残。显然,医师擅自更改事先约定手术方案危害非常大。

本案提醒我们,患方在提起诉讼前,必须综合考量案件的过错程度,医方可能承担的责任比例,损害赔偿的范围,并以损害结果反推案件的焦点问题,预估可能出现的结局。以本案而言,医方存在的过错是很多的,比如,术前没有进行有针对性的MRI检查,仅凭X线是无法检查半月板的;没有关节镜检查报告;没有关节镜检查影像记录盘;术前盘状半月板诊断无法成立等,但是本案的争议焦点是医方擅自更改关节镜检查约定为手术,这是明显的过错,也是医方担责的主要矛盾,其他问题是次要矛盾,不足以让医方担责。如果不能归纳争议焦点,则很难确定医方应承担的责任。所以,作为患方,必须理清思路,抓住主要矛盾,以此分析判断医方可能承担的责任比例。通常，在侵犯患者知情同意权的情况下，法院一般适用自由裁量权，可以判令医方承担10%～70%不等的法律责任。患方可以此为参照。

案例26
产前检查告知不足诉讼案（产科、超声科）

核心问题：产前检查告知内容是什么？

关键词：产前检查　知情同意权　错误出生

案情简介

原告：筱某，女，28岁

被告：某妇幼保健院（所涉科室：产科、超声科）

原告筱某怀孕后由被告某妇保院提供产前保健服务，定期进行产前检查。孕18周时超声检查描述：宫内见一胎儿，胎儿双顶径49mm，腹径51mm，股骨长27mm，肱骨27mm，胎心探及，胎心律齐，胎动好。羊水最大深度60mm，透声好，因胎儿体位关系，胎儿颜面部显示不清。提示：胎儿单活胎，臀位。4周后再次复查超声提示胎儿偏大，医师建议孕妇行产前诊断彩超检查以核对孕周。原告未至他院进一步产前诊断。后定期复查超声，无异常提示。足月后因臀位、疤痕子宫行剖宫产术。分娩一女婴，体重3450g，Apgar评分8－9－9，检查提示新生儿多发畸形，一侧面裂，双耳副耳（右耳外耳道堵塞），隐性脊柱裂，肠道畸形，患儿因多发性畸形入住他院进一步治疗。

原告认为：医方对孕妇的产前检查违反诊疗常规，没有及时发现胎儿存在多种畸形；医方在产前检查中没有履行必要的风险告知，致使患方丧失了选择终止妊娠的机会，直接导致畸形儿的错误出生；医方未告知孕妇做大畸形筛查，与畸形儿的出生有直接因果关系，要求医方赔偿医药费、残疾赔偿金、精神损失费等损失。

被告认为：孕妇孕期在医院检查期间未能检出胎儿畸形，为目前产检检查技术或常规规范所允许范围，医方在孕妇20周时已经履行相关告知义务，建议孕妇进一步产前诊断超声检查,但孕妇未遵医嘱;患儿颌面部畸形、骶椎隐裂、双耳异常、动脉导管未闭、卵圆孔未闭畸形原因复杂,与诊疗行为无关;医方在诊疗常规中没有违反法律法规规范的行为,不存在过错,不同意赔偿。

庭审中,法官归纳本案争议焦点为医方产前检查是否已经履行相关法律法规,是否存在过错,与患儿畸形之间是否存在因果关系。为进一步查证,原告申请进行司法鉴定。经某医学会医疗损害鉴定,专家分析认为:(1)医方在对孕妇的诊疗过程中未违反诊疗操作常规,依据现有医学技术发展水平,难以在产前检查中发现所有的胎儿异常。(2)根据卫生部相关技术规范,在妊娠16~24周时超声检查应筛查出致命性软骨发育不全、无脑儿、脑膨出、开放性脊柱裂、胸腹壁缺损内脏外翻、单腔心六大致死性畸形。患儿现有颌面多发畸形不属于在产前检查中必须且能够筛查出来,并达到法定引产的范畴。(3)患儿多发畸形(耳、面裂、下颌骨缺如)的后果可以受遗传、环境等诸多因素影响,此系自身先天性发育不良的结果,与医疗行为之间不存在因果关系。

综合鉴定意见为:(1)本例不属于对患者人身的医疗损害。(2)医院在医疗活动中对胎儿发生畸形可能性的解释不够,但与患者的人身损害结果不存在因果关系。

法院最终认为,超声产前检查是产前诊断的重要内容之一,包括对胎儿生长发育的评估,对高危胎儿在超声引导下的标本采集和对某些先天性缺陷的诊断。整个孕期内,孕妇一般需要进行多次超声检查,每个时间段超声检查的目的各有不同。其中,系统筛查胎儿畸形的时间一般为16~28周。依照《超声产前诊断技术规范》的相关规定,中孕期超声检查应当检出的致命胎儿畸形包括致命性软骨发育不全、无脑儿、脑膨出、开放性脊柱裂、胸腹壁缺损内脏外翻、单腔心等。尽管超声检查能发现被检查者胎儿畸形,但受被检查者各种因素包括孕妇、孕周以及胎儿体位、羊水、胎儿活动、胎儿骨骼声影等多因素影响,许多器官或部位可能无法显示或显示不清,超声显像也不可能将胎儿的所有结构都显示出来。因此,即便进行最为详尽的筛查,仍不能检出所有的胎儿畸形。对此,医疗机构的医务人员有义务向被检查者给予必要的说明,以保护被检查者的知情同意权。本案中,原告怀孕期间在被告医院行超声检查，检查结果均未发现异常。但原告分娩后体检发现患儿多发畸形等。本起医疗事件经医疗损害鉴定，已明确被告医院在超声检查过程中存在告知不足的医疗过错，及医方未检出胎儿具有上述六大致死性畸形的情形下，没有向被检查者告知受超声检查的局限性，不排除有其他不易发现的胎儿发育缺陷的可能性，侵犯了原告的知情同意权。鉴于此，被告因未履行告知义务并由此造成原告的精神损害，应当给予原告一定的精神赔偿，具体数额由本院根据实际情况予以酌定。关于原告主张的医药费、残疾赔偿金，因患儿多发畸形系其先天性生长发育缺陷所致，与被告医院的超声检查间没有因果关系，故本院不予支持。综上所述，依照《中华人民共和国侵权责任法》第六条第一款、第二十二条、第五十五条之规定，判决被告赔偿原告精神损害抚慰金2万元，其他诉讼请求不予支持。

律师解惑

本案是一起畸形儿错误出生的案例。

近年来，因强制婚检措施的取消，畸形儿出生呈上升趋势，各地也陆续报道一些畸形儿出生案例。畸形儿的出生给患儿本人和家庭带来了极大的痛苦和困境，难道就没有措施避免吗？母亲在怀孕期间不是常规性产检吗？现在的超声设备不是越来越高端清晰了吗？怎么就无法事先检出呢？存在很多疑惑。最终，大家就把目光聚焦到了检查的医师和医院上，大家认为医院存在漏诊、检查不足、告知不足的过错。那么，针对产前检查有哪些法律法规，医院的正确流程是什么呢？

一、现有产前检查及产前诊断法律法规规范

现在已有的这部分法律法规包括《母婴保健法》《母婴保健法实施办法》《产前诊断技术管理办法》及配套附件，各地制定的相关规范，相关学会制定的操作规程等。这些法律规范是医师行为规范，也是源头控制规范，具体如下：

《母婴保健法》第十七条规定规定："经产前检查，医师发现或者怀疑胎儿异常的，应当对孕妇进行产前诊断。"

《产前诊断技术管理办法》第十七条规定："孕妇有下列情形之一的，经治医师应当建议其进行产前诊断：……（二）胎儿发育异常或者胎儿有可疑畸形的；……（五）年龄超过35周岁。”

《母婴保健法》第十八条规定：“经产前诊断，有下列情形之一的，医师应当向夫妻双方说明情况，并提出终止妊娠的医学意见：（一）胎儿患有严重遗传性疾病的；（二）胎儿有严重缺陷的；（三）因患严重疾病，继续妊娠可能危及孕妇生命安全或者严重危害孕妇健康的。”

《卫生部关于印发〈产前诊断技术管理办法〉相关配套文件的通知》附件6超声产前诊断技术规范：……“三、超声产前诊断应诊断的严重畸形”“根据目前超声技术水平，妊娠16~24周应诊断的致命畸形包括无脑儿、脑膨出、开放性脊柱裂、胸腹壁缺损内脏外翻、单腔心、致命性软骨发育不全等。”

这些规范已经非常详尽，但是畸形是复杂多样的，有表现于胎儿体表的也有表现于体内的，到底除六大致命性畸形外哪些应看出，目前尚无明确规定。所以，在这点上，对患方而言风险仍很大。

二、错误出生与患方权利损害

错误出生与错误生产不是一个概念。所谓错误出生是指畸形儿的错误出生。所谓错误生产是指在分娩过程中新生儿受到伤害出现产伤的情况。

错误出生往往与患方的知情同意权和健康生育选择权受侵犯相关联。所谓健康生育选择权，是指为了提高出生人口素质，保障母亲和婴儿健康，对有法律规定需终止妊娠的情况，医师应当向夫妻双方说明情况，并提出终止妊娠的医学意见，夫妻双方据此享有的选择权。《母婴保健法》与《产前诊断技术管理办法》相关条款均规定了医方应当如何操作，所以医方必须熟悉并掌握这些规定，严格按照规定实施诊疗行为。

错误出生常见的表现和担责情况：

（一）患儿系六大畸形，医方有过错，承担主要甚至完全责任。

（二）患儿系六大畸形以外重大畸形，如单侧肢体缺如，医方有过错，承担主要责任。

（三）患儿系较小畸形，医方有告知不足，如本案而言，医方承担侵犯患方知情同意权的轻微责任。

(四)患儿系较小畸形,医方也有告知不足但不担责。

(五)患儿有畸形,医方无过错,如医方履行注意义务、告知义务合法,畸形儿的出生是由于现有医学科学技术条件不足或患方自身原因而造成,则医方不承担法律责任。

三、缺陷出生类医疗侵权纠纷案件的原告如何确定

缺陷出生类医疗侵权纠纷案件是指因医疗机构未充分履行诊疗、筛查义务,漏诊、漏查生理缺陷胎儿,导致缺陷婴儿出生,引发的医疗纠纷案件。由于婴儿的先天缺陷非医疗机构造成,医疗机构如有过错,也只是未及时查出婴儿的缺陷,影响其父母的知情权、生育选择权,以致可能造成其抚养缺陷儿比抚养正常儿多支出费用的相关损害。这类案件侵犯的是生理缺陷婴儿父母的知情权、生育选择权。故,此类案件的权利主体即原告并非缺陷儿本人,而应为缺陷儿的父母。

四、缺陷出生类医疗侵权纠纷案件赔偿范围如何确定

缺陷出生不仅给婴儿父母造成了物质上的损失,同时也造成了精神损害。物质上的损失主要是抚养缺陷儿比抚养正常儿多支出的费用。比如存在过错的医疗机构应承担婴儿生产的医疗费、诊断和治疗(包括后续治疗)先天缺陷的费用以及护理费、住院伙食补助费、营养费、残疾辅助器具费以及与此相关的父母的误工费等。此外,还应当包括需要特殊照顾的费用和特殊教育的费用。因为缺陷儿的残疾是其先天发育所致,而非医疗机构造成。所以,缺陷出生类医疗纠纷案件的赔偿范围不应包括残疾赔偿金。由于缺陷儿的出生确实会给其父母造成一定的精神痛苦,所以对于当事人主张精神损害抚慰金的合理部分,应依法予以支持。

结 束 语

本章用五个案例从不同角度阐述告知义务的重要性和必要性、违反告知义务的表现和需承担的法律责任,虽然如此,仍不能穷尽所有的告知,因为告知义务具有法定和自由裁量的综合特点,也就是告知义务依赖于医务人员个人认识、伦理道

德与执行能力。然而,一旦违反告知义务,医方常常需承担法律责任。比如我们发现虽然医方侵犯患者知情同意权与患者损害之间没有因果关系,但是法院仍会判决医方担责。所以,侵犯患者知情同意权担责概率较高。

对告知义务的过错审查主要归结为:(1)是否存在法定应告知情形而医方未告知;(2)告知内容是否尊重了患者的知情同意权,是否给予患者充分的知情选择;(3)告知各阶段是否正确规范;(4)告知语言是否真实诚信,是否有欺诈、胁迫、乘人之危等不当情形;等等。

第14章 如何审查医疗程序性过错:救治义务

章首序

救治就是治疗措施,包括药物、理疗、放疗、免疫疗法、手术、介入、护理、康复等各种物理、化学、生物等治疗方式。救治义务是指医务人员在正确的诊断下运用正确的治疗方式治病救人,以促进患者健康,提高患者生命质量。履行救治义务是医务人员的职责之一,必须严格执行循证医学思维,以病史和规范为依据。救治正确与否对患者影响非常大,因为救治措施直接作用于患者身体,一旦实施无法逆转,必须慎之又慎。医务人员应当如何履行救治义务,救治义务与注意义务和告知义务有什么区别和联系,如果履行救治义务不当损害患者,医方将承担哪些法律责任?本章将阐述这些问题。

Case 案例27 咯血抢救不当致死调解案(呼吸内科)

核心问题:如何正确履行医方救治义务?

关键词:救治义务　救治前提　救治实施者　救治措施

案情简介

患者:男,58岁

医方:某医院(所涉科室:呼吸内科)

患者患肺脓肿多年,6月8日19:00因发热两天,大量咯血30分钟入院,考虑患者病情危重直接收入呼吸内科病房。当时查患者呼吸急促,胸闷,有少量咯血，经询问得知在家咯血量约600ml左右，体温39℃，白细胞$12.62\times10^9/L$，血红蛋白82g/L（正常值男性120－160g/L），X光摄片显示：支气管扩张，肺部大片浓密模糊浸润阴影，提示支气管扩张，肺脓肿。患者入院时精神萎靡，乏力，咳嗽，阵发性加剧，不时咯血。夜班医师给予抗感染、止血、输红细胞悬液等对症治疗，待明日行支气管镜检查，必要时手术治疗。

22:30，患者突然咳嗽剧烈，咯血约300ml，家属立即喊医师护士，夜班护士首先到场，迅速嘱患者翻身，并嘱家属拍背，同时汇报医师。夜班医师是一位低年资住院医师，看到这个情形马上拿起手机汇报备班主治医师，10分钟后，主治医师赶到病房，给予抢救，并请胸外科医师会诊，会诊结果准备立即实施手术。就在医师讨论病情的时候，患者又一阵大咯血，突然呼吸骤停，立即抢救，抢救中发现呼吸道大量鲜血，患者终因病情危重，抢救无效于23:00宣布临床死亡，死亡原因考虑肺脓肿，呼吸衰竭。

患者死亡后，家属对医师在四个小时内的救治措施极度不满，认为医方存在过错：首先，患者来院时就有大咯血病史，而且伴发热感染，又有肺脓肿病史多年，属于疑难重症，住院医师属于一低年资住院医师，没有对病情进行分析，也没有请示上级医师，仅仅采用简单的治疗手段，与患者的病情严重程度完全不符；其次，患者入院当时就应进行CT、支气管镜检查等方式以进一步明确诊断，但是夜班住院医师却一味拖延，不采取这些必要的检查手段，没有责任心；最后，医方在患者22:30再次剧烈咯血时明显救治不足，护士、住院医师和主治医师都应对失误，没有采用及时的引流、纤维支气管镜治疗等紧急措施，在患者已经活动性出血的情况下，没有医务人员陪伴在侧注意观察指导；等等。这些过错性质严重，与患者的死亡之间存在着直接因果关系，医方应当承担法律责任。基于此，患方要求医方迅速拿出处置方案。患方同时反映22:30住院医师打完电话后10多分钟备班主治医师才来病房，不符合夜班抢救制度，患方要求调取当时的录像监控记录。

院方在此事发生后非常慎重，在6月9日下午即组织专家委员会进行讨论。专家讨论认为，患者的病情不排除有恶性肿瘤的可能，不排除肺栓塞致死的可能性。患者属于高危重症，6月8日入院时，住院医师检查明显偏少，当时可以进行CT检查等以进行病因鉴别。同时，住院医师应当及时请示上级医师会诊以明确诊治方案，不可孤立教条地处理病人。后期床边处理，整个治疗方案的选择也存在一定不足，而且在前期治疗过程中没有高危谈话和通知单，使患方不知病情的危重性，院方存在过错。考虑患者病情比较危重，即使19:00当时采取紧急手术的话，也不排除可能出现患者死亡的意外后果。院方同意承担次要责任。

后经医调委组织调解，并启动专家咨询，最终医患双方同意以院方承担40%的责任结案。

律师解惑

本案的焦点问题是：在19:00至23:00的四个小时内，医方的行为是否存在过错，是否应承担法律责任？显然，通过医患各方意见，可以发现本案是一起医方履行救治义务不当的案例。何谓救治义务？救治义务包括哪些内容？应当如何履行救治义务？

一、什么是救治义务

救治义务是指当患者在得以正确诊断后，医务人员给予患者的治疗措施，包括药物、理疗、放疗、免疫疗法、手术、介入、护理、康复等各种治疗方式。救治措施直接施加于人体，一旦操作完毕就不可逆转，所以救治措施应谨慎而行。我们有必要对救治义务的前提、实施者和救治措施等进行详细分析。

二、救治义务的前提

救治义务来自于正确的诊断，一旦误诊必然误治，一旦漏诊必然漏治，所以救治义务的三段论是这样：

大前提：正确的诊断；

小前提：法律法规规范、诊疗常规、操作规程、临床路径等规定的救治方案；

结论：正确的治疗。

其中大前提正确的诊断，是指医务人员已经正确履行注意义务，对患者的病情做出了正确全面分析，诊断没有缺陷。由此可见，履行注意义务是否正确，直接决定了救治义务是否能履行正确，注意义务是救治义务的前提和前置程序，当然注意义务也包含在救治义务的实施过程之中。就如本案，医师在对患者采取治疗措施时也得不断再观察再注意以修正诊断。

其中小前提救治方案，是基于法律法规规范、诊疗常规、操作规程、临床路径等的规定，特别是诊疗常规和临床路径。掌握和实施多少救治方案是一位医师业务能力的体现。比如本案中，住院医师不会施行支气管镜检查，所以在救治时就忽略了这种治疗方案，这就是一个体现。

只有诊断正确，救治方案选择适当，患者才能得以及时正确救治。当然，救治后患者是否一定恢复良好，没有意外发生，这是很难保证的，如果医方注意、告知和救治都得当，患者仍然发生意外，则不构成医疗损害。《侵权责任法》第六十条规定："患者有损害，因下列情形之一的，医疗机构不承担赔偿责任：……（二）医务人员在抢救生命垂危的患者等紧急情况下已经尽到合理诊疗义务；（三）限于当时的医疗水平难以诊疗。"

三、救治义务的实施者

救治义务由患者的主诊医师和护士负责实施。主诊医师有住院医师、主治医师和主任医师的区别，各层级医师业务能力不一，但是患者的救治机会只有一次，这就要求不管哪个层级医师给予患者的治疗水平是一致的，这是一个难题，怎么解决这个难题？《侵权责任法》第五十七条规定："医务人员在诊疗活动中未尽到与当时的医疗水平相应的诊疗义务，造成患者损害的，医疗机构应当承担赔偿责任。"所谓"当时的医疗水平"就是指医院的整体业务能力。如何确保各层级医师水平一致，有规章制度可以确保，就是三级查房制度、会诊制度、疑难病历讨论制度、交接班制度等等，每一项制度都可以解决医师经验欠缺、认识不足的弊端。在本案中，夜班住院医师未能正确认识自己的不足，未能及时启动这些制度解决患者的救治难题，导致延误治疗酿成恶果。

四、应怎样实施救治措施

救治措施包括药物、理疗、放疗、免疫疗法、手术、介入、护理、康复等措施，随着医学科学技术的发展，可采用的治疗措施将越来越多。不过，技术再多也是为人所用，也是为了治病救人。所以，医师实施救治措施应当按照轻重缓急、治病救人的原则开展，不断调整，急则治其标，缓则治其本。医师应该严格按照诊疗常规和临床路径等规范选择治疗方式。本案中，患者肺脓肿是一个慢性病，但是咯血是急症，当时医师应当考虑咯血可能产生的风险，及时围绕咯血的主症选择适当的方案，在常规检查不能查找病因的情况下，应当采用特殊检查以尽量查明病因，及时治疗。然而住院医师却在自己不能实施支气管镜检查治疗的情况下拖延等待，致使早期治疗机会丧失，同时又不知请胸外科医师会诊，以考虑是否可以采用手术治疗方式，使机会一再失去。在长达四个小时的时间内，医务人员也没有尽到应尽的注意义务，让家属承担主要看护责任，当然难免观察病情有误等，一系列的失误让患者走向死亡。

五、本案40%的责任比如何是得出的

从因果关系角度分析，患者的死亡原因有医方的失误，也有患者自身的疾病因素。其中医方失误已分析，但是患者自身的疾病特点也不可忽视，患者属于慢性病急性发作，而且属于危急重症，即使医方予以积极救治，也不排除患者随时死亡的可能性，所以医方承担次要责任比较合适。

法律链接

《中华人民共和国侵权责任法》

第五十七条　医务人员在诊疗活动中未尽到与当时的医疗水平相应的诊疗义务，造成患者损害的，医疗机构应当承担赔偿责任。

第六十条　患者有损害，因下列情形之一的，医疗机构不承担赔偿责任：

（一）患者或者其近亲属不配合医疗机构进行符合诊疗规范的诊疗；

（二）医务人员在抢救生命垂危的患者等紧急情况下已经尽到合理诊疗义务；

（三）限于当时的医疗水平难以诊疗。

前款第一项情形中，医疗机构及其医务人员也有过错的，应当承担相应的赔偿责任。

第六十三条　医疗机构及其医务人员不得违反诊疗规范实施不必要的检查。

案例28
骨折多发性创伤治疗失误致植物人诉讼案(骨科)

核心问题:所谓的会诊制度应当如何正确履行?

关键词:核心制度　首诊负责制　床位医师负责制等

案情简介

原告:吴某,男,50岁

法定代理人:吴某某,男,24岁

被告:B医院(所涉科室:骨科)

4月25日14:45分,患者吴某因发生车祸至二级A医院,检查发现:右尺桡骨远端骨折,胸椎6、7、8骨折,头面部软组织挫裂伤,胸部外伤。胸片及胸部CT提示:少量胸腔积液,胸椎骨折;右腕关节正侧位片示:右尺桡骨远端骨折;头部CT未发现异常。

23:00分,患者被转入三级B医院急诊。当时患者神志清楚,双侧瞳孔等大等圆。检查:左额部、下颌部、颈部多处皮下淤血;颜面部轻度水肿;头部突眼无,眼睑浮肿,结膜充血,口腔:唇红润,少量血迹,舌居中,齿:下前牙缺如,上牙横松动,其他阴性;双肺呼吸音粗糙,可闻及痰鸣音;心正常。诊断:右尺桡骨骨折,胸椎骨折,胸部外伤,头面部软组织挫裂伤。医嘱:请胸外科会诊,请脑外科会诊;一级护理,告病重,心电监护,吸氧,行右尺桡远端骨折平法复位,石膏托外固定,予以抗感染治疗并收入骨科病房。

4月26日13:00请胸外科会诊,13:10胸外科会诊意见:予以沐舒坦60mg,有情况随诊。24:00继续予以沐舒坦60mg治疗。

4月27日护理记录单反映情况:1:00,患者神志清楚,呈烦躁状态,双眼睑肿胀明显,持续吸氧;4:00,患者仍烦躁,双瞳孔对光反射存在,双眼睑肿胀;7:00,患者呈烦躁状态;9:00,患者诉背部不适,胸闷,无恶心、呕吐,立即报告医师,给予吸痰;10:00,用沐舒坦;12:00,患者烦躁不安,持续低流量吸氧,吸痰病人不合作;12:00,请脑外科会诊,请口腔科会诊。两科会诊均尚未到。

4月27日13:00,患者突发紫绀,神志不清,呼吸、心跳微弱,急送手术室抢救，并嘱行CT检查（但因抢救当时未查）。经过气管插管等抢救措施，患者陷入深昏迷，术后考虑肺挫伤、创伤性窒息、深昏迷。患者三个月未苏醒，被诊断为植物人。患方在与医方交涉无果后，决定起诉医方。

原告方认为，被告医方存在过错，直接导致患者昏迷直至植物人的损害后果，主要表现如下：

首先，违反法定注意义务。从患者自4月25日23:00入住至27日13:00长达38个小时中，医院无任何针对患者脑部、肺部及其他任何特殊检查，特别是有针对性的影像检查。无病因鉴别，针对患者出现的胸腔积液、痰鸣音，只是在26日13:00才予以沐舒坦治疗，此时距患者入院已有12个小时。

其次，违反法定救治义务。在患者先后出现烦躁、胸闷的情况下，医师单纯地予以沐舒坦治疗，以第一次会诊方案为限，没有考虑患者病情处于不断变化的状态，没有进行有针对性地再次会诊甚至转科治疗，思维局限，违反诊疗常规的规定。

本案经法官主持调解。最终，医方承认存在不足，一次性赔偿患方各项损失计30余万元。

律师解惑

本案是一起因医方履行注意义务、救治义务不足导致患者受损的案例。本案医方主要过错表现如下：

一、医务人员不能正确执行首诊负责制度

首诊负责制要求：

（一）第一次接诊的医师或科室为首诊医师和首诊科室，首诊医师对患者的检查、诊断、治疗、抢救、转院和转科等工作负责。

（二）首诊医师必须详细询问病史，进行体格检查、必要的辅助检查和处理，并认真记录病历。对诊断明确的患者应积极治疗或提出处理意见；对诊断尚未明确的患者应在对症治疗的同时，应及时请上级医师或有关科室医师会诊。

（三）首诊医师下班前，应将患者移交接班医师，把患者的病情及需注意的事项

交待清楚,并认真做好交接班记录。

(四)对急、危、重患者,首诊医师应采取积极措施负责实施抢救。如为非所属专业疾病或多科疾病,应报告科主任及医院主管部门及时组织会诊。危重症患者如需检查、住院或转院者,首诊医师应陪同或安排医务人员陪同护送;如接诊条件所限,需转院者,首诊医师应与所转医院联系安排后再予转院。

(五)首诊医师在处理患者,特别是急、危、重患者时,有组织相关人员会诊、决定患者收住科室等医疗行为的决定权,任何科室、任何个人不得以任何理由推诿或拒绝。

本案中,患者入院时存在右尺桡骨骨折,胸椎骨折,胸部外伤,头面部软组织挫裂伤等多种损伤,是复合伤、多发伤创伤病人,作为首诊医师的骨科医师应本着轻重缓急的治疗原则,对患者右尺桡骨骨折采取复位治疗后,当时就应及时启动胸外科会诊,但是首诊医师并未这么操作,却对胸部外伤病情延误了 14 个小时才会诊,违反首诊负责制中"对诊断尚未明确的患者应在对症治疗的同时,应及时请上级医师或有关科室医师会诊"的精神和原则,是患者之后一系列损害的源头过错之一。

二、医务人员不能正确执行会诊制度

会诊制度包括:急诊会诊、科内会诊、科间会诊、全院会诊、院外会诊等。急诊会诊可以电话或书面形式通知相关科室,相关科室在接到会诊通知后,应在 15 分钟内到位。会诊医师在签署会诊意见时应注明时间(具体到分钟)。会诊时,急诊医师应为会诊准备好必要的临床资料,并陪同检查、介绍病情,应邀医师认真填写好会诊记录。

通过本案可以发现,胸外科医师会诊意见是"予以沐舒坦 60mg,有情况随诊"。这个意见对患者没有积极意义,既不能解决诊断问题,也不能解决治疗问题,是一次失败的、没有医疗质量的会诊。当时有效的会诊措施是应该积极查明胸腔病情,是否需要外科治疗,是否需要转院,都应得到明确。然而,我们在本案中看到申请会诊的骨科医师没有明确的会诊目的,接受会诊的胸外科医师也没有抓住会诊的焦点,导致会诊无效,患者受损。

会诊程序的启动要求医师注意义务履行正确,也就是说,医师必须在分析患者的病情、症状、体征加上必要的检查后，客观进行病因鉴别，以考虑自己是否有能力进行相应的诊治，如果缺乏，则应及时启动会诊、转诊等辅助支持手段以弥补自己的不足。与此同时，医师应当及时告知患者及其家属相应的诊治方案和可能存在的风险等，尊重患者的知情同意权。如果医师正确履行这些义务，就可以避免本案这样的悲剧。

作为患方，当我们需要审查医疗行为是否正确时，就要紧紧抓住这三项义务，可以起到纲举目张、事半功倍的效果。

三、本案反映医务人员缺乏逻辑推理和实证能力

本案反映出临床医师缺少整体意识，特别是缺少科学精神，缺乏逻辑推理和实证能力。随着医学分科越来越细，专科设置越来越多，医疗设备越来越高精尖，与之伴随的医疗技术也越来越娴熟，但是人的思维不能被技术和设备所局限。这就提出对科技和科学精神的区别认识问题了。科技是术，而科学精神是一种求真、务实、开放、包容、实证的精神。医师的医疗思维绝不能缺少科学精神，掌握技术不代表掌握科学精神，医师需跳出专科的狭隘思维圈子，必须整体看待患者，辩证分析，否则，就容易出现判断上的失误。

本案中，患者出现的症状多次提醒医师，有可能出现骨科以外的病情，而骨科医师也曾在患者入院后13个小时请胸外科会诊，当时考虑肺挫伤，予以沐舒坦治疗，这时骨科医师的医疗行为可以说尚正确。但关键在于，患者在应用沐舒坦后，仍然出现烦躁，呈进行性加重，胸闷等症状，此时，医师应该考虑是否有胸部损伤疾病，首先应该做的就是再次启动会诊程序，继续请胸外科医师会诊，以应对患者不断变化的病情，甚至要及时转诊，方能解决问题。然而，本案中，医师却局限于本科医学知识，未考虑患者尚存在着他科病情，刻舟求剑，单向思维，或者虽然考虑有其他疾病，但未深入研究，最终直接延误了患者的病情，造成严重的损害后果。教训是惨痛的，临床中同类事件也有许多，希望能引起反思。

法律链接

《医疗机构管理条例》

第三十一条　医疗机构对危重病人应当立即抢救。对限于设备或者技术条件不能诊治的病人,应当及时转诊。

案例 29 急性心梗死亡救治失误诉讼案(急诊、心内科)

核心问题:什么是临床路径?

关键词:临床路径

案情简介

原告:金某,女,62 岁

被告:某医院(所涉科室:急诊、心内科)

原告诉称,患者为自己丈夫,69 岁,5 月 7 日凌晨 5:00 左右,因胸闷、大汗淋漓、有频死感觉至被告医院急诊,当时心电图检查提示:ST 段抬高、异常 Q 波,医师诊断结论为胸闷,予以门诊输液丹参酮、头孢等。患者在门诊输液室输液期间胸闷烦躁难受,和医务人员多次反映,未见医师来查看病情,直到下午 14:45,患者输液完毕,医师才嘱再次检查心肌酶,化验结果为血浆蛋白高达 33.51mg/ml、天门冬氨酸氨基转移酶 338u/L、乳酸脱氢酶 1892u/L、血清肌酸肌酶 4417u/L、肌酸肌酶 – MB 同工酶 259u/L。5 月 7 日下午 17:25,患者入院诊断为冠心病。入院虽经治疗但仍然无效死亡。死亡诊断:心脏破裂、急性心肌梗死、冠心病。

原告认为:(1)患者因大汗淋漓,胸闷胸痛就诊,首诊医师诊断胸闷存在重大错误;(2)急诊心电图已出现冠心病心梗表现,医方未按照诊疗规范急请上级医师会诊,复核诊断,组织相应的急救治疗(溶栓、介入等),将患者置于普通输液室,错失抢救患者的宝贵时机;(3)在输液的 10 个小时期间,没有及时观察患者病情演变，没有及时进行心肌酶谱的检查，延误诊治；(4)确诊心梗后，医方未将患者转移至CCU监护，忽视心肌酶持续增高，未采取积极有效的治疗措施，并怠于对患者病情的观察，直到患者心脏破裂死亡；(5)急诊病史记录不规范，患者死亡时间记录不一致；(6)未与患者家属进行有效沟通，病情告知不清楚。

被告过错明显，直接造成了患者死亡的结果，应承担赔偿责任。患者要求被告赔偿各项损失60余万元。

被告辩称：(1)患者急诊时无心肌梗塞典型症状，首诊医师予十八导联心电图及血清学检查，V8－V9见小Q波，已经考虑到心绞痛可能，给予扩冠、营养心肌等处理；(2)患者补液结束后感胸闷不适，即复血清学检查，发现血清学指标明显升高立即入抢救室，经内科会诊收入病房，诊断：冠心病、急性心肌梗死（后壁）、KILLIP（心功能分级）I级；高血压病3级、极高危；(3)入院后不予再灌注的理由：①入病房前症状基本缓解；②心电图V7－V9 ST段已回落至基线；③发病13小时，超过12小时的急诊再灌注标准；(4)患者在病情变化前生命体征稳定，无特殊不适主诉，辅助检查及时，均符合心梗的动态演变。病情突然变化后，院方立即给予胸外按压，气管插管，抢救药物使用等措施，心包穿刺抽出不凝血液，证实为心脏破裂。综上认为被告诊断治疗措施符合诊疗常规，被告不同意赔偿。

本案病史回顾：

根据门急诊就医记录册（自管卡）记载，患者，男，69岁，5月7日医院急诊内科，主诉：胸闷1小时。呈持续性，无胸痛，伴出冷汗，有高血压病史。查体：神清气平，血压165/100mmHg，心率88次/分，5:00心电图：窦性心律；偶发室性早搏；ST段改变；5:02心电图：V1－V3为V7－V9；窦性心律；ST段抬高（V7－V9导联1mm）；异常Q波（V8、V9），诊断：胸闷。予吸氧、异舒吉10mg，丹参酮3支静脉滴注，速尿4mg，拜阿司匹林1片及麝香保心丸口服，白细胞11.52×10^9/L，乳酸脱氢酶549U/L，肌酸肌酶－MB同工酶13U/L，血浆肌钙蛋白I 0.02ng/ml，心电图：ST段抬高，异常Q波。5:47心电图ST段抬高（V7－V9导联1mm）；异常Q波（V8、V9）。

14:25心电图：窦性心律；V1导联R/S＞1；ST段改变。天门冬氨酸氨基转移酶 338U/L，乳酸脱氢酶 1892U/L，血清肌酸肌酶 4417U/L，肌酸激酶-MB 同工酶 259U/L，血浆肌钙蛋白 I 测定 37.85ng/ml。15:04 复查心肌酶，TNI 明显升高，心电图如前。诊断：冠心病。考虑心梗可能，送抢救室治疗。16:15：胸闷 12 小时，即刻入抢救室，告病危，诊断：急性下壁心梗，予异舒吉 10mg，参附 50ml，奥克 40mg 静脉滴注，拜阿司匹林 1 片，立普安 40mg 口服，请心内科会诊。

根据心内科住院病史记载：入院时间 5 月 7 日 17:25 分。主诉：突发胸闷胸痛 13 小时。查心电图窦律 ST 段改变（V7－V9），心肌酶 INI 正常，考虑 AMI，予抗凝扩冠活血稳定斑块等治疗后，胸闷略缓解，复查心电图示后壁导联 ST 段回落，心肌酶 CKB－MB259U/L，TNI33ug/ml，明显升高。体格检查：T37℃，R18 次/分，BP100/70mmHg，车入病房，表情安静，双瞳对光反射正常，心尖搏动：第Ⅴ肋间左锁骨中线内侧 0.5 厘米处，心率 72 次/分，心律齐。初步诊断：冠心病，急性心肌梗死（后壁），KILLIP Ⅰ级。予绝对卧床休息，吸氧，CCU 监护，抗凝，扩冠，抗血小板聚集。

5 月 8 日心率 68 次/分，钙 1.99mol/L，PT 11.6rec，白细胞计数 12.57×10^9/L，血浆肌钙蛋白 I：32.01mg/ml，尿酸 561umol/L，天门冬氨酸氨基转移酶 377U/L，乳酸脱氢酶测定 3000U/L，血清肌酸肌酶 3140U/L，肌酸激酶-MB 同工酶 237U/L。

5 月 9 日 BP110/58mmHg，心率 71 次/分，白细胞计数 16.51×10^9/L，血浆肌钙蛋白 I 测定 12.64ng/ml，钾 3.3mmol/L，天门冬氨酸氨基转移酶 160U/L，乳酸脱氢酶测定 2250U/L，血清肌酸激酶 1049U/L，肌酸激酶－MB 同工酶 72U/L。

16:39 分，患者突然双眼上翻，呼吸停止，心电监护心室率 77bpm，窦性节律，血压测不出，立即胸外按压，予多巴胺 200mg 静脉泵注，气管插管，呼吸机通气。心电监护示自主节律停止，予多巴胺及肾上腺素静脉推注后无效。考虑心梗后心脏破裂，床边 B 超：心跳停止，心包见积液。行心包穿刺，抽出血性不凝固液体，考虑心脏破裂，继续胸外心脏按压，呼吸机辅助通气，患者双侧瞳孔散大，16:50 分心电图呈一直线，宣布临床死亡。死亡诊断：冠心病，急性心肌梗死（后壁），KILLIP Ⅰ级，心脏破裂。

庭审中,原告申请进行医疗损害鉴定。法院委托某医学会进行鉴定,专家鉴定分析认为:(1)5月7日,患者因"胸闷1小时"至医方急诊,诊断:胸闷。12小时后诊断冠心病,心梗转急诊抢救室及入住内科病房。5月9日患者死亡。死亡原因:冠心病,急性心肌梗死(后壁),心脏破裂。(2)根据患者病史与急诊心电图(5月7日5:02分)检查结果,应该诊断急性ST段抬高型心肌梗死(后壁),临床上应首选考虑进行介入治疗,医方的诊断及相应的处置存在明显过错,一定程度上延迟了对患者的抢救治疗时机,违反诊疗常规,与患者死亡的人身医疗损害结果有因果关系。(3)经现场询问,患者入院后探望人员较频繁(第二天达8~10人),因此,心脏破裂除与心梗病情发展外,可能与患者过度疲劳有一定关联。(4)根据送检资料,患者死亡原因为心肌梗死并发心脏破裂,系自身疾病延续所致,该病症病情凶险,进展快,救治困难。(5)医方在医疗文书书写方面存在缺陷:病史书写无患者就诊时间,违反急诊病历书写就诊时间应具体到分钟的规定,违反《病历书写基本规范》。但以上缺陷与患者死亡无因果关系。

鉴定意见认为:(1)本例属于对患者人身的医疗损害。(2)医院在诊疗活动中存在对急性ST段抬高型心肌梗塞的诊断认识不足,未及时进行急诊介入治疗,一定程度上延迟了对患者的抢救治疗时机,违反诊疗常规,与患者死亡的人身医疗损害结果有因果关系。(3)参照《医疗事故分级标准(试行)》,患者死亡结果的人身医疗损害等级为一级甲等。(4)本例医疗过错的责任程度为次要责任。

后原被告双方经法院调解,被告一次性支付原告各项损失共计20万元。

律师解惑

本案是一起急诊诊治措施不当而造成患者损害的案例。本案有一定特殊性,因为鉴定认为医方"未及时进行急诊介入治疗",其依据是临床路径。临床路径是什么?有什么作用?

一、什么是临床路径

根据中国人民共和国卫生行业标准 WS/T393 - 2012《医疗机构临床路径的制定与实施》规定，临床路径是指医师、护士及其他专业人员针对某些病种或手术，以循证医学依据为基础，以提高医疗质量、控制医疗风险和提高医疗资源利用效率为目的，制定的有严格工作顺序和准确时间要求的程序化、标准化的诊疗计划，以达到规范医疗服务行为、减少资源浪费、使患者获得适宜的医疗护理服务的目的。

二、本案违反什么临床路径

根据卫生部于2009 年制定的急性 ST 段抬高心肌梗死(STEMI)临床路径标准住院流程，其使用的对象是：第一诊断为急性 ST 段抬高心肌梗死(STEMI)(ICD10:I21.0 - I21.3)。其治疗方案的选择及依据：

(一)一般治疗

(二)再灌注治疗

1. 直接 PCI(经皮冠状动脉介入治疗)(以下为优先选择指征)

(1)具备急诊 PCI 的条件，发病 <12 小时的所有患者；尤其是发病时间 >3 小时的患者；

(2)高危患者。如并发心源性休克，但 AMI <36 小时，休克 <18 小时，尤其是发病时间 >3 小时的患者；

(3)有溶栓禁忌证者；

(4)高度疑诊为 STEMI 者。

急诊 PCI 指标：从急诊室至血管开通(door - to - balloon time) <90 分钟。

2. 静脉溶栓治疗(以下为优先选择指征)

(1)无溶栓禁忌证，发病 <12 小时的所有患者，尤其是发病时间≤3 小时的患者；

(2)无条件行急诊 PCI；

(3)PCI 需延误时间者(door - to - balloon time >90 分钟)。

溶栓指标：从急诊室到溶栓治疗开始(door - to needle time) <30 分钟。

依据该临床路径，专家鉴定认为患者应首选考虑进行介入治疗，医方的诊断及相应的处置存在明显过错，一定程度上延迟了对患者的抢救治疗时机，违反诊疗常规，与患者死亡的人身医疗损害结果有因果关系。

三、临床路径在审查医疗行为上有何意义

临床路径是运用循证医学思维的典范，其对临床具有指南和指导作用，也是审查医疗行为是否正确合法的依据之一。随着规范意识的提升，将会有更多的临床路径出台为临床所遵守，同时，这也是《侵权责任法》五十七条“当时的医疗水平”的执行依据之一。如果医师在符合临床路径病症的情况下执行临床路径无过错，最终患者仍发生伤残或死亡结果的，就属于《侵权责任法》第六十条“已经尽到合理诊疗义务”的情形，医方不承担法律责任。

法律链接

《临床路径管理指导原则》（试行）

第八条　医疗机构一般应当按照以下原则选择实施临床路径的病种：

（一）常见病、多发病；

（二）治疗方案相对明确，技术相对成熟，诊疗费用相对稳定，疾病诊疗过程中变异相对较少；

（三）结合医疗机构实际，优先考虑卫生行政部门已经制定临床路径推荐参考文本的病种。

第十条　医疗机构应当根据本机构实际情况，遵循循证医学原则，确定完成临床路径标准诊疗流程需要的时间，包括总时间和主要诊疗阶段的时间范围。

循证医学的运用应当基于实证依据，缺乏实证依据时应当基于专家（专业团体）共识。制定临床路径的专家应当讨论并评估实证依据的质量和如何运用于关键环节控制。

案例30 流产后胎残处置不当诉讼案(妇产科)

核心问题:流产后胎盘残留应如何正确处理?

关键词:胎盘残留　主要责任

案情简介

原告:雷某,女,27岁

被告:某医院(所涉科室:妇产科)

原告诉称,8月7日,原告因G1P0孕22+4周,双胎,羊水过多,腹胀,有少量阴道流血,诊断:G1P0孕22+4周,双胎,羊水过多,先兆流产收入院,予以硫酸镁、舒喘灵等对症治疗,无法缓解宫缩,当晚原告出现规律宫缩,胎儿流产,出血100ml,并予以缩宫素促进宫缩,用产妇康对症治疗。

8月10日,复查B超显示:内膜欠清,宫内及宫颈处光团,宫内见稍增强回声64×17×38mm,宫颈处见混合回声41×24×28mm,子宫大小120×96×82mm。当时医师未予特殊处理嘱原告出院。出院时,子宫复旧佳,恶露量少,色淡,无味。8月24日原告因持续阴道出血再次来院,门诊检查B超示宫内见混合性回声19×15×20.4mm,被告医师仅予以产复康对症治疗,未予针对性的清宫治疗。当晚,原告因大出血在他院行清宫术,术后病检:变性胎盘组织。患者至此才康复。

原告认为被告对自己出血羊水过多的症状没有采取必要的处置措施从而导致双胞胎流程,流产之后又没有及时实施清宫术,在明知宫腔内存在残留物的情况下,却以各种理由搪塞,以致最终造成大出血的严重后果,医方存在过错,要求赔偿各项损失共计6万余元。

被告认为针对原告羊水过多,先兆流产的症状,被告采取的措施正确。原告为双胎妊娠,宫内胎盘残留系不可避免的并发症,考虑保守疗法是尽量让原告能自行排出宫内残留物,以免手术加重感染风险。

为进一步证明自己的观点,原告申请进行医疗损害鉴定。经专家鉴定认为:患者在医院接受产前检查,因双胎、羊水过多、先兆流产住院治疗。医方在产前检查与羊水过多的处理中无违反临床诊疗常规。患者在流产后发生胎盘残留，院方在患者诊治过程中未能及时诊断与积极处理，有违临床诊疗常规，导致患者反复多量出血，构成四级医疗损害，医方承担主要责任。法院最终判决被告赔偿原告各项损失共计人民币1万余元。

律师解惑

本案是一起流产后医方对胎盘残留处置不当导致患者损害的案例。本案中有一些需要分析的问题：

一、流产后胎盘残留的正确处理方式

胎盘残留是指流产或引产后有部分胎盘样组织残留宫腔，胎残是流产或人流术不可避免的并发症，其病理发生原因具有客观性，虽然如此，医方对胎残必须有正确的处理方式。按照诊疗常规，一旦发现胎残，医方应当采用刮宫术清除宫腔内残留物，并给予抗生素预防感染。本案中，医师的救治方案单纯考虑患者自行排出的保守疗法，未考虑及时采用刮宫术清除胎残，治疗原则失误，直接导致后续患者大出血的损害后果。其本质表现还是医师不具备循证医学的能力。

二、本案医方为什么承担主要责任

本案患者的损害后果有两个原因：一是医方未能及时诊断患者胎残和积极采取刮宫术治疗，二是患者自行难免流产的病理原因，两者都能造成最终反复出血甚至大出血的后果。本案之所以医方承担主要责任，是因为8月10日B超提示有胎残，8月24日B超还是提示有胎残，这两次都应及时处置，医方未处置，所以责任较大，应承担主要责任。

法律链接

《医疗事故分级标准》(试行)

四、四级医疗事故

系指造成患者明显人身损害的其他后果的医疗事故。例如造成患者下列情形之一的:

16. 产后胎盘残留引起大出血,无其他并发症。

结 束 语

救治义务贯穿于首诊、会诊、转诊等各环节,履行正确与否将影响患者的生命健康和生活质量,任一环节出错都会产生医患纠纷。实践中常常遇见这样的情况:患者因腹痛至医院就诊,挂了内科号,内科医师简单一问,说这是外科病,患者不可能与内科医师争执,于是又挂了外科号,被诊断为阑尾炎手术治疗,如果一切顺利,看不出医方存在过错。但如果在转科的过程中,患者突然发生了晕厥,甚至跌倒摔伤,患者必然对医院不满,医院就要承担赔偿责任,这就印证了如果医师不正确履行首诊负责制会产生很多不良后果。所以,自患者挂号开始,患者与医院之间就产生了医患关系,医方就应该履行相应的义务,任何一个医务人员的行为都应符合法律法规规范,都应遵守相应的诊疗常规等规定。随着医学管理的发展,临床路径也逐渐纳入医师行为规范之中,所以任何一位医务人员都应具备终身学习的能力。

关于救治义务的更多内容,笔者将在如何审查医疗实体性过错三章中做进一步细致阐述。

第15章 如何审查医疗实体性过错：用药

章首序

前三章我们讲了如何审查医疗程序性过错，从本章开始，我们将用三章内容，分别从用药、手术、护理角度阐述医疗实体性过错的表现。医疗实体是指在医疗行为中，医务人员针对患者病情具体实施的治疗方案，例如用药、手术、护理等，使患者病情最终产生治愈、好转、恶化或死亡等不同的结果。一旦医务人员在医疗实体环节出现过错，将直接导致患者的损害，所以，医疗实体正确与医疗程序正确同等重要。程序正确是实体保障的前提，在实体性过错三章中，对实体行为正确与否仍需与程序行为结合起来综合审查，两者不可截然分开。

许多患者的治疗离不开药物，药物和药品的概念在医患关系中没有明确的区别。根据《药品管理法》，药品是指："用于预防、治疗、诊断人的疾病，有目的地调节人的生理机能并规定有适应症或者功能主治、用法和用量的物质，包括中药材、中药饮片、中成药、化学原料药及其制剂、抗生素、生化药品、放射性药品、血清、疫苗、血液制品和诊断药品等。"所以，认清用药过程中可能存在的问题，将有助于我们分析并把握这类纠纷的处理方式。

用药相关法律问题包括药物使用的客观依据和法律依据，药物的适应症、禁忌症、用量用法、不良反应和配伍禁忌等，如何把握药物与疾病之间的关系，药物与其他治疗方式如何选择，发生药物不良反应如何抢救，还包括使用特殊药物应尊重患者什么权利，在用药问题上医师应注意哪些事项，履行哪些义务，本章将重点阐述这些问题。

Case 案例31 哮喘中药处方中马兜铃是否违规诉讼案(中医科)

核心问题:医师使用马兜铃时应尽何注意义务?

关键词:药品不良事件 用药法律依据

案情简介

原告:马某,男,1954年1月12日出生

被告:某中心医院(所涉科室:中医科)

2002年4月23日,原告起诉被告。原告诉称:1990年8月12日至1993年,原告因患哮喘在被告处就诊,先后在中医科、内科门诊等治疗。长期服用中医科十多位医生所开具的中药汤剂700余剂,组合处方中有不少于620剂中含马兜铃和炙兜铃饮片,剂量为6~12克,同时一直间断服用先锋4号、先锋6号、交沙霉素、博利康尼、美喘氰和氨茶碱等药物,1993年12月原告因乏力、活动后心悸、气短、呕吐,夜尿增多,经检查发现肾功能异常、贫血,确诊为慢性肾炎,慢性肾动能不全:尿毒症,血液透析治疗2年多,于1996年进行了肾移植。最近,原告通过报刊文章得知长期服用"马兜铃"的中药会导致肾功能衰竭,为此,原告查阅了就诊病历,发现每天服用的中药中几乎都有马兜铃,且剂量超过药典规定的常用量,三年中被告对原告的肾功能亦未进行过检查,对此原告认为被告的医疗行为与原告所受损害之间存有因果关系,被告具有过错,故起诉要求被告赔偿原告758,232.82元,诉讼中原告变更诉讼请求为要求被告赔偿1,240,323.73元(肾移植费14,000元、换肾住院费58,871.32元、医药费468,000元、误工费151,344.50元、住院伙食补助费17,820元、陪护费38,280元、交通费3,200元、精神损害抚慰金26,604.57元、将来换肾费用157,742.64元),诉讼费与医疗事故鉴定费由被告承担。

被告某中心医院辩称:原告患有哮喘病史10余年,反复发作,反复感染,长期使用先锋、交沙霉素治疗,可引起肾损害;原告属于过敏特异体质,与其间质性肾炎、尿毒症的发病有着密切关系;12年前被告对原告哮喘的治疗完全是按照中医诊疗常规和中华人民共和国历版药典规定进行的,没有过错;

在1990年至1993年当时的医学科学技术条件下，国内外医学界尚不了解马兜铃的肾毒性，《中华人民共和国药典》也未指出，医生无法预料马兜铃会引起肾损害，医生主观上无过错，不构成医疗事故，故不同意原告的诉讼请求。

审理中，经被告申请，法院委托某区医学会进行医疗事故技术鉴定，结论为不属于医疗事故。原告对此结论有异议，申请再次鉴定。经某市医学会进行再次鉴定，结论为：(1)违法、违规事实：某中心医院在治疗过程中长期、间断过量使用马兜铃，最后导致肾功能衰竭并行肾移植术，同时在治疗过程中未进行有关的必要检查；(2)因果关系：马兜铃导致肾功能衰竭国内曾有报道，本例患者长期使用马兜铃且出血贫血、多尿，进行性肾功能减退等症状表现，故马兜铃酸所致肾病的诊断成立，医院的治疗行为与患者的肾脏疾病之间存在一定的因果关系；(3)责任程度：马兜铃酸所致肾病在1993年之后报道渐多，而本例患者治疗过程在1990年至1993年，因此经治医师对中药饮片中马兜铃的不良反应认识不够，在长期给药后导致肾功能衰竭，鉴于上述事实，医疗机构应承担轻微责任；(4)事故等级：二级甲等医疗事故。

被告对此不服，提出请求中华医学会重新鉴定。中华医学会鉴定分析意见如下：(1)1990年8月至1993年12月，患者为治疗哮喘而服用处方中含马兜铃或炙兜铃饮片的复方汤剂期间，国内医药学界对马兜铃所含马兜铃酸蓄积中毒造成慢性肾损害缺乏认识。依据《医疗事故处理条例》第三十三条第三款的规定，“在现有医学科学技术条件下，发生无法预料或者不能防范的不良后果的”不属于医疗事故。(2)医院在为患者的诊治过程中，医生对患者病情观察不够仔细，病史记录书写简单，医生处方不正规，抄方明显。医院在含马兜铃饮片的处方中虽有部分处方超过1990年版《中华人民共和国药典》用量，但根据该《药典》“凡例”第十四款“必要时均可根据需要酌情增减”用量的规定，以及在《药典》未注明马兜铃有毒性的前提，其用量不属违规，且《药典》中未限制持续服药时间。(3)马某慢性肾功能衰竭与马兜铃的应用没有肯定的因果关系：①马某的慢性肾功能衰竭没有直接与马兜铃损伤有关的病理诊断依据；②马某患多种变态反应性疾病，均可能导致慢性间质性肾损害；③根据患者在其他医院1994年5月病历摘要及1996年1月的出院病历均记载，患者“夜尿增多七年余”，尽管1990年前患者血肌酐正常，仍不能排除已有肾小管功能的损害，结论为不属于医疗事故。

法院认为，根据法律规定，因医患纠纷而提起的侵权损害赔偿必须符合侵权行为的构成要件，即判令医院承担赔偿责任必须具备医院主观上存有过错、客观上实施了违法行为并且发生了损害后果、违法行为与损害后果之间存在因果关系。由于医疗过程是一个相当专业的行为过程，故我国设置了医疗事故鉴定制度，但医疗事故鉴定结论只是解决医院行政上的责任，并非民事上认定民事责任的前提。本案中，双方的争议焦点在于被告的医疗行为是否存在过错，原告的损害后果与被告的医疗行为间是否存有因果关系。首先，在医疗纠纷案件中，应由医院承担医疗行为与损害结果不存在因果关系的举证责任。在通常情况下，马兜铃所含马兜铃酸蓄积中毒能够造成慢性肾损害，即两者之间存在盖然性联系，现中华医学会医疗事故技术鉴定仅认定马某慢性肾功能衰竭与马兜铃的应用没有肯定的因果关系，并未确定马某慢性肾功能衰竭系由其他原因所致，被告亦未提供其他证据证明医疗行为与原告损害之间没有因果关系，故在法律上可推定两者之间存在因果关系。其次，关于被告的医疗行为是否存在过错的问题，原告服药期间，国内医药学界对马兜铃所含马兜铃酸蓄积中毒造成慢性肾损害尚缺乏认识，被告在此情况下长期给药最终导致原告肾功能衰竭，系被告当时不能预见，从而无法避免和克服的“不可抗力”。中华医学会根据《中华人民共和国药典》“必要时均可根据需要酌情增减”的规定和《药典》中未限制持续服药时间认定被告对原告用药不属违规，但同时指出了被告医生对原告病情观察不够仔细，病史记录书写简单，医生处方不正规，抄方明显。被告作为专业医疗机构，在对患者的诊治过程中应当细致、周密，被告不按常规用量使用药物时，则应当密切观察患者的病情，必要时应做相关检查。现被告在对原告长期、间断地未按常规用量使用马兜铃的过程中未尽到注意义务，仔细观察原告的病情变化及必要时做相关检查，存有一定过错，是造成原告损害的原因之一。根据部分原因承担部分责任的精神，由法院酌情确定被告承担责任的具体数额。据此，依照《中华人民共和国民法通则》第一百零六条的规定，判决如下：

被告某中心医院于本判决生效后十日内赔偿原告马某人民币50,000元。

律师解惑

本案是一起因医师用药期间未正确履行注意义务被法官根据盖然性原则而认定医方担责的案例。首先有必要了解一下有关药品的基本知识。

一、什么是药品

所谓药品，根据 2001 年 12 月 1 日起施行的《中华人民共和国药品管理法》第一百零二条，药品，是指用于预防、治疗、诊断人的疾病，有目的地调节人的生理机能并规定有适应症或功能主治、用法和用量的物质，包括中药材、中药饮片、中成药、化学原料药及其制剂、抗生素、生化药品、放射性药品、血清、疫苗、血液制品和诊断药品等。

二、常见药品不良事件与用药风险

药品的研发、生产、销售、使用有着严格的规定，所以，一般而言，作为临床使用的处方药，已经具备应当具备的安全性和有效性。但临床用药中，仍然会发生一些不良事件，产生用药风险，损害患者的生命健康。这里，有必要解释一些术语：

（一）药品不良事件

根据国家食品药品监督管理总局的解释，国际上对药品不良事件有统一的定义，药品不良事件（Adverse Drug Event，缩写为 ADE）是指药物治疗过程中出现的不良临床事件，它不一定与该药有因果关系。药品不良事件和药品不良反应含义不同。一般来说，药品不良反应是指因果关系已确定的反应，而药品不良事件是指因果关系尚未确定的反应。它在国外的药品说明书中经常出现，此反应不能肯定是由该药引起的，尚需要进一步评估。

（二）药品不良反应

根据《药品不良反应报告和监测管理办法》，药品不良反应，是指合格药品在正常用法用量下出现的与用药目的无关的有害反应。

严重药品不良反应，是指因使用药品引起以下损害情形之一的反应：

1. 导致死亡；

2. 危及生命；

3. 致癌、致畸、致出生缺陷；

4. 导致显著的或者永久的人体伤残或者器官功能的损伤；

5. 导致住院或者住院时间延长；

6. 导致其他重要医学事件，如不进行治疗可能出现上述所列情况的。

（三）临床常见用药风险表现及原因

临床药物须经过医院监管、库房收发、医师开具医嘱、护士执行医嘱、药师配药等环节，常见用药风险表现可为过敏反应、组织器官可逆或不可逆损害、致癌、致畸、死亡等各种损害。

而常见风险原因则可来自于院外药品质量、医院储存、医院处方、医院操作等各环节不当。院外药品质量不当因不合格、变质或过期等原因引起；医院储存不当因储存条件或环境不当引起，如应冷藏保存的血液制品等未冷藏保存产生变质，应避光保存未避光而变质等；医院处方不当则常见于超适应症用药、超剂量用药、给药间隔不合理、联合用药过多、药品之间有禁忌等；医院操作不当则常见于用药不遵守操作规程、核对不注意、静脉滴注速度过快、用药临床监护不当等。这些不当行为有时就会直接造成患者人身损害，医方应担责。当然有时患者的损害也来自于自己，如未遵医嘱服药、拒绝服某些药、自行调整静脉用药滴注速度等，因这些原因造成的损害医方不担责。

三、用药安全法律依据

作为患方，面对如此复杂的药品使用问题，常常不知所措，而本案例则提醒，用药须遵守循证医学，通过循证，我们可以通过下列法律法规来审查医师用药是否正确和安全：

（一）用药是否符合药典

药典是国家对药品规格所定标准的法规文件，它是规定比较常用而有一定防治效果的药品和制剂的标准规格和检验方法，是药品生产、经营、使用和管理的规范。药典每五年更新一次，目前我国执行的是 2010 年版《中华人民共和国药典》，所以，医师的用药必须符合该药典及相应的临床用药须知。

（二）用药是否符合药品说明书

药品说明书是经过国家食品药品监督管理总局审核认定的药品生产使用必须

符合的内容，是经过药品研发及临床试验等认定安全有效的内容，所以，医师用药及患者服药必须遵守药品说明书的规定。一份完备的药品说明书一般包括：药品名称、别名、药理作用、适应证、用量用法、禁忌症、不良反应、注意事项及规格等。针对患者用药而言，必须特别注意适应症、禁忌症、用量用法及注意事项内容，防止出现不良后果。

（三）用药是否符合诊疗常规

诊疗常规是医务人员实施医疗行为的规范性文件，在诊疗常规中，针对患者的诊断及治疗（包括手术、用药准则等）均有详细明确的规定，所以，作为医务人员必须时时以诊疗常规为依据，患者也可进行相应的对照和参考。

就本案而言，原告从报刊文章中得知长期服用"马兜铃"的中药会导致肾功能衰竭，因此起诉。然而中华医学会认定，1990 年 8 月至 1993 年 12 月，国内医药学界对马兜铃所含马兜铃酸蓄积中毒造成慢性肾损害缺乏认识。医院在含马兜铃饮片的处方中虽有部分处方超过 1990 版《中华人民共和国药典》（简称《药典》）用量，但根据该《药典》"凡例"第十四款"必要时均可根据需要酌情增减"用量的规定，以及在《药典》未注明马兜铃有毒性的前提下，其用量不属违规，且《药典》中未限制持续服药时间。因此，最终认定不构成医疗事故。我们可以看出，专家审查的依据是药典，所以，如果怀疑用药有误，应当从上述三个方面进行审查。

需要说明的是，《侵权责任法》实施以后不再进行医疗事故技术鉴定，笔者之所以选择这个案例。是因为《侵权责任法》实施前后改变的是鉴定方式和程序以及赔偿依据，但对案件的实质性问题，如医疗过错的判断，因果关系的判断等并没有改变。

法律链接

《药品管理法》

第三十二条　药品必须符合国家药品标准。中药饮片依照本法第十条第二款的规定执行。

国务院药品监督管理部门颁布的《中华人民共和国药典》和药品标准为国家药品标准。

国务院药品监督管理部门组织药典委员会，负责国家药品标准的制定和修订。

国务院药品监督管理部门的药品检验机构负责标定国家药品标准品、对照品。

第四十八条　禁止生产（包括配制，下同）、销售假药。

有下列情形之一的，为假药：

（一）药品所含成分与国家药品标准规定的成分不符的；

（二）以非药品冒充药品或者以他种药品冒充此种药品的。

有下列情形之一的药品，按假药论处：

（一）国务院药品监督管理部门规定禁止使用的；

（二）依照本法必须批准而未经批准生产、进口，或者依照本法必须检验而未经检验即销售的；

（三）变质的；

（四）被污染的；

（五）使用依照本法必须取得批准文号而未取得批准文号的原料药生产的；

（六）所标明的适应症或者功能主治超出规定范围的。

第四十九条　禁止生产、销售劣药。

药品成分的含量不符合国家药品标准的，为劣药。

有下列情形之一的药品，按劣药论处：

（一）未标明有效期或者更改有效期的；

（二）不注明或者更改生产批号的；

（三）超过有效期的；

（四）直接接触药品的包装材料和容器未经批准的；

（五）擅自添加着色剂、防腐剂、香料、矫味剂及辅料的；

（六）其他不符合药品标准规定的。

《药品不良反应报告和监测管理办法》

第八章　附则

第六十三条　本办法下列用语的含义：

（一）药品不良反应，是指合格药品在正常用法用量下出现的与用药目的无关的有害反应。

（二）药品不良反应报告和监测，是指药品不良反应的发现、报告、评价和控制的过程。

（三）严重药品不良反应，是指因使用药品引起以下损害情形之一的反应：

1. 导致死亡；

2. 危及生命；

3. 致癌、致畸、致出生缺陷；

4. 导致显著的或者永久的人体伤残或者器官功能的损伤；

5. 导致住院或者住院时间延长；

6. 导致其他重要医学事件，如不进行治疗可能出现上述所列情况的。

（四）新的药品不良反应，是指药品说明书中未载明的不良反应。说明书中已有描述，但不良反应发生的性质、程度、后果或者频率与说明书描述不一致或者更严重的，按照新的药品不良反应处理。

（五）药品群体不良事件，是指同一药品在使用过程中，在相对集中的时间、区域内，对一定数量人群的身体健康或者生命安全造成损害或者威胁，需要予以紧急处置的事件。

同一药品：指同一生产企业生产的同一药品名称、同一剂型、同一规格的药品。

（六）药品重点监测，是指为进一步了解药品的临床使用和不良反应发生情况，研究不良反应的发生特征、严重程度、发生率等，开展的药品安全性监测活动。

案例32
血糖增高违规使用葡萄糖致死诉讼案(肛肠外科、普外科)

核心问题: 医疗纠纷涉及用药问题,患方可审查医师的哪些行为?

关键词: 药物说明书 用药注意义务

案情简介

原告:徐某,男,48岁

被告:某医院(所涉科室:肛肠外科、普外科)

原告诉称,患者为其儿子,20岁,7月2日因肛周化脓出血,发热39℃至被告医院肛肠外科就诊,医师予青霉素钠加入葡萄糖液中静滴治疗,另予百多邦等对症治疗。次日患者又以相同症状再次就诊,被告给予青霉素钠、甲硝唑、5%葡萄糖氯化钠500ml + 丁胺卡那0.4静脉点滴。7月4日又就诊,17:34尿常规检测尿糖(Glu)为1000mg/dL,酮体(KET)150mg/dL,pH值为5,但医师仍开出5%葡萄糖溶液(5% G. S)500ml + 地塞米松(Dx)5mg静脉点滴。患者诉右下肢肿胀疼痛,会诊考虑右下肢气性坏疽,于当晚18:00收入普外科,19:00行急诊探查手术。术后给予青霉素钠、甲硝唑以及5% G. S + 力确兴0.3静脉点滴。7月5日患者出现烦躁、呼吸急促、心率加快等症状,测血糖为21.8mmol/L,血气分析提示有代谢性酸中毒。但该日仅作对症抗炎治疗,未使用降糖药。7月6日患者病情明显加重,经会诊后诊断为"糖尿病酮症血症、酸碱平衡失调、电解质紊乱"。当日18:00再测血糖为26mmol/L,患者出现昏迷、呼吸急促、面色苍白、血压下降等症状,血气分析提示"代谢性酸中毒",23:45患者经抢救无效死亡。

原告认为,这是一起被告感染控制不当,高血糖控制不当,滥用葡萄糖溶液及其他药物使血糖急剧增高,从而造成患者坏疽恶化不可逆转导致死亡的医疗侵权案件。

原告认为,7月4日尿常规提示有糖尿病酮症酸中毒的风险,被告不仅未履行观察注意义务和降血糖的治疗义务,反而大量、反复地使用葡萄糖溶液,违反用药原则。7月6日,被告始给患者使用胰岛素,但其剂量与内科诊疗常规中治疗糖尿病酮症酸中毒的胰岛素的用量相比根本不足。7月4日，被告为患者静脉点滴地塞米松（DX），该药属肾上腺皮质激素类，对感染性疾病和糖尿病患者属于禁用。被告违反治疗和用药原则，使用地塞米松也是促进患者糖尿病和酮症酸中毒以及感染的重要原因。

综上，被告存在对糖尿病和酮症酸中毒的漏诊，存在错误用药和违规施行手术的过错，这些过错与患者死亡存在直接因果关系，应承担法律赔偿责任。

本案由法院委托某医学会进行医疗损害鉴定，专家鉴定认定被告在对患者抢救诊疗过程中，对糖尿病酮症酸中毒认识不足，处理不及时，与患者死亡间存在直接因果关系，本例构成一级甲等医疗损害，医方承担次要责任。法院据此判决被告医方赔偿原告各项损失共计人民币35万余元。

律师解惑

本案是一起糖尿病酮症酸中毒漏诊导致误治的案例。该案例反映了存在于各种医疗纠纷中的普遍过错，需要注意以下问题：

一、医师思维局限狭隘

本案患者病情特殊，在7月2日就诊前并不知自己患有糖尿病，肛肠外科医师以肛周化脓感染为自己的治疗对象，未注意患者的整体情况，未进行鉴别诊断，典型地反映出临床医师常见的“见病不见人”的过错。同时，针对本案，发现医师配抗生素的静滴液都是5%葡萄糖液，显然，在本案医师的认识中，认为葡萄糖液体是安全的注射液，没有不良反应，所以作为常规药物使用，这是非常局限的思维，也是造成患者损害的原因之一。

任何药物均有其适应症、不良反应和注意事项等规定。

葡萄糖注射液说明书在禁忌症中明确提示“糖尿病酮症酸中毒未控制者”不可以使用葡萄糖注射液。本案医师为什么总是使用葡萄糖注射液呢？一反映其并未考虑葡萄糖液体这一常规药物也会存在风险，二反映医师用药忽略适应症。这是非常危险的，不当使用葡萄糖也会导致患者身体不可逆的损害甚至死亡，本案给患方带来的损害是毁灭性的，所以，用药过程中必须严格履行审慎的注意义务。

二、医疗过错及因果关系司法鉴定意见关于责任范围的划分如何确定

司法鉴定意见中,关于医疗过错及因果关系的责任一般分为A、B、C、D、E、F六级。A级是指无责任;B级是指轻微责任,参与度范围是1%~20%,理论系数值为10%;C级是指次要责任,参与度范围是20%~40%,理论系数值为25%;D级是同等责任,参与度范围是40%~60%,理论系数值为50%;E级是主要责任,参与度范围是60%~90%,理论系数值为75%;F级是全责,参与度范围是90%~100%,理论系数值为100%。本案中医方承担的就是次要责任。

Case 案例33

曲马多用药不当致损诉讼案(普外科)

核心问题:患方如何审查医师用药是否正确?

关键词:药物与疾病　药物协同拮抗作用

案情简介

原告:张某,男,45岁

被告:某医院(所涉科室:普外科)

本案原告因“上腹部疼痛1周,加重1天”于7月16日入住医院普外科。现病史:患者于入院前1周无明显诱因下出现上腹部疼痛,不向其他部位放射,疼痛尚可仍受,伴有恶心,无呕吐,有泛酸嗳气,无畏寒、发热,无呕血、黑便,进食后疼痛略缓解,后腹痛反复发作。既往有吸毒史。查体:神清,腹软,上腹部压痛,无反跳痛,无肌卫。辅助检查,上腹部CT平扫:十二指肠及回肠末端局部肠壁增厚水肿。血常规:$18.71\times10^9/L$(参考值$4-10\times10^9/L$),中性粒细胞82.6%(参考值50%~70%)。入院诊断:腹痛,消化道溃疡,腹腔感染。入院当日上腹部CT平扫+增强:十二指肠炎症伴周围渗出性改变,腹腔积液,右侧结肠旁局限性腹膜炎?垂脂炎?左肾囊肿。附见:右侧少量胸腔积液,右肺下叶部分肺组织膨胀不全,右侧胸膜增厚。下腹部CT+增强:

远端回肠炎症改变，部分小肠积气，腹腔积液。入院后给予禁食、抑酸、抗炎以及补液支持治疗。

入院当日起至8月1日每日给予曲马多1～3支肌肉注射。7月18日病程录：患者仍诉中上腹疼痛不适，并伴有黑便数次。当日大便隐血试验：阳性(2+)。血常规 $16.2\times10^9/L$，N84.4%，Hb156g/L(参考值110～160g/L)。上腹部CT+增强：十二指肠肠壁水肿伴周围渗出性改变，情况较前片无明显变化，右侧结肠旁局限性腹膜炎？左肾囊肿等。加用二乙酰胺静脉滴注。7月19日胃镜诊断：十二指肠球部溃疡(AⅠ期)，十二指肠降部溃疡性病灶并出血，原因待查。病理：(十二指肠降部)黏膜慢性炎伴糜烂，另见少量炎性坏死组织。7月21日大便隐血试验：阳性(+)。长期医嘱：米汤(次日改为禁食，25日改为流质至出院)；米雅、吉法酯口服(次日停药)。7月22日腹部立卧位X片：部分小肠积气积液；右下胸膜增厚。

7月28日病程录：患者仍诉中上腹疼痛不适，黑便次数较前减少，为咖啡色液体，每次腹痛仍需曲马多止痛治疗后缓解。处理：患者每天都需曲马多3～4次缓解疼痛，仍有便次3次，咖啡色，血红蛋白(7月25日96g/L)较前进一步降低。今日消化内科会诊后，建议行小肠CT检查，适当加重止血药物，试用反应停。长期医嘱：云南白药1瓶/次，每日三次口服。7月29日长期医嘱：反应停25mg/次，每日2次口服。8月1日血常规：$4.45\times10^9/L$，N74.2%，Hb74g/L。上腹部CT平扫+增强：右侧胸腔积液，左肾囊肿，左下腹小肠局限性肠壁增厚，伴近段部分肠管积气、积液、扩张，考虑炎性病变可能。8月3日患者要求转院。出院时情况：昨日仍有黑便，量不多。出院诊断：十二指肠溃疡伴出血。

患者入住他院后，被诊断为十二指肠球部溃疡伴出血伴腹腔感染伴穿孔，予以禁食、抗炎、抑酸、营养支持等治疗。8月4日上腹部CT平扫+增强：胃窦壁均匀增厚、水肿，未见明显异常强化，考虑糜烂性胃炎或溃疡所致；左上腹空肠及末端回肠壁似见轻度增厚，强化较明显，局部系膜脂肪模糊，肠周血管增多、增粗，考虑早期炎性肠病可能；腹腔少量积液等。8月9日，患者好转出院。出院诊断：十二指肠球部溃疡伴出血。

9月20日患者因“双下肢乏力1月”入院。查体：双下肢肌力Ⅲ级。入院后予以营养神经等治疗。肌电图报告:未见异常。腰椎MRI平扫:L5－S1、L4－5椎间盘轻微膨隆;腰椎轻度骨质增生。9月28日出院,出院时双下肢肌力Ⅳ级,出院诊断:周围神经损伤。一年后仍如此。

原告患者认为,被告医方对患者十二指肠球部溃疡伴穿孔存在漏诊、误诊、误治的过失;医方在入院当日就了解患者对曲马多止痛剂是敏感者,当时毫无禁忌地18天使用36针之多,尤其患者入院后腹痛无缓解而且加重,用止痛剂易掩盖病情;医方消化内科会诊敷衍了事,给患者增加了云南白药,违规使用沙力度胺片,造成患者周围神经损伤、脊髓病变的损害后果。为此要求被告医方赔偿自己各项损失15万余元。

被告医方认为,医方对患者的治疗符合诊疗常规;应用曲马多、云南白药有用药指征,使用剂量符合用药规范。由于患者情况特殊且十二指肠降部溃疡临床罕见,疾病的恢复可能需要一个较长的过程;患者的周围神经损伤与医院的诊疗过程无因果关系。故不同意赔偿。

法院归纳本案的争议焦点为:医方的医疗行为是否存在误诊误治、漏诊漏治的过失;医方用药是否有过错。为进一步查证,原告申请医疗损害鉴定。经专家鉴定,鉴定分析意见认为:(1)患者因"上腹部疼痛1周,加重1天"于7月16日入住医院。根据送检的病史资料、影像片,患者十二指肠溃疡伴出血、穿孔诊断成立。医方在诊治过程中给予进食后患者腹痛症状加剧,提示有微小穿孔的存在,但医方对此认识不足,漏诊消化道小穿孔,饮食治疗方案不当,应用曲马多指征掌握欠严格,影响了患者消化道病变的恢复。后经外院禁食等治疗,消化道小穿孔治愈。(2)根据现场询问医患双方,患者于7月29日至8月3日口服沙力度胺片,每日二次,每次25mg。医方应用沙力度胺片指征不足,但短期、小剂量口服沙力度胺片造成周围神经及脊髓病变的依据不足。患者神经系统病变与医方的诊治无因果关系,不排除与其营养代谢障碍有关。(3)医方应用云南白药不违反诊疗常规。

鉴定结论:患者与医院医疗争议构成医疗损害,属于四级医疗损害,医方承担主要责任。

最终,在法官主持下,医患双方调解结案。

律师解惑

本案同样涉及漏诊漏治和用药过错，但这是一起复杂的医疗纠纷。

一、药物治疗与疾病之间的关系

医师面对疾病必须运用循证医学的原则采集患者的疾病信息，根据诊疗常规、法律法规等，结合自身经验进行正确分析和判断。其中，疾病信息采集是否全面客观是基础，医师在采集疾病信息的长期临床经验中必须具有实证研究的能力，也就是要依照程序化、定量化的方式研究患者的临床表现和检验数据。

本案中，患者的临床表现和影像学表现提示有除消化道溃疡之外的其他疾病存在，但是医师忽略这些表象和数据，没有进行比较分析，实地验证，反而采用了掩盖矛盾的治疗药物曲马多，存在过错。

本例患者有吸毒史，而且属于毒品依赖病人，在曲马多的注意事项和药物相互作用中均可以发现，曲马多与阿片类药物合用有协同作用，会掩盖原发病，存在导致病情复杂的副作用。然而本案中医师用药并未注意这一情况，存在过错。

二、药物治疗与其他治疗方式之间的关系

疾病的治疗方式多种，有药物、理疗、放疗、介入、手术、生化免疫疗法等。药物治疗只是治疗方式之一，不能替代所有的治疗方式。对治疗方式的选择必须本着轻重缓急的原则，严格掌握适应症。但是我们通过诸多案例可以发现，正确的治疗方式也就是救治义务的正确履行来自于对疾病的正确判断也就是注意义务的正确履行，所以诊断是治疗的前提，本案的主要过错也表现于此。不过如果医师能正确认识到药物与其他治疗方式之间是相互配合的关系，知道用药的前后序贯，慎用止痛药，认识到药物的配伍禁忌，也可避免类似过错。

三、药物与药物之间的关系

药物与药物之间存在独立、相加、协同、拮抗的作用。

所谓独立作用，是指两种或两种以上化学物作用于机体，由于其各自毒作用的受体、靶细胞或靶器官等不同，所致的生物学效应也无互相干扰，表现为各个化学物本身的毒效应，称之为独立作用。如维生素 B 和催产素之间等。

所谓相加作用，是指各化学物在化学结构上相似，或为同系衍生物，或其毒作用靶相同，则其对机体所产生的毒性总效应等于各个化学物单独效应的总和，称之为相加作用，此为剂量相加，每种化学物按照它们的相对毒性和剂量比例对总毒性做出贡献。

所谓协同作用，是指各化学物交互作用于机体的总效应大于各单独化学物毒性效应的总和，即为化学物的协同作用。化学物发生协同作用的机制很复杂。有的是各化学物在机体内交互作用产生新的物质，使毒性增强。例如亚硝酸盐和某些胺类化合物在胃内发生反应生成亚硝胺，毒性增大，且可能为致癌剂。

所谓拮抗作用，是指各化学物在体内交互作用的总效应，低于各化学物各自单独效应的总和，也就是两种药物同时使用致使药效的作用减少。

上述关系供参考，具体内容需要结合药物的说明书和药典综合分析。

Case 案例 34
头孢呋辛过敏致死调解案(儿科输液室)

核心问题：发生药物不良反应，医方是否担责？

关键词：药物不良反应　过敏反应

案情简介

患者：男，3 岁

医方：某医院(所涉科室：儿科输液室)

患者 6 月 3 日因咽痛就诊，医师考虑患者咽炎，嘱静注抗生素头孢呋辛一天量。6 月 4 日 9:45 分，患者仍咽痛就诊，医师继续给予头孢呋辛 1.5g +5% 葡萄糖 250ml 静滴。患者在儿科输液室静滴，静滴同时，患者母亲喂患者香蕉少许。患者静滴头孢呋辛后数分钟，突然出现烦躁、呕吐、口唇发紫等情况，并用小手掏自己的喉咙，母亲迅速呼叫护士，护士立即赶至，当时发现患者已身体僵直，护士立即抱起患者，让其母提着输液瓶至抢救室抢救，医师也赶至，同时迅速通知麻醉医师。这时患者已心跳骤停，医方立即予以心肺复苏，但无法施行气管插管术，待麻醉医师赶到时，患者已心跳停止，抢救无效死亡。死亡原因考虑为头孢呋辛过敏反应休克死亡。

本起事件发生后，患方对医方的抢救治疗提出异议，认为医方没有尽到应尽的抢救义务。在过敏反应发生后，护士不是就地抢救，而是跑了一段距离至抢救室，护士当时没有迅速更换液体，而是继续让头孢呋辛输入患者体内，医师的抢救能力明显不足，连气管插管都不会，几次都未成功，医方存在过错，要求承担全部责任。

院方认为患者的情况属于过敏反应，属于临床难以预料难以防范的风险，一旦发生严重的过敏反应，抢救余地和时机很少，所以不同意赔偿。

最后，经医调委主持调解，医患双方达成了调解协议，医方同意患方的部分观点，同意承担次要责任。

律师解惑

本案是一起头孢呋辛过敏反应休克致死亡的案例。药物过敏反应不常见，但是一旦发生轻则皮疹、发热，重则肝肾功能损害、休克甚至死亡，所以过敏反应是非常复杂，有时是非常严重的药物不良反应。

一、药物不良反应的具体表现

根据《药品不良反应报告和监测管理办法》，药品不良反应，是指合格药品在正常用法用量下出现的与用药目的无关的有害反应。药物不良反应表现为药物的副反应、毒性反应、后遗反应、停药反应、过敏反应等。

二、发生药物不良反应，医方是否担责

发生药物不良反应后，医方不一定有责任，如：化疗药有毒性反应，这是患者使用药物时已知的事实，当然医师得预先告知；高血压患者长期服用降压药，某日自

行停药致血压明显回升等情况。但是有些药物不良反应发生后,医方却要担责,具体表现为:(1)需要告知注意事项的,医方未履行告知义务。如使用免疫抑制药未履行告知义务,使用抗精神失常类药物未履行告知义务,等等。(2)没有注意药物的注意事项和禁忌症等事项。(3)发生不良反应后救治不当等。本案就是如此。

三、本案存在哪些救治不当

本案中可以发现护士当时以为患者是香蕉窒息所致,忽略了药物过敏反应,致使抢救原则性失误,同时也反映护士基本功不足。当时的抢救原则应是立即就地平卧,更换液体,迅速皮下注射肾上腺素,立即予以口对口人工呼吸,同时医师也要娴熟地进行心肺复苏,必须能行气管插管。如果医务人员的操作都正确,患者仍然死亡,则医方没有过错,不承担法律责任,属于医务人员在抢救生命垂危的患者等紧急情况下已经尽到合理诊疗义务,医方不担责。然而在本案中,医方抢救明显不足,失去了抢救的最佳时机和机会,所以医方要承担一定的责任。

结 束 语

本篇主要讲述因用药不当而引发的纠纷。药物是作用于患者体内的治疗方式,也是无法逆转的治疗方式,所以要慎之又慎。对用药行为是否正确,除了本章案例中所列举的用药依据审查、用药适应症审查、用药原则审查、用药配伍禁忌审查等事项外,还要审查用药主体、用药途径、用量用法、药效药代、是否假药劣药等内容,以及审查药物不良反应的产生原因、表现症状和抢救措施等。同时,对药物使用正确与否的审查还需结合患者的疾病特点、诊断是否正确以及治疗轻重缓急等情况。审查原则要结合循证原则和实证研究。

发生一起医疗纠纷后,如涉及用药问题,患方可以审查医师的用药行为是否符合适应症、用量用法,是否有禁忌症,是否违反了注意事项,可以运用循证医学的思维来审查医疗行为。本章的案例说明了医师如果不能正确判断药物与疾病、药物治疗与其他治疗方式、药物与药物之间的协同拮抗作用,则无法正确用药,这也是患方审查医师用药是否正确的途径之一。

此外，本章的案例中涉及很多重新鉴定问题，在诉讼中，允许当事人对司法鉴定意见申请重新鉴定和补充鉴定的适用情形，应当按照《最高人民法院关于民事诉讼证据的若干规定》第二十七条之规定。该规定指出，申请重新鉴定一方有证据证明存在下列情形之一的，人民法院应予准许：（一）鉴定机构或者鉴定人员不具备相关的鉴定资格的；（二）鉴定程序严重违法的；（三）鉴定结论明显依据不足的；（四）经过质证认定不能作为证据使用的其他情形。

根据司法部《司法鉴定程序通则》的规定，重新鉴定应当委托原鉴定机构以外的列入司法鉴定机构名册的其他鉴定机构进行，接受重新鉴定委托的司法鉴定机构的资质条件一般应当高于原委托的司法鉴定机构。当然，如果委托人同意的，也可以委托原司法鉴定机构，由其指定原司法鉴定人以外的其他符合条件的司法鉴定人进行。《司法鉴定程序通则》第二十八条规定了补充鉴定的情形：（一）委托人增加新的鉴定要求的；（二）委托人发现委托的鉴定事项有遗漏的；（三）委托人在鉴定过程中又提供或者补充了新的鉴定材料的；（四）其他需要补充鉴定的情形。

第16章 如何审查医疗实体性过错:手术

章首序

本章将分析因手术而引发的医疗纠纷。手术是重要的治疗方式之一,不同的标准有不同的分类:按照手术区域有门诊手术、急诊手术、住院手术之分;按照手术时限有急症手术、限期手术、择期手术之分;按照手术科室有普外科手术、胸外科、心外科、泌尿外科、脑外科、骨科、妇产科、眼科、耳鼻喉科、儿外科等之分,其中普外科可分为胃肠外科、肝胆外科、甲乳外科等,骨科可分为创伤科、脊柱科、手外伤科、肿瘤科、关节科等。分类之多,就可以看出手术接触面之大和诊治范围之广,当然纠纷概率也大。司法实践中因手术过错而引发的纠纷占医疗案件的多数,从医疗纠纷的发生率而言,骨科、妇产科、外科三大手术科室名列前茅,甚至逐年增多,细分其成因多为术前准备不当、手术方式不当、术后处理不当等。本章将从正反两方面分析手术过错产生的原因给受到损害的当事人找到维权的路。

Case 案例35 梗阻性黄疸术后死亡调解案(肝胆外科)

核心问题:如何区分合理诊疗与过度医疗?

关键词:术前准备　手术适应症　合理诊疗　过度医疗

案情简介

患者:男,66岁

医院:某三甲医院(所涉科室:肝胆外科)

5月30日14:00,患者因"皮肤双眼黄染半月余"入住医院肝胆外科。入院情况:体温37℃,心率72次/分,呼吸16次/分,血压120/80mmHg,神志清楚,全身皮肤巩膜黄染。全腹平软,无压痛,无肌卫,无反跳痛,Murphy's征(-),肠鸣音正常,双下肢无浮肿。上腹部CT平扫+增强检查:肝内外胆管扩张,胆总管下端梗阻,占位性病变可能;肝内小囊肿;右肾结石。诊断梗阻性黄疸。入院后予以保肝及补液治疗。6月5日10:00行ERCP术(Endoscopic Retrograde Cholangio-Pancreatography经内镜逆行胰胆管造影术),无法进入,遂改为B超定位下胆囊穿刺术减黄,穿刺引流出深褐色胆汁量约150ml。16:50患者诉腹胀,呼吸急促,行床边B超检查考虑患者胆囊穿刺管滑脱,胆漏致急性腹膜炎可能,患者黄疸指标持续升高,医师与家属谈话后即急诊在全麻下行剖腹探查+胆囊切除+T管引流术。术前诊断:梗阻性黄疸。术中见胆囊底部穿刺点渗漏,局部墨绿色胆汁流出。右肝外侧穿刺点局部渗血,右肝脏面周围粘连。胰头区探及质硬肿块大约直径5cm,和周围组织界限不清晰。胆总管明显增粗。遂行胆囊切除术。术中分离右肝脏面粘连时,肝包膜撕裂,加之患者肝功能较差,创面渗血,予以电凝等止血。术后诊断:梗阻性黄疸,肝穿刺点出息,胆囊穿刺瘘。术前、术中出血及含胆汁样液体共计2000ml。

术后患者情况差,血压低,需呼吸机维持呼吸,转入ICU,仍有全身皮肤巩膜黄染,经各种对症治疗效果差,于6月13日抢救无效死亡。死亡原因考虑:胰头肿块(胰头占位、梗阻性黄疸、胆漏、腹腔内出血、急性肾功能衰竭)、失血性休克、DIC。

患者死亡后,家属认为医方选择手术方式不当,过度治疗,术中导致损伤加重,直接导致患者死亡的损害后果。所以医方有过错,应承担法律责任。

院方召集专家委员会对此事进行讨论。与会专家认为针对本例患者,术前CT提示有占位性病变可能,盲目行胆囊切除术属术前准备不当，与家属风险告知不足，术中探查发现胰头区有直径5cm硬块，应考虑有胰头癌可能，此时应再次告知家属危险和手术方式选择，可先选择风险系数低的引流术，不必立即实施胆囊切除术。术后一系列变化及死亡后果与患者自身疾病因素息息相关，医方承担次要责任为宜。

本案最终经医患双方协商及医调委调解，医方承担次要责任。

律师解惑

本案是一起因手术方式选择不当而造成患者死亡的案例。当时医院内部有人认为患者病情较重，其任何治疗方式死亡率都较高，为什么医方仍要承担次要责任？这就需要对手术前准备、手术指征即适应症、术前告知等医疗法律内容进行详细阐述。

一、手术前应准备什么？术前准备有何意义

按照《外科学》及外科诊疗常规，手术前，要对病人的全身情况有足够的了解，查出可能影响整个病程的各种潜在因素，包括心理和营养状态，心、肺、肝、肾、内分泌、血液以及免疫系统功能等。手术前要详细询问病史、进行检查、评估脏器功能和风险，做到充分准备。当然，手术有急症、限期、择期之分，急症手术无法做到充分准备，但是限期和择期应做到。

本案患者手术属于限期手术。5月30日入院诊断梗阻性黄疸，术前应根据CT检查报告进行修正诊断，考虑患者胰头占位恶性肿瘤的可能，此时应该对患者的病情做出综合评估分析，必要时启动术前讨论制度，讨论内容包括：诊断及其依据；手术适应证；手术方式、要点及注意事项；手术可能发生的危险、意外、并发症及其预防措施；是否履行了手术同意书签字手续；麻醉方式的选择，手术室的配合要求；术后注意事项，患者心理情况与要求等；检查术前各项准备工作的完成情况。本案如果能完成该项制度，医师就不会盲目实施ERCP术，在ERCP失败后实施胆囊穿刺术，穿刺术又失败致胆漏，胆漏后开腹的具体手术方式又准备不足。该案例典型地反映了医师术前准备欠缺致手术适应症不足的过错。患者后期一系列不良反应均与此有关。

二、手术适应症与手术安全性

手术适应症是指手术适用的范围和标准，其依据是循证原则，遵循诊疗常规、临床路径及操作规程等法律法规以及患者的客观病史概况。需要医师通过思维概括分析判断。如果考虑个人分析判断会有欠缺则可以通过术前讨论制度辅助完善，这么做的目的是保护患者的安全。一旦欠缺适应症就会导致手术有风险，本案中剖腹探查术就是如此。术中探查发现："胆囊底部穿刺点渗漏，局部墨绿色胆汁流出。右肝外侧穿刺点局部渗血，右肝脏面周围粘连。胰头区探及质硬肿块大约直径5cm，和周围组织界限不清晰。胆总管明显增粗。"这个情况与术前诊断有明显差异，也就是手术适应症发生了变化，此时，医师应暂停手术，分析可能产生的风险，慎重选择手术方式，可以通过内部请示并征询家属意见等来降低风险，但是本案却没有，导致手术方式过于盲目，同时侵犯了患方的知情同意权。

《侵权责任法》第五十五条规定："医务人员在诊疗活动中应当向患者说明病情和医疗措施。需要实施手术、特殊检查、特殊治疗的，医务人员应当及时向患者说明医疗风险、替代医疗方案等情况，并取得其书面同意；不宜向患者说明的，应当向患者的近亲属说明，并取得其书面同意。医务人员未尽到前款义务，造成患者损害的，医疗机构应当承担赔偿责任。"

按照法律精神，医师在术中发现异常情况应当及时向患方说明医疗风险、替代医疗方案等情况，并取得其书面同意。所谓替代医疗方案，就是有选择、可替换的医疗方案，包括手术、理疗、放疗、药物治疗、免疫疗法等各种治疗方式，手术有术式、范围等的选择。

三、怎么区分合理诊疗与过度医疗

《侵权责任法》第六十条规定，医务人员在抢救生命垂危的患者等紧急情况下已经尽到合理诊疗义务，患者虽有损害但医方不承担法律责任，此处讲到了"合理诊疗义务"。然而第六十三条却规定，医疗机构及其医务人员不得违反诊疗规范实施不必要的检查，此处又讲到了"不必要的检查"，也就是过度医疗。区分的标准就是是否符合循证原则，是否具有实证依据。也就是诊治方案与患者的病情是否相

符吻合,是否有定量数据证据与定性分析依据。对过度诊疗或过度检查行为,有两个方面的问题需要注意:

1. 关于过度检查标准问题

适度医疗应考虑以下几个方面的因素:(1)符合患者实际需求的。实际需求应因人而异、因地而异,诊疗应考虑患者病情、承受能力等方面。(2)疗效是最好的,既非“过”,亦非“不及”。(3)经济耗费是最小的。(4)对患者的侵害是最小的。能药物治疗的尽量不要动手术,肢体、器官能保留的要尽量保留。(5)便捷的。如果双方有约定,那么,适度治疗就是依约治疗,但约定不能违反法律的强制性规定,也不能违反公序良俗。

但多数情况下,因对医术的一无所知,患者无法就合同的具体条款和医方作详细约定,只和医方形成一种事实上的合同关系,此种情况下的适度医疗一般是指医方依据法律、行政法规、规章、诊疗护理规范、常规以及其他医院关系所应负有的合理诊疗、注意义务所实施的治疗。需要注意的是,因医疗行业的特殊性,尤其是疾病的不确定性、治疗方法的多元性等原因,适度医疗和过度医疗并没有一个明确的界限,医师掌握有较大的自由裁量权。因此对其认定是十分困难的,需要有专业的医疗机构予以鉴定确认。只有明显违反了法定或约定义务,背离适度医疗要求,提供了超量的医疗服务并导致较严重的医疗损害时,才可认定是过度医疗。

以本案为例,患者在被打开腹腔发现有胰头占位、胆漏、梗阻性黄疸等情况后,可选择扩大根治手术也可选择缩小穿刺手术,判断过度医疗与否的前提就是是否充分评估,是否充分尊重了患方的知情同意权,是否有完备的术中术后预案等。如果都符合就属于合理诊疗,如果不符合盲目实施扩大手术就是过度医疗。外科是以手术或手法为主要治疗方式,但不是唯一的方式。

2. 赔偿责任与赔偿范围

过度医疗没有造成新的人身伤害,或没有因果关系,只是医疗费用不合理增加,此时应先确定在正常情况下治疗此种疾病所应采取的措施,然后核定大致的医疗费用,没有其他合理理由,明显超出这一标准的部分,可以认定为不合理费用,应予赔偿;造成新的人身损害的,包括产生新的疾病,原有病情恶化甚至死亡,此时应首先明确新的人身伤害的产生和过度医疗有无因果关系,如果有因果关系,那么因新的人身伤害产生的一切费用包括衍生疾病治疗费等,都应赔偿。

法律链接

《中华人民共和国侵权责任法》

第六十条 患者有损害，因下列情形之一的，医疗机构不承担赔偿责任：

（一）患者或者其近亲属不配合医疗机构进行符合诊疗规范的诊疗；

（二）医务人员在抢救生命垂危的患者等紧急情况下已经尽到合理诊疗义务；

（三）限于当时的医疗水平难以诊疗。

前款第（一）项情形中，医疗机构及其医务人员也有过错的，应当承担相应的赔偿责任。

第六十三条 医疗机构及其医务人员不得违反诊疗规范实施不必要的检查。

案例36 甲状腺手术损伤喉返神经诉讼案（甲状腺乳腺外科）

核心问题：如何审查医师术中操作是否正确？

关键词：手术操作常规 手术并发症

案情简介

原告：李某，女，50岁

被告：某三级医院（所涉科室：甲状腺乳腺外科）

原告诉称，8月23日，原告因“颈部不适5年”入住医院。据住院病历记载：颈软，气管居中，甲状腺无明显肿大，未及明显肿块，未及血管杂音。B超显示：右甲状腺混合性病灶（伴沙粒体）。喉部内窥镜检查示：双声带运动正常。诊断：右侧甲状腺结节（恶性待排）。8月24日，原告在全麻下行右侧甲状腺切除+峡部切除术。术中送冰冻示：结节性甲状腺肿。术后予抗感染、补液等治疗。8月27日，病理诊断报告：结节性甲状腺肿伴乳头状增生，另见甲状旁腺组织1枚。8月30日,原告出院。出院时情况:神清,体温正常。无手足麻木,呼吸平稳。切口无红肿渗出。9月18日,原告因“右甲状腺叶切除术后近1月,咽部不适伴声音嘶哑”至被告医院复诊,医师予弥可保1片,口服每日三次。其后原告多次复诊,但声音嘶哑无好转。10月20日,原告至B院就诊。电子喉镜显示:右侧声带麻痹。1月7日,原告因“甲状腺术后声嘶4月余”入住B院。诊断:右声带麻痹。1月11日,原告被行右喉返神经探查修复术,术中见右喉返神经萎缩变细,与颈袢比例约为1:10。显微镜下行右喉返神经、颈袢吻合术。第二年5月25日,原告至B院复查动态喉镜示:右侧声带正中位固定,左侧声带运动正常,双侧声带粘膜波稍减弱,周期基本规律,双侧不对称,发音相声门闭合不全。现原告仍然声音嘶哑,恢复情况不佳,原告认为是被告医师术中操作失误,误切神经致原告损害,被告存在过错,应当承担相应的法律责任。

被告辩称,原告手术指征明确,手术操作正确,声音嘶哑是甲状腺切除术难以避免的并发症,被告没有过错,所以不同意赔偿。

法官听取原被告意见后,归纳本案争议焦点为被告手术是否存在过错,原告声音嘶哑是否是因被告手术过错造成。为进一步举证,原告申请进行医疗损害鉴定。经专家鉴定认为:(1)8月23日,患者因“颈部不适5年”入住医院。B超显示右甲状腺混合性病灶,有钙化。诊断:右侧甲状腺结节(恶性待排)。故医方行右侧甲状腺切除+峡部切除术有手术指征。(2)据鉴定会现场询问医患双方,均承认患者术后即存在声音嘶哑症状,后在其他医院明确诊断有右侧喉返神经损伤并行右喉返神经、颈袢吻合术。医方手术中未解剖暴露喉返神经,违反了该手术操作常规的要求,导致损伤喉返神经,与患者目前右声带固定状况存在直接因果关系。(3)根据手术记录记载,患者甲状腺肿块位于甲状腺上极,此部位手术损伤喉返神经的风险较大。

最终鉴定意见:(1)本例属于对患者人身的医疗损害。(2)医院在医疗活动中存在违反手术操作规程的医疗过错,与患者的人身损害结果存在因果关系。(3)参照《医疗事故分级标准》(试行),患者的声音嘶哑、发声不畅的人身医疗损害等级为三级戊等,对应十级伤残。(4)本例医疗过错对患者人身医疗损害结果的责任程度为主要责任。

法院最终判决被告承担80%的主要责任。

律师解惑

本案是一起医方术中操作不当及术后处理不当致患者损害的案例。如何审查医师术中操作是否正确需要明确以下问题：

一、外科手术操作常规与规范

手术均有操作常规，各个学组为了患者的安全，对每一项手术均规定了具体的操作常规和规范，无法一一列出，但其原则是相通的，如手术要求掌握无菌微创原则，最大限度保护器官组织功能，以促进患者早日恢复。手术中要做到选择适当的手术切口(目前在一些医院对甲状腺切除术以腔镜微创手术为主)，精细分离组织特别是神经组织，严密保护切口等规范，以最大限度地减少损伤。手术操作常规和规范是医师手术的法律依据和标准流程，应当严格遵守。

本案中医师在手术中未解剖暴露喉返神经，违反了该手术操作常规的要求，导致损伤患者喉返神经，产生术后声音嘶哑的损害后果。

二、手术须注意整个围手术期规范

通过本案可以发现，医师还存在着忽略了患者术前准备和术后处理的问题。本案患者术后即出现咽部不适及声音嘶哑的异常情况，医方未予尽早查明原因尽早手术，以致患者损伤加重，恢复非常困难。医师对整个围手术期缺乏关注和治疗，是很多手术产生损害的原因之一。

三、什么是手术并发症

我们发现，一旦手术出现异常情况，医方通常会以并发症为由抗辩，似乎发生了并发症，医方就无须承担法律责任，但本案并非如此。

所谓并发症，是指在原发疾病的基础上，由另外的因素引起的新的疾病的称谓。医学界普遍认为并发症是在原发病发生发展的过程中，由于机体抗病能力减退，易受另一种疾病因素的侵袭，或对原发病的治疗不当而出现的治疗矛盾及药物的毒副作用，以及不可忽视的社会、生活环境、心理、精神等不良因素的侵袭，使患者已经患病的机体再次遭受新的损伤,这些损害统称为原发病的并发症。并发症发生的先决条件是要有原发病,即基础病。

所谓手术并发症,是指在应用外科手术治疗某一种原发病即基础病的过程中,由于手术创伤的打击,机体抵御疾病能力减退,机体特异质,或机体解剖变异等带来的身体综合因素改变,或手术操作失误使机体遭受新的损害,这种改变或损害称为外科手术并发症。手术并发症可以分为两类:一类是各种手术都可能发生的并发症如发热、出血、感染、切口裂开等;另一类是与手术方式相关的并发症,如本案中甲状腺手术损伤喉返神经造成声音嘶哑等。

手术并发症的发生无疑是先有一种需要手术治疗的原发病(基础病),其后并发症的致病因素无疑是外科手术打击。例如:肝肿瘤患者,在行肝脏切除术时,出血就是一个不可避免的并发症;再如,慢性扁桃体炎患者,在行扁桃体摘除术时,由于某种原因出血不止,压迫止血又影响呼吸,不得不行气管切开术;又如,拔下颌阻生牙时,牙挺尖断于咽旁间隙,虽然阻生牙已拔出,但不得不再行取金属异物手术,这时还可能在取金属异物过程中误伤下齿槽神经致下唇麻木。这些并发症都是在用手术方式治疗原发病的同时又带来对患者机体不应有的损害。并发症可能发生在术中或术后,可能是一种或多种,可能是独立或综合,可能是局部或全身,可能是治愈或无法治愈,可能是短暂或终身,可能是致残或死亡。总之,并发症具有一定或相当大的危害性。

需要注意的是,后遗症与并发症不同,后遗症是指是一种疾病的病程结束,病因已消失,只遗留原疾病所造成的形态学或功能上的异常。如烧伤后的疤痕挛缩,直肠癌 Miles 手术不能保留肛门括约肌而致大便失禁等。

四、一旦发生手术并发症,医方是否可以免责

通过对手术并发症的损害来源分析,我们发现并发症的发生原因分为医方原因与患方原因两种。

医方原因有:职业道德缺乏,医疗技术不精,误诊误治,无手术指征,违反操作规程,器材质量低劣,医院管理混乱,术前准备不足,术中粗心大意,术后护理观察失当等。医方原因是可以预测、可以防止、可以避免或可以降低的,因此引发的手术并发症，医方应当承担相应的责任。

患方原因有：疾病特殊性，手术创伤的打击，机体抵御疾病能力减退，机体特异质，或机体解剖变异，个体敏感差异，心理情感脆弱，患者误诉病情等。因医学属于对生命科学的研究，较其他科学具有一定的滞后性，对人类自身的研究总是存在一定的盲区，所以，属于患方原因引起的并发症，医方无须承担责任。当然如果因患者隐瞒病情、不配合医疗机构进行诊疗而造成并发症损害的，医方也无须承担责任。

五、本案医方为什么承担主要责任

本案患者最终声音嘶哑的原因是由于医师术中未解剖暴露喉返神经，违反了该手术操作常规的要求，导致喉返神经损伤，同时存在术后处理不当的过错，其理应承担完全责任，但是本案医方之所以承担主要责任是因为同时根据手术记录记载，患者甲状腺肿块位于甲状腺上极，此部位手术损伤喉返神经的风险较大。这就说明手术存在一定的操作难度，也即是患者疾病具有特殊性，因此原因造成的损害医方不承担责任。综合分析可以得知，患者喉返神经损伤的原因综合为医方操作不当与患者疾病特殊性，而医方操作不当是主要矛盾，患者疾病特殊性是次要矛盾，也即如果医方操作得当，可以很大程度规避损害后果的发生，所以医方承担主要责任。

也有一种情况，如果有证据证明医师术中充分保护并小心分离喉返神经，患者仍然出现声音嘶哑的后果，这就属于《侵权责任法》第六十条“限于当时的医疗水平难以诊疗”的情况，医方不承担法律责任。

法律链接

《医疗事故分级标准(试行)》

(五)三级戊等医疗事故：器官部分缺损或畸形，有轻微功能障碍，无医疗依赖，生活能自理。例如造成患者下列情形之一的：

1. 脑叶缺失后轻度智力障碍；

2. 发声或言语不畅；

……

案例37 直肠肿瘤术中损伤输尿管诉讼案(胃肠外科)

核心问题:外科手术过程中,患者输尿管被损伤,是否属于并发症?

关键词:术中损伤　术中会诊制度

案情简介

原告:陈某,男,49岁

被告:某三甲医院(所涉科室:胃肠外科)

原告于5月16日因大便次数增多,便血半月,在他院行纤维结肠镜检查发现直肠新生物(距肛门口12~14cm),至被告某三甲医院就诊,被诊断为"直肠肿瘤"收治入院。入院后,经术前准备及辅助检查,原告无其他异常。被告决定对原告进行手术,在术前谈话中向原告家属告知手术风险,原告及其家属签署手术意愿书。

5月24日,被告在全麻下对原告行直肠癌根治术。术中于直肠、乙状结肠交界处扪及直径4cm肿块,浆膜层完整。距肿块下方5cm处切断直肠,置荷包线,肿块上方10cm处切开乙状结肠置弯头吻合器,与直肠行断侧吻合,乙状结肠切开处钳闭器关闭,在清扫腹主动脉旁淋巴结时发现左侧输尿管紧邻腹主动脉左缘且淋巴结、脂肪及其他组织等粘连,切断输尿管,输尿管内置双"J"形支架,4-0VICRYI缝线间断吻合输尿管。术后病理报告为:直肠隆起溃疡形管状腺癌。癌组织侵达深肌层,另见腺瘤性息肉(3枚),部分区粘膜中度不典型增生,远近切缘及另送切片未见癌累及。检出肠旁淋巴结10枚,均未见癌转移。术后恢复尚平稳,有间隙性血尿,请泌尿科会诊后予以抗炎、止血治疗,症状有缓解。原告于6月19日出院。

原告出院后不久,即感左腰胀痛,多次至被告处就诊,经B超、IVP等多次检查后,提示左肾积水、结石、左输尿管狭窄,并数次肾绞痛至医院急诊治疗。

原告认为,被告术中误伤左输尿管,致使原告出现左肾积水、结石、左输尿管狭窄等损害后果,存在明显过错,而且未告知原告损害事实,侵犯原告知情同意权,应当承担完全责任。

被告辩称,被告于术中当日即向原告家属说明术中所见及输尿管切断重建的事实,被告术中损伤原告输尿管属于不可避免的并发症,根据《医疗事故处理条例》的相关规定,不属于医疗事故,不需要承担赔偿责任。

案件审理中,法院委托某医学会进行医疗事故技术鉴定,经专家鉴定,认定:(1)医院术中损伤患者左输尿管属于误伤。(2)输尿管损伤后没有及时请泌尿科会诊处理。目前患者左肾积水、输尿管狭窄是术中误伤输尿管直接导致。建议:(1)请院方有关科室加强诊疗常规教育,术中及时会诊。(2)对患者做好泌尿科继续性治疗,尽量做好左肾积水、输尿管狭窄症状缓解治疗。结论为:患者医疗事件构成三级戊等医疗事故,院方承担完全责任。原被告对该鉴定结论均无异议。

法院又委托华东政法学院司法鉴定中心对原告伤残等级及治疗休息、营养、护理期限进行鉴定,结论为原告相应伤残等级为十级;可酌情予以治疗休息十二个月、营养六个月、护理六个月。

法院认为,公民的生命健康权受法律保护。原告至被告处就诊治疗,双方形成医疗服务合同关系。被告理应积极、妥善地为原告进行诊疗。被告在为原告行直肠癌根治手术时,误伤原告左输尿管,并在损伤后未及时进行会诊处理,致使原告在术后出现左肾积水、输尿管狭窄等症状,身体受到伤害,对此被告应当承担民事责任,原告因此遭受的经济损失,被告应予赔偿。依照《中华人民共和国民法通则》第一百一十九条,《医疗事故处理条例》第四十九条、第五十条之规定,判决如下:

一、被告某三甲医院于本判决生效之日起七日内赔偿原告陈某医疗费5653.67元、误工费38,382元、护理费7868.50元、营养费3600元、交通费700元、残疾生活补助费24,743元、律师代理费5000元、司法鉴定费800元。

二、被告某三甲医院于本判决生效之日起七日内赔偿原告陈某精神损失费2800元。

本案受理费4013.80元,由原告负担1142.80元,被告负担2871元。

一审判决后,原被告服判,均未提出上诉。

律师解惑

本案是一起因医务人员术中操作不当致患者左输尿管这一重要脏器损伤的损害赔偿案件。通过本案理清以下几个问题：

一、造成患者术中损伤，医方是否一定担责

本案可以发现，患者左输尿管损伤是由于医师直肠癌根治术中误伤所致，因此，属于医疗操作失误，医方应当承担相应的民事责任。也有情况属于手术中分离损伤，属于不可避免的伤害，医方是否一定担责不能一概而论，要看具体情况而定。如果医方遵循手术操作常规与规范而出现患者损伤，则不担责；如果医方违反手术操作常规但立即采取及时正确的补救措施而未出现损害后果，医方不担责；如果医方违反手术操作常规但立即采取及时正确的补救措施但出现了损害后果，则医方担责很小；如果医方违反手术操作常规又不采取及时正确的补救措施造成患者损伤，则医方担责。所以，术中损伤，医方是否担责，还要结合手术的依据及出现损伤后的补救措施等综合分析。

二、本案违反了什么原则

本案术中出现输尿管损伤后，当时胃肠外科手术医师应当立即采取补救措施，如自己缝合，或者请泌尿外科医师会诊手术。不同的处理方式对患者的结果不一样，担责也不一样。自行修补，则不可以出现愈合不良，一旦出现愈合不良就有责任，而且责任较重。请泌尿外科医师修补，如果愈合良好则无责，愈合不良则担责很小。这就是术中会诊制度。

三、术中会诊与否为何如此重要

《执业医师法》第十四条规定："医师经注册后，可以在医疗、预防、保健机构中按照注册的执业地点、执业类别、执业范围执业，从事相应的医疗、预防、保健业务。"也就是常说的执业三要素原则。其中最重要的执业范围则将每位医师的专业做了定位。医学既是一门理论科学，更重要的是一门经验科学，实践操作经验非常重要，所以，科学合理划分医师的执业范围就是为了确保这个领域的专业医师具有

应有的处理能力。本案中，当患者出现左输尿管误伤后，作为三级甲等医院，有相应分科，完全可以做到专科化处理，胃肠外科手术医师应当立即请泌尿外科医师专科会诊手术处理，而不能过于自信，否则不仅侵犯患者的合法权益，其自身行为也违反了国家的法律制度。

四、本案为何鉴定被告承担完全责任

针对本案，我们可以发现医师在清扫患者腹主动脉旁淋巴结时发现左侧输尿管紧邻腹主动脉左缘且淋巴结、脂肪及其他组织等粘连，切断输尿管，输尿管内置双"J"形支架，4－0VICRYI 缝线间断吻合输尿管。医师术中明知已经分离出患者的左侧输尿管，但仍然予以切断，属于过于自信的过失；而在切断后，未及时请泌尿外科医师会诊专业缝合输尿管，同样属于过于自信的过失，由此医方应当承担主要或完全责任。本案中，专家鉴定医方承担主要责任，是考虑患者的病情无任何致使输尿管断裂的病理因素，加上误伤后手术医师又未及时请泌尿外科医师上台手术，所以鉴定医方承担完全责任。

法律链接

《医院工作制度》

二十九、会诊制度

1. 凡遇疑难病例，应及时申请会诊。

2. 科间会诊：由经治医师提出，上级医师同意，填写会诊单。应邀医师一般要在两天内完成，并写会诊记录。如需专科会诊的轻病员，可到专科检查。

3. 急诊会诊：被邀请的人员，必须随请随到。

4. 科内会诊：由经治医师或主治医师提出，科主任召集有关医务人员参加。

5. 院内会诊：由科主任提出，经医务科同意，并确定会诊时间，通知有关人员参加。一般由申请科主任主持，医务科要有人参加。

6. 院外会诊：本院一时不能诊治的疑难病例，由科主任提出，经医务科同意，并与有关单位联系，确定会诊时间。应邀医院应指派科主任或主治医师前往会诊。会诊由申请科主任主持。必要时，携带病历，陪同病员到院外会诊。也可将病历资料,寄发有关单位,进行书面会诊。

7.科内、院内、院外的集体会诊:经治医师要详细介绍病史,做好会诊前的准备和会诊记录。会诊中,要详细检查,发扬技术民主,明确提出会诊意见。主持人要进行小结,认真组织实施。

Case 案例38
手术纱布残留协商案(妇产科、手术室)

核心问题:手术异物残留医方承担什么法律责任?

关键词:异物残留　法律责任

案情简介

患者:女,30岁

医方:某医院(所涉科室:妇产科、手术室)

患者因下腹部阵发性疼痛两年就诊,经过超声检查发现腹部有一包块,大小约15×10×5cm。择期行腹部探查术,术中发现腹腔内有一包块大小约15×12×8cm,与周围组织粘连,分离时发现包裹内是一纱垫,平摊目测纱垫约15×15cm大小。因患者曾于两年前在B院行子宫下段剖宫产术。考虑本块纱垫是当时手术中置入未及时取出。医院立即通知B院领导,并告知家属。后由B院与患方协商处理此案,B院承担全部责任。

律师解惑

本案是一起术中异物残留导致患者损害的案例。通过本案了解一些与异物残留有关的法律知识。

一、手术室有何制度

《手术室安全核查制度》第一条规定,手术安全核查是由具有执业资质的手术医师、麻醉医师和手术室护士三方（以下简称三方），分别在麻醉实施前、手术开始前和患者离开手术室前，共同对患者身份和手术部位等内容进行核查的工作。第五条规定，实施手术安全核查的内容及流程：（一）麻醉实施前：三方按《手术安全核查表》依次核对患者身份（姓名、性别、年龄、病案号）、手术方式、知情同意情况、手术部位与标识、麻醉安全检查、皮肤是否完整、术野皮肤准备、静脉通道建立情况、患者过敏史、抗菌药物皮试结果、术前备血情况、假体、体内植入物、影像学资料等内容。（二）手术开始前：三方共同核查患者身份（姓名、性别、年龄）、手术方式、手术部位与标识，并确认风险预警等内容。手术物品准备情况的核查由手术室护士执行并向手术医师和麻醉医师报告。（三）患者离开手术室前：三方共同核查患者身份（姓名、性别、年龄）、实际手术方式，术中用药、输血的核查，清点手术用物，确认手术标本，检查皮肤完整性、动静脉通路、引流管，确认患者去向等内容。（四）三方确认后分别在《手术安全核查表》上签名。

由此可见，手术室安全核查非常重要，核查人员不仅有麻醉医师和手术室护士，手术医师也需参与核查。实践中，往往缺少手术医师核查这一环，签字往往流于形式。通过本案发现，手术医师的关注点不仅在于手术本身，手术器械、药物等也是关注点。否则就容易发生纱布残留、断针残留，手术部位错误，输液过多过快造成急性肺水肿等损害后果。

二、手术异物残留承担什么法律责任

根据《医疗事故分级标准》（试行）规定，出现异物残留构成医疗事故，现为构成医疗损害，根据其对身体造成的损害程度，分别为不构成残疾的伤害或构成残疾的伤害。一旦出现异物残留，医方承担完全责任。

法律链接

《医疗事故分级标准》（试行）

（四）三级丁等医疗事故：器官部分缺损或畸形，有轻度功能障碍，无医疗依赖，生活能自理。例如造成患者下列情形之一的：

6. 器械或异物误入呼吸道需行肺段切除术；

（五）三级戊等医疗事故：器官部分缺损或畸形，有轻微功能障碍，无医疗依赖，生活能自理。例如造成患者下列情形之一的：

9. 器械或异物误入消化道，需开腹取出；

四、四级医疗事故

系指造成患者明显人身损害的其他后果的医疗事故。例如造成患者下列情形之一的：

5. 器械或异物误入呼吸道或消化道，需全麻后内窥镜下取出；

12. 软组织内异物滞留；

13. 体腔遗留异物已包裹，无需手术取出，无功能障碍。

结 束 语

手术是治疗疾病的重要方法，然而手术又有一定的创伤性，有时会引起机体的应激反应。手术是非常复杂的操作，涉及医院诸多环节，而手术又与医师的操作能力，患者的手术指征，患者的配合程度等有关，所以，因手术而发生的纠纷在各个医院往往占有较大的比重，据不完全统计，医疗纠纷依次高发于妇产科、骨科、外科、急诊、内科等，我们通过比较就可发现，前三名都是手术科室，手术纠纷的高发性由此可见一斑。

通过本章案例，我们可以发现因手术引发的纠纷具有一些共性，笔者梳理出以下重点内容供读者参考：

第一，我们要了解一下是否存在手术禁忌症。

所谓手术禁忌症，是指当患者机体或病灶局部出现某种不良情况，难以忍受手术的创伤，或手术将导致疾病严重、恶化或扩散，甚至危及患者的生命时，禁止采用手术的状态。例如乳房恶性肿瘤的手术禁忌症包括：（1）全身性禁忌症：①肿瘤远处转移者；②年老体弱不能耐受手术者；③一般情况差，呈现恶液质者；④重要脏器功能障碍不能耐受手术者。（2）局部病灶的禁忌症：Ⅲ期原告出现下列情况之一者：①乳房皮肤桔皮样水肿超过乳房面积的一半；②乳房皮肤出现卫星状结节；

③乳腺癌侵犯胸壁；④临床检查胸骨旁淋巴结肿大且证实为转移；⑤患侧上肢水肿；⑥锁骨上淋巴结病理证实为转移；⑦炎性乳腺癌。有下列五种情况之二者：①肿瘤破溃；②乳房皮肤桔皮样水肿占全乳房面积1/3以内；③癌瘤与胸大肌固定；④腋淋巴结最大长径超过2.5cm；⑤腋淋巴结彼此粘连或与皮肤、深部组织粘连。

当患者出现禁忌症时，医师仍然固执手术，寄希望于能获得奇迹，由此造成患者伤害，虽然医师的主观出发点是好的，但是违背医疗原则的行为造成患者损害，医方仍应承担责任。

第二，我们要注意审查医师是否进行了正确的告知。

首先，要注意术前告知。

一般而言，因为医患双方在医学知识上存在显著的差异，患者常常是被动地接受医师的建议和安排，特别是在手术方案上更是如此。随着公民权利意识的增强，在告知上发生越来越多的冲突。比如，患者因胆结石入院，医师告知患者要行ERCP手术，未告知腹腔镜手术与常规开腹手术的替代医疗方案，最终导致患者产生胰腺炎、腹腔感染的损害后果，患者会以侵犯知情同意选择权为由诉至法院。由此可见，术前正确的告知非常重要，作为医师，要特别尊重患者的知情权，涉及手术方案要慎之又慎。

其次，要注意术中告知。

实践中，医师在手术操作中，一旦发现患者术野存在异常情况，一般做简单的口头告知或不予告知，这是非常错误的。比如，术前指标提示患者可能是恶性肿瘤，但术中冰冻切片报告是交界性肿瘤，于是医师只是做常规手术，未予扩大手术范围或做淋巴结清扫等，然而之后患者被确定为恶性肿瘤，由此产生纠纷。手术本身允许存在一定的选择性，但作为医师，必须尊重患者及其家属的知情同意权，应当在术中告知患方存在的特殊情况，让患方选择手术方案，这样，医方才可以免责，否则无法免责。

最后，要注意术后告知。

手术是一项封闭性操作，不比输液穿刺，患者及其家属可以看到。所以，如果术中操作与术前预估不一致，医师必须进行正确的书面告知，以使患方能正确理解其含义，特别应当运用通俗易懂的语言，切忌专业晦涩到底。比如当涉及切除卵巢时，如果只是告知家属切除了左侧附件和另一侧的输卵管，作为不具备医学知识的普通家属，根本无法理解什么是输卵管，什么是附件。

第三，要正确判断损害后果。

正确判断损害后果将有助于进行正确的诉求，有助于预估鉴定结果，有助于判断案件结果，也有助于协商或调解案件。比如本章“输尿管损伤案”，患者被误切输尿管后出现了左肾积水、结石、左输尿管狭窄等损害后果，所以鉴定结论为三级戊等医疗事故。如果原告经输尿管修补术后，无肾脏功能损害，无输尿管狭窄等不良后果，则属于《医疗事故分级标准》（试行）四级医疗事故中所讲的“组织、器官轻度损伤，行修补术后无功能障碍”的情况。患者也就不存在伤残等级了。所以，一旦发生医疗纠纷，必须客观冷静地分析损害后果。

总之，上述所讲的各个角度必须综合比较，具体问题具体分析，不可拘泥于一点，切忌以本章所举案例机械对照、以偏概全。

第17章 如何审查医疗实体性过错：护理

章首序

护理(nursing)，由拉丁文 nutricius 演绎而来，原为抚育、扶助、保护、照顾残疾、照顾幼小等含义。

1943 年，修女 Olivia 认为护理是一种艺术和科学的结合，包括照顾病人的一切，增进其智力、精神、身体的健康。

1973 年，国际护士会(International Council of Nurses，ICN)的定义是：护理是帮助健康的人或患病的人保持或恢复健康，或者平静的死去。

1980 年美国护士协会对护理的定义是：护理是诊断和处理人类对存在的或潜在的健康问题所产生的反应的科学。

1987 年，WHO 世界卫生组织的定义是：护士作为护理的专业工作者，其唯一的任务就是帮助患者恢复健康，帮助健康的人促进健康。

可见，在医患关系中，护理是帮助恢复健康、促进健康、减轻痛苦的科学工作。护理可分为基础护理和专科护理。其中基础护理是针对患者生理、心理、社会、精神及文化等各层面的健康问题，采取科学有效的护理对策，解决患者的健康问题，满足患者的需要，使其尽可能恢复到健康的最佳状态，基础护理内容包括对患者生命体征、饮食营养、给药输液、入院出院、舒适安全等进行评估和分析。专科护理是临床各专科特有的基础护理知识和技术。基础护理是专科护理的基础，专科护理是基础护理能力的体现。

俗话说，三分治，七分养，可见治病与养病之间存在着密不可分的关系。整体而言，对患者的医疗行为包括诊断、治疗和护理等，医师的行为体现在诊断和治疗上，但其中仍有大量的护理工作参与，而护理则由护士独立完成。所以，护理正确与否有时直接关乎患者的治疗效果，如果发生护理差错，轻则造成患者伤害，重则死亡。护理过错通常表现为基础护理措施失误、专科护理失误技术等，本章将通过五个案例阐述在这些领域发生的问题。

Case
案例39
患者擅自出院死亡诉讼案(内科)

核心问题:如何正确执行基础护理规范?

关键词:基础护理　入院出院护理　安全保障义务

案情简介

原告:王某,女,70岁

被告:某医院(所涉科室:内科)

原告诉称,患者为原告丈夫,72岁,12月30日因老慢支发作入住被告医院内科,1月10日治疗好转准备出院。然而,患者在1月9日夜间外出,之后夜班护士未予观察,也未注意到,更没有采取查找的措施。1月10日原告送早餐时才发现患者不在病房,经多发查找也没有发现。1月20日,患者被发现已坠落河道中死亡。原告认为被告未履行应尽的观察注意义务,未履行安全保障义务,未采取措施制止患者独自外出,在外出后也未及时采取补救措施,致使患者死亡。被告医院负有不可推卸的责任,应承担相应的法律赔偿责任。

被告辩称,患者入院时,护士与患者及家属有签署一份入院告知书,在入院告知书中包含:(1)病房工作人员介绍及其职责;(2)住院守则;(3)解决问题方式;(4)医疗告知;(5)医疗费用告知;(6)其他告知内容。其中在住院守则部分规定:"患者不擅自离开医院,确需临时离院,事先向医生书面请假,经医生同意后,方可离院。"在医疗告知部分规定:"病人有事请假离院,或节假日家属要求将病情稳定的患者暂时接回家,必须得到医生同意,并办理书面请假手续。未得到同意擅自离院,由病家自行承担责任及后果。"这份入院告知书有患者本人与家属的签字。患者是成年人,其通过入院宣教已经知道其应履行的义务,而且患者已住院11天,已知晓住院规定,其晚间出走不排除自己单独行为,坠落河道也不排除其他意外,护士无法控制其行为,所以医院不存在过错,不同意赔偿。

经审理,法院认为,自然人的生命健康受法律保护,任何人不得侵犯。死者与被告间存在医疗服务合同关系,在被告提供的住院告知书中写道:"患者不擅自离开医院，确需临时离院，事先向医生书面请假，经医生同意后，方可离院。”“病人有事请假离院，或节假日家属要求将病情稳定的患者暂时接回家，必须得到医生同意，并办理书面请假手续。未得到同意擅自离院，由病家自行承担责任及后果”。从该条款的文意中反映出医院对病人在住院期间应承担一定的安全保障义务。

死者作为一名具有完全民事行为能力的公民，其理应遵守相关住院规定，因本次事故是在其擅自离开医院的情况下造成的，故其自身应承担主要责任；被告作为医疗机构，理应在病人住院期间对病人进行及时的治疗及看护，并应在发现病人无正当理由下落不明时及时与其家属联系，防止意外发生，然其在病人失踪一晚的期间内未予及时发现，故亦存在一定的过失，为此应承担次要责任。法院据此判决被告赔偿原告各项损失共计人民币12万余元。

律师解惑

本案是一起因基础护理措施不当，履行安全保障义务不当而担责的案例。通过本案，我们要理清一些有关护理的法律问题。

一、什么是基础护理

按照《基础护理学》教科书相关内容，基础护理工作是临床各专科护理的基础，贯穿于患者对健康需求的始终，其内容包括患者的生活护理、患者治疗需要的满足、患者病情变化的观察以及基本的护理操作技术和健康教育等。具体内容包括：环境、患者入院和出院的护理、舒适与安全、患者的清洁卫生、休息与活动、预防与控制医院感染、生命体征的评估与护理、冷热疗法、饮食与营养、排泄、给药、静脉输液与输血、病情观察及危重患者的抢救与护理、临终护理及医疗与护理文件记录。

二、如何正确执行基础护理规范

基础护理为患者提供最基本的护理服务，是各专科护理措施的基础，其目的是解决患者基本的生理、心理、社会和精神所需，所以基础护理措施正确与否直接影响患者的治疗效果与整个住院状态。

对基础护理的执行应当遵守循证原则，也就是及时观察、分析、评估患者的病情特点及整体状况，依照护理常规、护理技术规范、护理指南等法律法规，结合自身经验实施相关护理措施。

三、本案违反什么护理规范和法律法规

本案护理行为违反分级护理规范及入院出院管理规范。

首先，患者在治疗中后期是二级护理，按照二级护理要求，应每 2 小时巡视一次病房，观察病情，如果发现异常情况应及时处理。但是本案夜班护士没有及时发现也没有及时处理，违反了分级护理规范要求。

其次，患者入院后，护士给予入院护理，入院护理的内容包括办理入院手续、实施基本卫生处理、护送患者入病房、床单位准备以及配合医生制定分级护理等措施。其目的一是协助患者了解和熟悉环境，使患者尽快熟悉和适应医院生活，消除紧张、焦虑等不良心理情绪；二是满足患者的各种合理需求，以调动患者配合治疗护理的积极性；三是做好健康教育，满足患者对疾病知识的需求。其中的健康教育部分非常重要，是能否实现良性和谐的护患关系的开端和基础。从本案中可以分析得出，护士虽然与患者签署了包括住院注意事项、住院纪律等内容的入院告知书，但是患者并未真正理解其内容，当然也不能正确执行。如果护士在入院时能够耐心指导、积极沟通，也不至于发生患者擅自外出不回的后果。

四、法官为什么认定医方未正确履行安全保障义务

《侵权责任法》第三十七条规定了宾馆、商场、银行、车站、娱乐场所等公共场所的管理人的安全保障义务，如造成他人损害的，应当承担侵权责任。所谓安全保障义务，是指环境提供者要确保接受者的人身和财产安全，法律有特殊规定的除外。

那么，医疗机构是否也要履行安全保障义务呢？答案是肯定的。医院可分为开放的场所和非开放的场所：开放场所比如挂号大厅、绿地、食堂等场所，应履行一般的安全保障义务，也就是提供合乎安全要求的硬件设施；非开放的场所如病房、手术室、抢救室等，不仅要履行一般的安全保障义务，还要履行严格的安全保障义务，包括患者在整个入院到出院期间的人身安全。入院是指办理入院手续时间点，

出院是指办理出院手术时间点。本案患者在出院前失踪，护士未尽观察护理职责，违反了安全保障义务的法律要求，存在过错，应当承担法律责任。

法律链接

《中华人民共和国侵权责任法》

第三十七条　宾馆、商场、银行、车站、娱乐场所等公共场所的管理人或者群众性活动的组织者，未尽到安全保障义务，造成他人损害的，应当承担侵权责任。

因第三人的行为造成他人损害的，由第三人承担侵权责任；管理人或者组织者未尽到安全保障义务的，承担相应的补充责任。

Case

案例40
患儿面罩雾化吸入死亡调解案(儿科)

核心问题：护士护理过错应承担什么责任？

关键词：护理技术规范　专科护理

案情简介

患儿：女，8岁

医院：某儿童医院(所涉科室：儿科)

患儿，咳嗽，到某儿童医院就诊，医师诊断为支气管炎，嘱给予口服药并予以沐舒坦等雾化吸入。患儿父亲带患儿至儿科治疗室，护士看后，打开雾化吸入机，调整好，递给患儿父亲一面罩，嘱其按住患儿脸部，待吸完后可自行离开，如有不适随时呼叫。因工作繁忙，护士离开至其他诊室处理其他事情。患儿父亲按住面罩(把通气孔同时捂住)后约3分钟，患儿反抗，但患儿父亲捆住了女儿，约再过数分钟，患儿脸色发紫，呼吸微弱，心跳微弱，父亲急忙呼叫护士，护士跑来发现患儿已心跳骤停，立即呼喊医师实施紧急心肺复苏,抢救无效死亡。

患儿死亡后,患方认为护士严重失职,没有正确指导,也没有正确观察,只是简单地发一个面罩雾化器给家属,家属根本不懂这种专业器械的使用方法,最终患儿死亡是因医方过错造成,医方应承担赔偿责任。

医方认为,面罩雾化吸入是基本的治疗方式,作为普通公民都已知晓,患儿家属文化层次太低,不能正确使用属意料之外,而且家属在辅助患儿呼吸的过程中态度粗暴,患儿已反抗,家属也不纠正,家属也存在过错。医方认可自身行为不足,护士未予告知、指导和巡视,存在一定的过错,同意承担次要责任。

最终,经调解,患方同意医方方案,医方一次性赔偿患方各项损失共计20万元。

律师解惑

本案是一起护理操作不当而造成患者死亡的案例。本案反映了临床护理中存在的普遍问题,如护士工作繁忙、护理人员不足、护理工作琐碎复杂等情况,但是,这些显然不是规避责任的理由。本案揭示以下护理过错:

一、护士没有正确执行护理技术规范

雾化吸入是一项专业性很强的护理技术,其实施须履行相应的操作规范。按照超声雾化吸入规范,护士接待患者后,必须首先评估患者病情、特点和风险,告知注意事项,接着备齐用药,检查机器并打开雾化器、调节雾量、指导并观察患者雾化吸入,随时巡视注意特殊情况并处理,协助患者结束雾化吸入。整个规范详尽地规定了雾化吸入的前后顺序,作为一名护士理应掌握这些规范,做好雾化吸入操作。

但是,就本案可以发现,整个雾化吸入是在患儿父亲的操作下完成的,作为没有经过专业训练的普通人怎么可能掌握这些专业事项呢?(事后询问该父亲得知,他以为通气孔是次品,所以要按住。)所以,本案护士违反技术规范的行为直接导致了患儿的死亡。

二、护士没有正确履行专科护理规范

所谓专科护理，是指临床各专科特有的基础护理知识和技术。患儿就诊科室是儿科，雾化吸入也是儿科治疗室，作为儿科专科护士，除了掌握雾化吸入这一基础护理技术规范外，同时也要掌握儿科专科护理规范要求。儿科患者属于无民事行为能力人或者限制民事行为能力人，其行为需要监护人辅助完成。本案患儿属于无民事行为能力人，护士确实应与父亲沟通告知，但是不能忽略患儿本身的疾病，告知行为并不是将护理义务转移给家属，而是为了让家属配合护理治疗。所以，本案护士没有正确履行儿科专科护理规范，存在过错。

三、本案护理过错应承担什么责任

本案护理过错明显，即表现为违反护理操作规程和专科护理规范，疏于评估患者病情和特点，让家属代替操作，存在根本性的过错，但家属也存在过错。医方责任程度可以是次要，也可以是主要，或在两者之间。本案认定次要责任是因患儿在雾化吸入期间有一段异常时间，有终止损害的机会和余地，但家长判断失误致死，家属的失误是明显和直接的，护士的过错是间接的，所以最终认定次要责任。

Case
案例41
护士更改护理级别诉讼案（心内科）

核心问题：不同的护理级别代表什么含义？

关键词：护理级别　护理过错因果关系

案情简介

原告：张某，男，73岁

被告：某医院（所涉科室：心内科）

1月5日，患者因胸痛一小时被120急救送至某医院，经急诊科处理后，考虑患者急性心肌梗塞被转至心内科，入住观察病房。医师开具医嘱进行对症治疗，其中护理级别为一级护理。经过一系列治疗后，患者病情稳定。1月15日上午，因为又有危重病人入院需住观察病房，考虑患者情况稳定，护士嘱护工将其从观察病房搬离至普通病房，在搬运过程中，患者突发心跳骤停，经抢救无效死亡。死亡原因：急性心肌梗塞。

原告作为家属无法接受这一剧变，怀疑医方行为有误。决定复印、封存患者病史，在审查医嘱单时，发现医嘱单中的护理级别一直为Ⅰ级护理，但在护理记录单中，早在1月11日护士就写道："患者生命体征平稳，现将Ⅰ级护理改为Ⅱ级护理。"

原告认为，Ⅰ级护理和Ⅱ级护理是针对不同病情的护理级别，护理差别很大，本案显然是由于护士擅自更改护理级别，未进行正确的护理和病情观察，致使患者病情被忽略，患者需绝对卧床休息，不能搬动，然而医方却不仅搬动患者，而且在搬动过程中，又未做到安静平稳，直接导致患者死亡，医院应当承担法律责任。

被告医院对护士擅自更改护理级别的过错行为认可，但认为患者的最终死亡原因是心肌梗塞，非护理级别改变或搬动所引发，因此不同意赔偿。

本案诉至法院后，经法官主持调解，原、被告最终达成调解协议，医院一次性赔偿原告人民币3万元。

律师解惑

本案的争议焦点在于：(1)护士擅自更改护理级别是否有过错；(2)如果有过错，与患者的死亡之间是否存在因果关系；(3)医方应承担什么责任。针对这些焦点问题作如下阐述：

一、护士擅自更改护理级别是否有过错

首先，我们有必要先明确一下护理级别的概念。

根据护理常规，所谓护理级别，是指患者在住院期间，由于疾病不同，病情轻重不一，应给予不同级别的护理。护理级别分为特别护理、Ⅰ级护理、Ⅱ级护理和Ⅲ级护理。其中：

特别护理针对患者病情重笃，复杂多变，随时可发生危及生命的状况，患者极度虚弱，生活无法自理的情况。

Ⅰ级护理针对患者病情危重，需绝对卧床者；特大手术后7天内，各种中、大手术后1～3天内；昏迷、休克、肾衰、惊厥、子痫等；生活不能自理者。

Ⅱ级护理针对病重期急性症状消失，大手术后病情稳定，但生活尚不能自理者；年老体弱或慢性病患者，不宜过多活动者；普通手术后或轻型子痫等。

Ⅲ级护理针对一般慢性病、轻症、术前检查准备阶段患者及正常孕妇等；各种疾病或术后恢复期患者；能下床活动，生活自理者。

从上述护理级别可见，本案患者属于急性心肌梗塞，属于病情危重，需绝对卧床者，应当予以Ⅰ级护理直至病情缓解急性症状消失，在医师未更改医嘱前，护士不可擅自更改医嘱。《护士条例》第十六条规定："护士执业，应当遵守法律、法规、规章和诊疗技术规范的规定。"因此，本案护士擅自更改护理级别的行为违反诊疗常规及法律规定。

二、如果护理行为有过错，与患者的死亡之间是否有因果关系

针对急性心肌梗塞患者，专科护理特别要求患者应完全卧床休息3～7天，一切日常生活由护理人员帮助解决，避免不必要的翻动，并限制探视，防止情绪波动，两周后可扶患者坐起，病情稳定患者可逐步离床，在室内缓步走动，对有并发症者应适当延长卧床休息时间。

本案患者自1月5日入院，1月11日被改为Ⅱ级护理，1月15日被搬动，搬动过程中猝死。本案可见护理行为存在过错：首先，Ⅰ级护理要求严密观察病情，每30～60分钟巡视1次，而Ⅱ级护理每1～2小时巡视1次，两种差别一目了然，还不包括其他区别措施。由此可见一旦在无指征擅自更改护理级别的情况下，使患者病情不能得到及时有效观察，不能得到规范处理；其次，按照急性心肌梗塞的护理要求，两周后患者方可被扶坐起，病情稳定方可离床，而本案中，患者未达此期限就被搬动，搬动行为直接诱发患者心跳骤停直至死亡，而搬动是护理级别更改的结果。因此，本案护理过错明显，与患者的死亡之间存在因果关系。

三、医方应承担什么责任

我们知道，护士在医院的护理行为属于职务行为，由医疗机构承担法律责任。本案中，患者的死因有护理过错及患者原发疾病等综合因素，多因一果，从客观角度分析，患者的病情较重，随时可能突发意外猝死。所以医方应承担次要或轻微责任。本案未经鉴定，由医患双方在法官主持下调解，参照的标准是轻微责任。

法律链接

《中华人民共和国护士条例》

第三章 权利和义务

第十二条 护士执业，有按照国家有关规定获取工资报酬、享受福利待遇、参加社会保险的权利。任何单位或者个人不得克扣护士工资，降低或者取消护士福利等待遇。

第十三条 护士执业，有获得与其所从事的护理工作相适应的卫生防护、医疗保健服务的权利。从事直接接触有毒有害物质、有感染传染病危险工作的护士，有依照有关法律、行政法规的规定接受职业健康监护的权利；患职业病的，有依照有关法律、行政法规的规定获得赔偿的权利。

第十四条 护士有按照国家有关规定获得与本人业务能力和学术水平相应的专业技术职务、职称的权利；有参加专业培训、从事学术研究和交流、参加行业协会和专业学术团体的权利。

第十五条 护士有获得疾病诊疗、护理相关信息的权利和其他与履行护理职责相关的权利，可以对医疗卫生机构和卫生主管部门的工作提出意见和建议。

第十六条 护士执业，应当遵守法律、法规、规章和诊疗技术规范的规定。

第十七条 护士在执业活动中，发现患者病情危急，应当立即通知医师；在紧急情况下为抢救垂危患者生命，应当先行实施必要的紧急救护。

护士发现医嘱违反法律、法规、规章或者诊疗技术规范规定的，应当及时向开具医嘱的医师提出；必要时，应当向该医师所在科室的负责人或者医疗卫生机构负责医疗服务管理的人员报告。

第十八条　护士应当尊重、关心、爱护患者，保护患者的隐私。

第十九条　护士有义务参与公共卫生和疾病预防控制工作。发生自然灾害、公共卫生事件等严重威胁公众生命健康的突发事件，护士应当服从县级以上人民政府卫生主管部门或者所在医疗卫生机构的安排，参加医疗救护。

Case 案例42
热水灌肠致直肠损伤诉讼案（泌尿外科）

核心问题：护理操作失误有何种法律后果？

关键词：护理常规　完全责任

案情简介

原告：陈某，男，67岁

被告：某医院（所涉科室：泌尿外科）

原告诉称，6月28日，原告因左输尿管中段结石入住被告医院泌尿外科，护士指导实习护士进行IVP（静脉尿路造影）检查前灌肠时，因误用接近于70℃热水灌肠，当即损伤原告结肠及直肠，致肠管痉挛，原告立即排鲜血样便，被诊断为直肠粘膜烫伤转入外科治疗。在外科期间，原告持续排洗肉样水便。7月28日，被告对原告进行电子肠镜检查，报告为：直肠溃疡、慢性结肠炎，病理报告：直肠增生性息肉及肉芽组织形成。后原告排便明显困难，9月9日，被告通知原告出院，并嘱随访。

此后，原告多次复诊，被诊为直肠烧伤后、直肠、结肠炎症。9月28日，原告行肠镜检查，被发现直肠距肛门5cm处肠腔狭窄，内镜无法通过，局部粘膜充血水肿，被医师告知将来狭窄部位可能进一步严重，或者恶性变，不排除人造肛门。原告与被告多次交涉无果，故提起诉讼。

原告认为，按照护理常规，灌肠的温度应当控制在40℃以下，也就是常温以下，严禁用热水，被告违规用热水操作，违反诊疗常规，侵权事实明显，损害后果确定,符合侵权的构成要件。原告要求赔偿经济损失费3万余元、精神损失费5万元,并保留后续治疗费、护理费、营养费的诉讼权利。

被告辩称,泌尿外科护士不慎用热水对原告灌肠,损伤原告直肠粘膜属实,但直肠粘膜的自愈能力很强,自我修复能力强,因此,原告不存在伤残事实,实际上原告的直肠粘膜也处于恢复之中,因此,申请做医疗鉴定。

法院委托某医学会进行鉴定。在鉴定之前,原被告双方经协商达成和解,被告同意向原告一次性赔偿人民币58,000元,原告向法院撤诉。

律师解惑

本案是一起因护士灌肠违反护理常规、护理技术规范致患者损害的案例。这里需要了解护理技术规范和操作规程对灌肠是如何规定的。

一、护理常规的法律地位

护理常规是诊疗常规的一部分,是护士施行基础护理措施和专科护理措施的法律依据之一。其中护理技术常规、操作规范、护理临床路径就是依据护理常规而制定的。

按照灌肠护理技术规范规定,术前准备的不保留灌肠规定的溶液、液量和温度分别为:溶液为0.1% ~0.2%软皂液等渗盐水;液量规定成人每次用量为500 ~1000ml,患儿酌减;温度为39℃ ~40℃,降温用28℃ ~32℃,中暑用4℃。

本案中,护士直接将未经降温的热水,接近70℃ ~80℃的热水对患者灌肠,直接烫伤患者直肠粘膜,造成了患者此后一系列的损害后果,存在过错。

二、医方应承担的责任程度

本案过错明显,是由医方引起,患者没有参与因素,所以医方应承担完全责任。基于这一点,医方在鉴定前与患者自行和解结案。

至于患者的损害后果,粘膜损伤是有一定的愈合能力,但在一定的时间内其损害事实是固定的,所以,双方就固定的事实协商解决,符合实际。

案例43
产后观察失误诉讼案(产科、新生儿科)

核心问题:产科手术后护理有何特殊要求?

关键词:手术后护理　产科术后护理

案情简介

原告:王某,女,27岁

被告:某医院(所涉科室:产科、新生儿科)

原告诉称,8月18日中午,原告经剖官产足月分娩一女婴,当日13:45原告回到病房,但当天直到16:30新生儿才回到病房,当时就发现新生儿脸色不好,有点气急,呼喊护士,护士看后不以为然,没有作出处理就走了。后新生儿情况不佳收入新生儿科,但是仍未得到有效救治,于8月19日15:30死亡。死亡原因考虑呼吸窘迫综合征。之后,原告同意对新生儿进行尸体解剖,报告为:患儿因肺透明膜形成,伴部分肺不张,肺淤血,符合新生儿呼吸窘迫综合征,并有动脉导管粗大未闭和卵圆孔未闭,导致各脏器组织缺氧,终因呼吸衰竭而死亡。原告认为新生儿在出生后3个小时不知去向,被告未切实履行医护人员职责、没有积极处理新生儿病情,存在过错,应当承担赔偿责任,要求赔偿各项损失70余万元。

被告辩称,起因是由于原告怕疼坚持要求剖官产,其在已经明确知道剖官产的风险和后果后仍坚持剖官产,12:30分娩一女婴,3415g,Apgar评分10分。虽然新生儿出生时评分满分,但是在16:00就开始呼吸急促,面色欠佳,哭声欠佳,吸痰10ml后,面色略好。一小时后面色发绀,医务人员发现后立即请新生儿科会诊,考虑湿肺、吸入性肺炎。尸检确定患儿本身肺部发育不良,可能是患儿在母体中发育不良,也可能是因没有经过产道的挤压所致。根据风险获益对等原则,原告因怕疼要求剖官产就应当承担相应的风险。所以被告不存在过错,不同意赔偿。

为进一步支持自己的观点,原告申请进行医疗损害鉴定。经专家鉴定认为:(1)无医疗指征的、未临产的选择性剖官产(家属要求)与新生儿湿肺发生有关,为主要原因。(2)新生儿湿肺诊断明确,院方最初3个小时对患儿的病情观察无记录,后续治疗不规范,对病情严重性认识不足,长时间低氧血症致肺部透明膜形成和血液动力学改变,最终患儿因呼吸衰竭而死亡。

鉴定结论为一级甲等医疗损害,医方承担次要责任。法院据此认定被告应对原告之女死亡承担次要责任并按照40%的比例进行赔偿。

律师解惑

本案是一起术后护理观察不当而担责的案例。本案涉及以下护理法律专业问题:

一、手术后护理有何要求

手术后护理是指从手术完毕回到病房直至康复出院阶段的护理。手术后护理属于专科护理内容,涵盖所有手术科室,包括外科、骨科、妇产科、眼科、耳鼻喉科等。手术后护理内容包括:维持呼吸循环等生理功能稳定;处理术后切口、疼痛等情况;注意切口和引流量等护理措施以促进术后康复,防止发生并发症损害。

二、产科术后护理的特殊要求

产科作为临床医学主要学科之一,是研究女性在妊娠期、分娩期和产褥期全过程中孕产妇、胚胎及胎儿发生的生理和病理变化,对其进行诊断和治疗的医学科学。产科护理具有专业性强、操作复杂的特点,产科护理常涉及孕产妇及胎儿和婴儿不同对象。优质护理的要求是为病人提供连续、协调、个性的护理服务模式,在产科也是如此。而产科还有一项专业制度母婴同室,要求婴儿出生后与母亲共处一室。所以,产科护理具有护理共性和专科个性相结合的特点。

本案中,从13:45至16:30这段时间属于护理空白,如果婴儿正常,则应母婴同室;如果婴儿有病理情况,则应有相应的护理记录单记录救治过程和病情表现,但是医方没有,所以专家认定“院方最初3个小时对患儿的病情观察无记录,后续治疗不规范,对病情严重性认识不足”。本案提示专科护理应严格执行护理常规、护理操作规范,否则就要担责。

法律链接

《护士条例》

第二条　本条例所称护士，是指经执业注册取得护士执业证书，依照本条例规定从事护理活动，履行保护生命、减轻痛苦、增进健康职责的卫生技术人员。

结束语

因为南丁格尔在护理领域的杰出贡献，特别是在引入护理减少伤亡，创办护士学校等领域的开创性成果，1912 年，国际护士理事会将南丁格尔的诞生日——5 月 12 日定为国际护士节，旨在激励广大护士继承和发扬护理事业的光荣传统、以“爱心、耐心、细心、责任心”对待每一位病人、做好护理工作。

有关护理问题引发的纠纷表现形式复杂，在此需要明确以下问题：

一、护士的职责是什么

按照《护士条例》第二条规定：“护士是指经执业注册取得护士执业证书，依照本条例规定从事护理活动，履行保护生命、减轻痛苦、增进健康职责的卫生技术人员。”因此，护士是非常神圣的职业，当我们在医院就诊时，看到护士亲切的笑容，顿时会解除许多心理紧张，对医院产生信赖感，相信许多人有同感，所以，护理的本质含义就是帮助患者恢复健康。

二、我们目前的护理现状

目前，护士数量不足，质量不高，甚至让护工替代护士工作，已成为许多医院的普遍现象。中华护理学会披露，我国护士严重短缺，虽经多年增加，我国每千人口护士人数仍不足。据卫生部对全国 400 多家医院进行的调查，有些医院，白班护士平均每人要负责 15 ~ 20 名病人，公休、节假日和夜班，护士平均每人要负责 40 ~ 45

名病人。与从前相比,今天病人治疗量大、治疗手段多,往往要求也高。从这个角度看,护士的短缺不仅是服务的短缺,更是医疗质量的隐患。

三、何为优质护理

优质护理是继功能制护理之后一种新型、科学、人性化的护理模式,为病人提供连续、协调、个性、整体的护理服务,病人入院、出院、出院后保健指导由一个护士负责,整个护理日程、病历资料、出院后随访工作,都输入电脑,为病人提供方便。

优质护理运用护理程序的科学方法,摆脱了常规护理方式,护士的责任心得到加强,时时刻刻以病人利益为最高准则,以病人问题为目的,医护主动交流自己看法,共同分析病情。护士充分了解病人的需要,对待病人热情、周到,耐心解答病人提出问题及有关疾病知识,使病人主动配合治疗和护理,建立良好的护患关系。

随着社会的发展,优质护理理念在全国各个医院得到推广,患者也必将获得高质量的护理,因护理失误引发的纠纷将逐年减少。

四、如何审查因护理引发的纠纷

从本章案例中,我们可以发现,首先必须分析患者的损害原因,同时审查相关病历资料或操作事实,同时对照相关护理诊疗常规及操作规范,寻找因果关系,最终确定护理失误及责任比例,并获得法律保护。

第18章 医患纠纷之产品相关纠纷

章首序

本章讨论与医患纠纷有关的产品纠纷。医患关系所涉产品包括药品、医疗器械、医院设施设备等硬件和软件。其中医疗器械的概念,按照《医疗器械监督管理条例》是指:“单独或者组合使用于人体的仪器、设备、器具、材料或者其他物品,包括所需要的软件;其用于人体体表及体内的作用不是用药理学、免疫学或者代谢的手段获得,但是可能有这些手段参与并起一定的辅助作用;其使用旨在达到下列预期目的:(一)对疾病的预防、诊断、治疗、监护、缓解;(二)对损伤或者残疾的诊断、治疗、监护、缓解、补偿;(三)对解剖或者生理过程的研究、替代、调节;(四)妊娠控制。”查询《医疗器械分类目录》,可见医疗器械分类之广,种类之繁,至今无法一一覆盖。

因产品引发的医患纠纷也呈现出复杂多样的特性,有因产品质量问题而造成,也有因运输仓储破坏而造成,有因医务人员操作失误而造成,也有因患者本身因素而造成。在诉讼案由上,有表现为侵权纠纷,也有表现为合同纠纷,不可一概而论。本章将通过四个案例从不同角度分析医疗器械产品及输液产品纠纷的成因及解决方式。

Case 案例44
钢板断裂诉讼案(骨科)

核心问题:医疗产品侵权纠纷谁是被告?

关键词:产品纠纷案由 举证 质量鉴定

案情简介

原告:王某,男,30 岁

被告:某医院(所涉科室:骨科)

原告诉称,2 月 10 日,原告因车祸致股骨干骨折到被告医院就诊,当时被施行钢板内固定术,术后原告遵医嘱锻炼并随时复诊,术后摄片提示骨折正常恢复。但是 8 月底原告感觉偶然一阵疼痛,当时立即到被告医院就诊,经摄片提示钢板断裂,原告再次入院,经手术取出断裂的钢板。这第二次手术导致原告要长时间休养,给原告带来了极大的痛苦,给原告的身体、工作和家庭都带来极大的损害。原告认为,被告采购劣质钢板,导致钢板植入体内后断裂,钢板质量有问题。如果不是质量问题,则是被告手术失误,手术过程中随意塑型导致钢板在植入过程中就已经有裂缝,致使之后不能承受压力而断裂。另外,被告术后告知也不当,未告知原告正确的锻炼方式,所以被告应承担完全责任,要求被告赔偿各种损失共计人民币 15 万元。

被告辩称,对原告使用的钢板是从正规渠道采购,各项凭证手续合法齐全,不存在采购劣质钢板的问题。至于原告所说随意塑型的问题,被告认为医师在手术过程中会根据患者的骨折情况作一定的矫形,这种矫正不会造成钢板裂缝。术后告知也符合规范,而且患者及时来院复诊,所以不存在告知不足的问题。被告认为自己的行为不构成过错,不同意赔偿。

庭审中,被告医院提交的手术记录记载:患者股骨干骨折端有一块 0.5 厘米 ×0.5 厘米 ×1.0 厘米的骨折碎片,手术中将该碎片嵌入缺损处,考虑患者骨折情况,手术方式采用钢板内固定术,术中在骨折的上下段各用 4 枚螺丝钉固定。原告对该手术记录予以确认,认可该证据的真实性、合法性,但认为不具备关联性。被告又提交了采购钢板的医疗器械注册证、进货发票、合格证、说明书,以及生产厂家和销售公司的营业执照,原告对这些证据的真实性和合法性没有异议,但认为与本案没有关联性。

为进一步查明事实,诉讼过程中,被告申请追加钢板生产厂家及销售公司为共同被告,经法官同意追加。

庭审中,经生产厂家申请,对断裂的钢板进行质量鉴定。法院最终委托国家骨科器械电疗仪器质量监督检验中心对断裂的钢板进行质量鉴定,检验结果:系争的钢板材料、硬度均合格。

为查证医疗行为是否有过错,原告申请进行医疗损害鉴定,经专家鉴定分析意见认定:医院针对患者的右侧股骨干骨折,用钢板内固定,符合诊疗原则;钢板断裂系股骨骨折未愈,在此情况下负重致钢板疲劳断裂所致。最终鉴定意见认为本例不构成医疗损害。

经原被告双方辩论,法院最终认为,在原告遭遇骨折后,被告医院应对原告伤情进行妥善、积极的治疗。被告对原告进行右侧股骨中上段切开复位钢板内固定术,符合治疗原则,手术前已充分履行了手术风险告知义务。同时经有关部门检测,植入原告体内的钢板也无质量问题。钢板断裂原因是由于原告在骨折未愈的情况下负重行走致钢板疲劳断裂。然而,医师应对如何负重行走有明确告知,在本案中,医方无详细明确告知,致使患者不能正确理解其含义,也无法正确防范超重行为,因此,医方需就告知不足承担相应责任。最终,法院判令被告按照10%的轻微责任承担赔偿责任。

律师解惑

本案是一起因钢板断裂而引发的产品相关医患纠纷。通过本案要分析以下法律专业问题:

一、产品纠纷常见案由

因医疗器械等产品质量瑕疵或争执而引发的纠纷可选择使用侵权纠纷和违约纠纷不同案由,侵权纠纷和违约纠纷举证分配方式不同。按照《最高人民法院关于民事诉讼证据的若干规定》第四条第一款第(六)项规定:“因缺陷产品致人损害的侵权诉讼,由产品的生产者就法律规定的免责事由承担举证责任。”所以,如选择侵权纠纷,则采用举证责任倒置原则,由生产者和(或)销售者承担举证责任,经确定产品缺陷致人损害,则承担侵权责任。如选择违约纠纷,则由原告举证证明被告违约事实,由被告承担违约责任。

二、医疗产品侵权纠纷，谁是被告

按《侵权责任法》第四十三条规定："因产品存在缺陷造成损害的，被侵权人可以向产品的生产者请求赔偿，也可以向产品的销售者请求赔偿。产品缺陷由生产者造成的，销售者赔偿后，有权向生产者追偿。因销售者的过错使产品存在缺陷的，生产者赔偿后，有权向销售者追偿。"原告可以将生产者列为被告，也可将销售者列为被告，也可将双方列为共同被告。

根据《侵权责任法》第五十九条规定："因药品、消毒药剂、医疗器械的缺陷，或者输入不合格的血液造成患者损害的，患者可以向生产者或者血液提供机构请求赔偿，也可以向医疗机构请求赔偿。患者向医疗机构请求赔偿的，医疗机构赔偿后，有权向负有责任的生产者或者血液提供机构追偿。"原告（患方）可以直接列医院为被告，医院如担责，则可向生产者追偿。

三、医疗产品侵权纠纷诉讼时效

根据《产品质量法》第四十五条规定："因产品存在缺陷造成损害要求赔偿的诉讼时效期间为二年，自当事人知道或者应当知道其权益受到损害时起计算。因产品存在缺陷造成损害要求赔偿的请求权，在造成损害的缺陷产品交付最初消费者满十年丧失；但是，尚未超过明示的安全使用期的除外。"所以，钢板的诉讼时效在实务中是断裂受损开始计算两年，不同于人身损害赔偿诉讼时效一年的规定。

四、如何确定钢板断裂的原因？如何举证

在医患关系中，一旦发生钢板断裂、假体断裂、螺钉松动等植入物断裂或移位等异常情况，通常可从这三方面探寻原因：产品质量原因、医方原因或患方原因。产品质量原因通常表现为产品有瑕疵，根据《产品质量法》规定，产品缺陷，"是指产品存在危及人身、他人财产安全的不合理的危险；产品有保障人体健康和人身、财产安全的国家标准、行业标准的，是指不符合该标准"。针对产品质量缺陷，可以举证产品质量标准、产品采购材料、产品质量鉴定等证据证明自己的主张和观点。医方原因通常表现为手术适应症、禁忌症、手术操作方式、术后处理（医嘱）等处置失误，可以举证病历资料、诊疗常规规范、医疗损害鉴定等证据证明自己的观点。

患方原因通常表现为不配合治疗，患方存在失误，患者身体特异性等，可以通过搜集相关证据证明。

五、如何保管断裂钢板等取出物

《医疗事故处理条例》第十七条规定："疑似输液、输血、注射、药物等引起不良后果的，医患双方应当共同对现场实物进行封存和启封，封存的现场实物由医疗机构保管；需要检验的，应当由双方共同指定的、依法具有检验资格的检验机构进行检验；双方无法共同指定时，由卫生行政部门指定。"根据该法规精神，对取出的断裂钢板等物品，应由医患双方共同封存，由医疗机构保管，举证才有证据力，否则很难有证据力。

六、本案为何在质量鉴定后还要进行医疗损害鉴定

按照《侵权责任法》第五十八条规定："患者有损害，因下列原因之一的，推定医疗机构有过错：(一)违反法律、行政法规、规章以及其他有关诊疗规范的规定；(二)隐匿或者拒绝提供与纠纷有关的病历资料；(三)伪造、篡改或者销毁病历资料。"如果原告不申请医疗损害司法鉴定，则原告已有证明尚不足以认定被告是否有错，还需进一步查明医疗行为是否有过错，如有过错，是否与原告患者的损害后果之间存在因果关系需要进行进一步举证。鉴定意见是证据之一，所以这是原告为了实现自己的证明力而采取的措施之一。

七、本案法官为什么最终判令被告承担告知不足的法律责任

法院通过庭审调查得知，钢板断裂原因是由于原告在骨折未愈的情况下负重行走致钢板疲劳断裂。然而，医师未正确解释什么是负重行走，作为不懂专业术语的患者当然不能正确理解其含义，也无法正确防范负重行为，所以法院认定医方需就告知不足承担相应责任。最终，法官按照轻微责任判令被告承担赔偿责任是盖然性原则的体现，符合法律基本原则。

法律链接

《中华人民共和国产品质量法》

第二十六条　生产者应当对其生产的产品质量负责。

产品质量应当符合下列要求：

（一）不存在危及人身、财产安全的不合理的危险，有保障人体健康和人身、财产安全的国家标准、行业标准的，应当符合该标准；

（二）具备产品应当具备的使用性能，但是，对产品存在使用性能的瑕疵作出说明的除外；

（三）符合在产品或者其包装上注明采用的产品标准，符合以产品说明、实物样品等方式表明的质量状况。

第四十一条　因产品存在缺陷造成人身、缺陷产品以外的其他财产（以下简称他人财产）损害的，生产者应当承担赔偿责任。

生产者能够证明有下列情形之一的，不承担赔偿责任：

（一）未将产品投入流通的；

（二）产品投入流通时，引起损害的缺陷尚不存在的；

（三）将产品投入流通时的科学技术水平尚不能发现缺陷的存在的。

第四十二条　由于销售者的过错使产品存在缺陷，造成人身、他人财产损害的，销售者应当承担赔偿责任。销售者不能指明缺陷产品的生产者也不能指明缺陷产品的供货者的，销售者应当承担赔偿责任。

第四十三条　因产品存在缺陷造成人身、他人财产损害的，受害人可以向产品的生产者要求赔偿，也可以向产品的销售者要求赔偿。属于产品的生产者的责任，产品的销售者赔偿的，产品的销售者有权向产品的生产者追偿。属于产品的销售者的责任，产品的生产者赔偿的，产品的生产者有权向产品的销售者追偿。

第四十四条　因产品存在缺陷造成受害人人身伤害的，侵害人应当赔偿医疗费、治疗期间的护理费、因误工减少的收入等费用；造成残疾的，还应当支付残疾者生活自助具费、生活补助费、残疾赔偿金以及由其扶养的人所必需的生活费等费用;造成受害人死亡的,并应当支付丧葬费、死亡赔偿金以及由死者生前扶养的人所必需的生活费等费用。因产品存在缺陷造成受害人财产损失的,侵害人应当恢复原状或者折价赔偿。受害人因此遭受其他重大损失的,侵害人应当赔偿损失。

第四十五条 因产品存在缺陷造成损害要求赔偿的诉讼时效期间为二年,自当事人知道或者应当知道其权益受到损害时起计算。

因产品存在缺陷造成损害要求赔偿的请求权,在造成损害的缺陷产品交付最初消费者满十年丧失;但是,尚未超过明示的安全使用期的除外。

第四十六条 本法所称缺陷,是指产品存在危及人身、他人财产安全的不合理的危险;产品有保障人体健康和人身、财产安全的国家标准、行业标准的,是指不符合该标准。

Case 案例45 动脉瘤弹簧圈断裂致患者死亡调解案(脑外科)

核心问题:当植入的医疗器械断裂时,如何确定医方的民事赔偿责任?

关键词:植入性医疗器械 安全性 有效性

案情简介

原告:徐某某,女,23岁

被告:某医院(脑外科)

原告诉称,9月12日,原告父亲患者徐某,因"突发四肢抽搐,伴头痛4小时余"急诊至被告医院。经CT检查提示自发性蛛网膜下出血,怀疑动脉瘤破裂出血,医师立即为患者施行两侧侧脑室前角钻孔引流术。术后,患者病情好转。

9月13日18:00,医院拟为患者施行动脉瘤弹簧圈栓塞术,但术中造影发现患者的动脉瘤管径大于医院库存现有的弹簧圈直径,医师告知家属须等器械到来开始手术，现已与器材公司联系确认弹簧圈在运送途中。这期间，患者神志恢复清楚，能表达自己的感觉。19:30，器材公司将弹簧圈送至，医师通知家属开始手术，拟行弹簧圈栓塞术。（所谓弹簧圈栓塞术，全脑血管造影（DSA）+可脱性弹簧圈栓塞术，是通过微小导管从股动脉插管，导管从股动脉、腹主动脉、颈内动脉直达脑内动脉的动脉瘤腔内，再从导管内送进铂金微弹簧圈，将动脉瘤腔栓塞，堵塞动脉瘤破裂口以止血。）术前，家属询问手术时间，医师告知约4个小时。但直至16日临晨3:30，医师走出手术室告知家属，手术中出现了意外，在放置第四个弹簧圈时，弹簧圈与导丝脱离，现有12～14cm左右的弹簧丝挂在血管内，医师已经用了三个多小时去钩，但还是钩不出来，结果连钩弹簧的钩子也断在里面了，位置不明。6:30，患者被推出手术室，深度昏迷。当日下午患者开始出现高热，19日6:50被宣布死亡。

原告申请尸检，确定由某司法鉴定中心进行。10月13日，鉴定中心通知家属，难以查找遗留在体内的抓捕器，经交涉后，摄片发现有抓捕器残留在死者颅内，位置较深，初步估计导丝断于左颈内动脉。法医学法医病理学鉴定文书报告：（患者）脑动脉瘤瘤体内线团状金属异物伴血栓形成；左颈内动脉至大脑前交通动脉动脉瘤瘤体“间”线状金属异物。

原告调取了9月16日医院的手术记录，这样记载：

手术名称：ACoA（大脑前交通动脉）动脉瘤弹簧圈栓塞术。

手术经过（摘录）：

1. 双侧股动脉Seldinger（股动脉穿刺术的一种）置入导管鞘，将两根Guider（导管）分别送至LICA（左颈内动脉）的颈2水平，造影示：ACoA（大脑前交通动脉）动脉粗，约11.3×5.8cm，预（计）宽4.2cm。

2. 选支架，配合微导丝，将支架送至大脑前交通动脉，备用，将plus（推送器）微导管，配合Transand（运送）微导丝，将推送器送至动脉瘤腔约1/2处，经Guider（导管）造影证实。

3. 分别选DCS（弹簧圈）3个，先后填入动脉瘤。当选第4个准备封堵瘤颈，当送入约10～20cm时，发现弹簧圈与推送器分离（弹簧圈在颅内位置不明）。

4. 撤plus（推送器），不能将弹簧圈带出动脉瘤，尝试用微导丝联合抓捕器，微导丝头端柔软段断于ICA（颈内动脉）的海绵窦段至上、下缘（抓捕器脱落在颅内），再尝试微导丝与微导管取抓捕器，约3个半小时仍未成功，遂放弃此法。

原告认为，本案存在医疗器械质量及操作的两大问题：

第一，质量问题。

按照《医疗器械监督管理条例》，植入人体的器械属于第三类医疗器械，必须确保安全、有效。本案先后发生弹簧圈成一直线，后发生导丝断裂，再抓捕器脱落，说明存在这些问题：(1)该类医疗器械安全性、有效性难以控制；(2)该器械设计不合理；(3)该器械器材选材有问题，质量不合格。

第二，操作问题。

第4个弹簧圈在未到指定位置即发生脱落，说明医师的操作失误。在未明确定位的前提下，随意采用推送或松解操作，显然存在瑕疵；另外，尸检证明，第4个弹簧圈已成一直线，可想而知，医师的操作严重损伤周围血管及颅内软组织。

原告为此诉请法院，要求判令被告赔偿经济损失费：345,911.50元，精神损失费：100,000元。

被告辩称，患者所发生的动脉瘤破裂出血死亡发生率极高，医疗过程中尽管弹簧圈脱落及抓捕器微导丝柔软段断裂，但并未引起相关风险，与患者的死亡之间没有因果关系。医院已经积极抗凝、抗血管痉挛、抗感染、降颅高压等一系列的预防、抢救措施。患者最终死亡原因是疾病本身的出血，血管痉挛，脑水肿等综合因素所致。本病例属于在现有医疗科学技术条件下无法预料或者不能防范的不良后果，不存在过错。患者是疾病原因而死亡。

庭审中，终经法官主持调解，被告赔偿原告各项损失共计人民币23万元。

律师解惑

本案是一起因植入性医疗器械使用不当引发的纠纷。植入性医疗器械断裂、变形等损坏引发的纠纷，常见原因主要有医疗器械质量问题、医师操作不当、患者体质差异等，不同的原因适用不同的法律。针对本案，可以理清以下问题：

一、植入性医疗器械定义与管理

按照《医疗器械分类规则》规定，任何借助外科手术，器械全部或者部分进入人体或自然腔道中；在手术过程结束后长期留在体内，或者这些器械部分留在体内至少30天以上，这些器械被认为是植入器械。因植入器械之多之繁，迄今为止，法律法规对植入器械没有全面无缝隙的规定，但按照《医疗器械监督管理条例》的要求，作为医疗器械，植入性器械必须符合器械通常的安全性和有效性标准。

植入性医疗器械从厂家到医院经过生产、检验、采购、运输等环节，每一环节均有其标准约束，由国家标准、行业标准或企业标准约束。进入医院后到患者体内经过院内检查、消毒、运输、使用等环节，每一环节均有相关规范约束。虽然目前对所有植入性医疗器械没有统一的法律规定，但是在细节上均有一定的标准和规章制度等以确保其安全。

二、如何搜集植入性医疗器械安全性的证据

有关证据包括医院外证据和医院内证据。院外证据：国家标准、行业标准或企业标准，质检报告，营业执照，医疗器械注册证（注意有效期），进口医疗器械审查其注册登记表，国产医疗器械审查生产制造认可表（注意产品适用范围），检测报告、发票、合格证等材料。

院内证据：根据《国家卫生计生委办公厅关于加强植入性医疗器械临床使用监管工作的通知》规定："医疗机构要加强植入性医疗器械的信息管理，建立健全植入性医疗器械采购、入库、出库、使用、报废等核查制度，详细记录产品类别、名称、规格、型号、产地、有效期、出厂日期、批号/序列号、采购价格、采购金额等相关信息，实现来源可追溯、去向可查询、责任可追究。"如今许多医院采用条形码等信息化管理方式对植入器械进行一对一管理。这部分证据也是搜集举证范围。

三、如何搜集植入性医疗器械有效性的证据

本案所使用的弹簧圈的作用是治疗动脉瘤，所以应具备有效性。是否有效要

审查以下内容：

(一)产品规格型号及适用范围是否吻合

也就是是否具备适应症，是否违反禁忌症，规格型号与人体或自然腔道是否适应。通过审查产品注册登记表或生产制造认可表及病史资料求证。

(二)医师流程是否正确

第一，是否有手术流程规划与分析，也就是是否进行术前讨论，是否进行术前临床评估，术前指征是否充分。第二，是否有明确的知情同意告知书。任何植入性医疗器械均有风险，作为医方应当事先告知患方，让患方在知情选择的基础上分析判断，以选择是否使用。第三，医务人员(包括医师、手术室护士、器械配合者等)操作行为是否符合规范。第四，术后处理是否正确等。通过审查病史资料进行求证。

四、发生异常情况后的处理程序

根据国家卫生和计划生育委员会规定，对使用中发现的不良事件，要按照医疗器械不良事件报告程序及时向本级卫生(卫生计生)行政部门报告，并按照有关规定对医疗器械予以封存。如发现假冒伪劣医疗器械，要及时向公安机关报案，并向本级卫生(卫生计生)行政部门报告。所以，发生异常情况后的处理程序包括：及时终止使用、报告、封存、告知、善后等流程。

五、本案过错及责任程度

综合分析可见，本案医师操作失误，在第四个弹簧圈置入的过程中产生操作失误，失误后又不能及时启动相关处理程序和预案，最终酿成恶果。但是，客观而言，任何操作都有风险，患者疾病本身也有风险，不可能每次操作都万无一失，要判定医方的责任就要综合审查医方在术前、术中、术后是否有完整的预案，一旦发生异常情况，医方应及时启动预案。但本案这些防范措施都没有，所以综合医方过错及患方疾病，医方应承担主要责任。

本案中，因医院难以举证证明自己操作符合规范，未要求器械厂家参与诉讼，最终医方考虑自己的过错承担主要责任进行赔偿，也是综合分析上述几点得出的。

法律链接

《医疗器械监督管理条例》

第三条 本条例所称医疗器械,是指单独或者组合使用于人体的仪器、设备、器具、材料或者其他物品,包括所需要的软件;其用于人体体表及体内的作用不是用药理学、免疫学或者代谢的手段获得,但是可能有这些手段参与并起一定的辅助作用;其使用旨在达到下列预期目的:

(一)对疾病的预防、诊断、治疗、监护、缓解;

(二)对损伤或者残疾的诊断、治疗、监护、缓解、补偿;

(三)对解剖或者生理过程的研究、替代、调节;

(四)妊娠控制。

第五条 国家对医疗器械实行分类管理。

第一类是指,通过常规管理足以保证其安全性、有效性的医疗器械。

第二类是指,对其安全性、有效性应当加以控制的医疗器械。

第三类是指,植入人体;用于支持、维持生命;对人体具有潜在危险,对其安全性、有效性必须严格控制的医疗器械。

医疗器械分类目录由国务院药品监督管理部门依据医疗器械分类规则,商国务院卫生行政部门制定、调整、公布。

《中华人民共和国产品质量法》

第四十一条 因产品存在缺陷造成人身、缺陷产品以外的其他财产(以下简称他人财产)损害的,生产者应当承担赔偿责任。

生产者能够证明有下列情形之一的,不承担赔偿责任:

(1)未将产品投入流通的;

(2)产品投入流通时,引起损害的缺陷尚不存在的;

(3)将产品投入流通时的科学技术水平尚不能发现缺陷的存在的。

案例46
心脏起搏器纠纷调解案(心内科)

核心问题:医疗器械纠纷采用合同违约还是侵权之诉?

关键词:违约之诉　格式条款　非格式条款

案情简介

原告:李某,女,50岁

被告:某医院(心内科)

原告诉称,五年前,自己因心脏疾病在被告医院心内科被植入一枚心脏起搏器,但之后该起搏器突然停跳,险些发生意外,又到被告医院重新更换了一枚起搏器,发现五年前植入的起搏器电池已耗尽。原告记得当时医师告知自己起搏器可以使用8年,而且在介入术前知情同意书上被告医师写的使用期也是8年,现在只使用了5年,属于被告违约,请求法院判决被告承担违约责任,要求被告承担自己更换的心脏起搏器价格6万元,并承担其他损失的费用。

被告辩称,心脏起搏器的产品说明书使用年限规定为5~10年,这说明最低5年最长10年,这一时间段内电池耗尽均可,属于正常。至于术前知情同意书写8年是医师的大概约定,不能取代产品说明书。被告行为不违反起搏器的产品说明书,没有违约,故不同意承担违约责任。被告为此提交心脏起搏器产品说明书、发票、质量信誉担保卡等证据。

法院认为,原告与被告之间存在医疗服务合同关系。在被告提交的介入术前知情同意书中写道:"该心脏起搏器使用期为8年",该内容属于合同约定。被告提交的心脏起搏器产品说明书使用年限为5~10年,与介入术前知情同意书内容不一致。根据《合同法》第四十一条规定:"对格式条款的理解发生争议的,应当按照通常理解予以解释。对格式条款有两种以上解释的,应当作出不利于提供格式条款一方的解释。"被告与原告签订的介入术前知情同意书及心脏起搏器产品说明书均属于格式合同,两者不一致,应当做出不利于被告的解释,即采用介入术前知情同意书的解释,被告提供的心脏起搏器使用年限应为 8 年，现只有 5 年电池就耗尽，被告行为属于违约应承担违约责任。最终，法院判决被告承担违约责任，承担原告更换心脏起搏器的各项费用共计 10 万余元。

律师解惑

本案是一起心脏起搏器电池耗尽产生争议的纠纷。本案原告采用的案由是合同违约之诉，为什么没有采用侵权之诉呢？

一、什么是违约之诉

所谓违约之诉是指当事人认为损害是由于对方不履行合同约定而造成的，所谓侵权之诉是指当事人认为损害是由于对方违反法定义务而造成。所以，两者的损害原因不一。就本案而言，如果原告选择侵权之诉，则需经过审查产品质量也即产品鉴定，审查医疗行为即医疗损害鉴定等，程序繁复，不一定对原告有利，原告就不一定能得到赔偿了。当本案原告审查材料发现医师将产品说明书的使用年限更改为 8 年时，发现了违约事实，所以提起了违约之诉，程序快速，维权到位。

二、什么是格式条款和格式合同，如何认定其效力

按照《合同法》解释，格式条款是当事人为了重复使用而预先拟定，并在订立合同时未与对方协商的条款。由格式条款组成的合同就是格式合同。格式条款也即是一对多的条款，非格式条款是一对一的条款。根据《合同法》第四十一条，如果医师将"该心脏起搏器使用期 8 年"与其他条款包含在每一份介入术前知情同意书中，则该知情同意书是格式条款，也就是医师是为了反复使用而预先拟定的。而心脏起搏器产品说明书当然是格式条款，当两份格式条款解释不一致时，以对医院不利为解释，也就是使用年限 5 年对医院有利，8 年对医院不利，以 8 年为准。

如果"该心脏起搏器使用期 8 年"是医师临时添加，不在介入术前知情同意书格式条款中，则医师添加内容为非格式条款，格式条款和非格式条款不一致的，应当采用非格式条款，也应采用 8 年使用期。所以，无论从哪个角度审查，医方这一行为都要承担违约责任。

三、对有源器械的注意事项

有源器械是指任何依靠电能或其他能源而不是直接由人体或重力产生的能源来发挥其功能的医疗器械。心脏起搏器属于有源器械，也应当符合医疗器械的安全性和有效性原则，其植入体内发挥的作用超出一般无源器械，所以对患者而言非常重要，性命攸关。医师必须严格掌握适应症、适用范围、使用年限、注意事项等，应当客观告知，不可以随意夸大，做欺骗性宣传。按照《合同法》规定，违背诚实信用原则订立合同造成对方损失的，应当承担损害赔偿责任。所以，医患之间必须遵循诚实信用等基本原则，这也是医学伦理道德的要求。

法律链接

《中华人民共和国合同法》

第三十九条　采用格式条款订立合同的，提供格式条款的一方应当遵循公平原则确定当事人之间的权利和义务，并采取合理的方式提请对方注意免除或者限制其责任的条款，按照对方的要求，对该条款予以说明。

格式条款是当事人为了重复使用而预先拟定，并在订立合同时未与对方协商的条款。

第四十条　格式条款具有本法第五十二条和第五十三条规定情形的，或者提供格式条款一方免除其责任、加重对方责任、排除对方主要权利的，该条款无效。

第四十一条　对格式条款的理解发生争议的，应当按照通常理解予以解释。对格式条款有两种以上解释的，应当作出不利于提供格式条款一方的解释。格式条款和非格式条款不一致的，应当采用非格式条款。

第四十二条　当事人在订立合同过程中有下列情形之一，给对方造成损失的，应当承担损害赔偿责任：

（一）假借订立合同，恶意进行磋商；

（二）故意隐瞒与订立合同有关的重要事实或者提供虚假情况；

（三）有其他违背诚实信用原则的行为。

第五十二条　有下列情形之一的，合同无效：

（一）一方以欺诈、胁迫的手段订立合同，损害国家利益；

（二）恶意串通，损害国家、集体或者第三人利益；

（三）以合法形式掩盖非法目的；

（四）损害社会公共利益；

（五）违反法律、行政法规的强制性规定。

第五十三条　合同中的下列免责条款无效：

（一）造成对方人身伤害的；

（二）因故意或者重大过失造成对方财产损失的。

Case 案例47
药液混浊患者死亡协商案（消化内科）

核心问题：什么是优势证据规则？

关键词：药液混浊　优势证据规则

案情简介

患者：谈某，男，58岁

医方：某医院（消化内科）

8月11日患者因上消化道出血入住医院消化内科，之前有脑溢血病史。8月12日8:30做完胃镜检查，护士准备给患者输液，当时患者神志清醒。9:10挂上复方氨基酸注射液250ml（内无其他药物），补液2分钟后，患者即出现抽搐、口吐白沫，继而呼吸、心跳停止。医师立即予以抢救，患者陷入深度昏迷转入ICU。当时家属发现复方氨基酸注射液液体混浊，立即和护士核查，发现瓶塞上有三个针眼，患方对该液体有异议，因为按照规定操作流程，应该只有两个针眼，一个输液器的针眼，一个排气孔的针眼。患方要求立即封存这瓶复方氨基酸注射液，医患双方即将该输液瓶封存并保存于医方。医方当时就向上级部门汇报此事。9:45 抽取患者血液进行细菌培养分析，后报告为菌血症。

8 月 13 日，医患双方协商将该复方氨基酸注射液剩余液体送交检验，某食品药品检验所检验报告：已启封的 250ml 玻璃输液瓶内含有约 200ml 乳白色的混悬液体，未检出其检测的七项抗生素，但不能排除有它物。

患者经抢救无效于 8 月 18 日死亡。患方同意进行尸体解剖。法医学鉴定结论：(患者)系大脑右侧基底节出血并破入脑室系统致急性中枢神经功能障碍，继发肺部及全身多器官感染，终因呼吸、循环衰竭死亡。

患方对医方行为不满，认为复方氨基酸注射液是清晰无混悬物的液体，出现混浊是因为医方采购了假药劣药，或者是护士另行添加了其他药物导致，根据发生不良反应后 30 分钟抽取的血液细菌培养分析报告显示患者菌血症成立，而之前患者并无菌血症，证明病原菌就来自复方氨基酸注射液中，直接导致患者血液污染直至最终死亡，医方必须承担完全责任。

医方启动了专家讨论会，专家经讨论认为，患者有严重的原发疾病，而且死因是基底节出血破入脑室系统，进展迅速，死亡率极高。但是药液混浊属于"变质"、"被污染"的情况，属于"按假药论处"情形，现在药液混浊的原因无法查清，因为护士反映其在患者床边输注前仔细查看，没有混浊才输注，2 分钟就出现混浊无法解释，可是医院当时的录像监控资料显示没有其他外人进出，所以无法查清三个孔的来源。如果是药瓶原有的，也无证据支持。

最后，医患双方按照各担 50% 的责任比例协商处理此案。

律师解惑

本案是一起因药液混浊致患者菌血症感染但难以查清原因的案例。本案属于产品纠纷中较难的情况。有些医患纠纷确实很难查清直接原因，双方观点似乎都有理，这时就要采用优势证据规则来分析。

一、法院如何审查医疗机构对药品等的注意义务

《药品管理法》第四十八条规定，变质的与被污染的药品按假药论处，所以药液混浊的法律性质非常严重。

尽管医疗机构对患者来说要承担严格责任，但如果医疗机构对患者承担责任以后，在确定医疗机构和生产者责任时，还是要考虑各自的过错。因此，法院需要审查医疗机构的注意义务。具体包括：(1)严格执行进货检查验收制度，验明产品合格证和其他标识；(2)统一进货渠道，避免因“吃回扣”而进购“三无产品”或者伪劣产品；(3)不得使用禁止使用的和过期淘汰的产品；(4)不得伪造产地、冒用他人的厂名、厂址、认证标志、名优标志等质量标志；(5)不得在产品中掺假、以假充真、以次充好、以不合格产品冒充合格产品；(6)正确使用医用产品；(7)建立购货档案以及严格的“进、销、调、存”和施用管理制度；(8)建立医疗器械证据保全制度和事故调查制度。

二、什么是优势证据规则

民事诉讼以事实为根据，以法律为准绳，证据要求确实、充分，以还原案件的本来面目，使证据对案情的证明达到绝对真实即高标准的证明力。在现实中有时很难，因为有时候纠纷任何一方举证的证据都不具备绝对的证明力，即谁都不能绝对还原案件的本来面目，这时就要适用优势证据规则。

优势证据规则属于采信规则，就是指如果全案证据显示某一待证事实存在的可能性明显大于其不存在的可能性，使法官有理由相信它很可能存在，尽管还不能完全排除存在相反的可能性，也应当允许法官根据优势证据认定这一事实。优势证据规则是对双方所举证据的证明力进行比较时确立判断的规则。即当证明某一事实存在或不存在的证据的分量与证明力比反对的证据更具有说服力，或者比反对的证据可靠性更高，由法官采用具有优势的一方当事人所列举的证据认定案件事实。

本案未经诉讼程序，但是在医患双方协商处理时参考的就是优势证据规则。患方有证据证明医方药液混浊，违反药品管理制度，违反护士注意制度，违反用药制度，存在过错，但是医方没有证据证明药液混浊自己无过错，所以在药液混浊这组事实上，医方担责多。但是药液混浊是否直接导致患者死亡，患方有患者在混浊

后菌血症的证据,医方有患者是因呼吸、循环衰竭死亡的证据,在因果关系这组事实上,双方优势相当。总体而言,从双方所列证据的证明力比较,患方比医方更有说服力,医方应承担相应责任。基于此,医方承担了一定的责任。

法律链接

《中华人民共和国药品管理法》

第四十八条 禁止生产(包括配制,下同)、销售假药。

有下列情形之一的,为假药:

(一)药品所含成份与国家药品标准规定的成份不符的;

(二)以非药品冒充药品或者以他种药品冒充此种药品的。

有下列情形之一的药品,按假药论处:

(一)国务院药品监督管理部门规定禁止使用的;

(二)依照本法必须批准而未经批准生产、进口,或者依照本法必须检验而未经检验即销售的;

(三)变质的;

(四)被污染的;

(五)使用依照本法必须取得批准文号而未取得批准文号的原料药生产的;

(六)所标明的适应症或者功能主治超出规定范围的。

结 束 语

本篇主要阐述因使用产品而发生的医患纠纷。笔者对本章应注意的重点问题作如下梳理:

一、医疗产品侵权案件中的当事人如何确定

医疗产品侵权是指因医疗产品存在缺陷,造成他人损害,而引起的赔偿纠纷,又称医疗产品责任纠纷。我国2009年修正的《产品质量法》第二条对产品进行了

明确定义,即经过加工、制作,用于销售的产品。由此,医疗产品指经过加工、制作,用于销售的医疗产品,如药品、消毒药剂、医疗器械等。《侵权责任法》第五十九条规定,因药品、消毒药剂、医疗器械的缺陷,或者输入不合格的血液造成患者损害的,患者可以向生产者或者血液提供机构请求赔偿,也可以向医疗机构请求赔偿。患者向医疗机构请求赔偿的,医疗机构赔偿后,有权向负有责任的生产者或者血液提供机构追偿。需要指出的是,血液不是产品,但因输入不合格血液造成患者损害的,可以参照医疗产品的规定处理。

医疗产品侵权案件中,若因药品、消毒药剂、医疗器械的缺陷造成患者损害的,患者一方可以依据《侵权责任法》第四十三条及第五十九条的规定同时起诉产品生产者、产品销售者以及医疗机构要求赔偿。患者一方仅起诉部分责任主体的,人民法院可以依被诉责任主体的申请追加未被起诉的其他责任主体为案件的当事人。必要时,人民法院也可以依职权追加当事人。参照医疗产品侵权责任的规定,因输入不合格的血液造成患者损害的,患者一方可以依据《侵权责任法》第五十九条的规定起诉血液提供机构及医疗机构要求赔偿。患者一方仅起诉血液提供机构或者仅起诉医疗机构的,人民法院可以依血液提供机构或医疗机构的申请追加未被起诉的另一方为案件的当事人。必要时,人民法院也可以依职权追加当事人。

二、药品等是否存在质量缺陷的认定

医疗器械损害赔偿案件往往讼争焦点是医疗器械是否存在质量缺陷。一般需要进行科学的鉴定。如果由于植入的医疗器械在体内无法取出,无法进行科学的分析和鉴定。法院可以查明如下事实:首先,患者植入的医疗器械是否达到一般同类产品的使用年限,由此证明该医疗器械是否存在质量缺陷;其次,被告能不能证明该医疗器械未达到一般同类产品的使用年限,是原告原因造成的。如果被告无法举证证明,即视为该医疗器械存在质量缺陷。

三、无过错输血造成损害,医疗机构应否承担民事责任

患者为治疗疾病,在医疗机构输入由血站提供的经检验合格的血液后,仍不免遭受血液传播疾病的侵袭,医患双方及血站在采供输血过程中均无过错,这种情况

造成患者的损害,即为无过错输血损害。无过错输血主要是血液漏检率和“窗口期”造成的。血液漏检率指因对血液检测所用检测方法、试剂不同都可能产生一定的检测误差率。“窗口期”指从被感染到身体产生足以被目前的检测手段检测出抗体呈阳性的时间段。

目前立法及司法实践中对无过错输血造成损害的赔偿有两种观点。一种观点认为,医疗侵权责任为过错责任,既然医疗机构、血站无过错,即不应承担赔偿责任。该观点亦曾为《医疗事故处理条例》采纳,该条例第三十三条明确规定,无过错输血感染造成不良后果的,不属于医疗事故。该条例第四十九条第二款又规定,不属于医疗事故的,医疗机构不承担赔偿责任。另一种观点认为,应根据《民法通则》或《侵权责任法》关于公平责任的规定,由当事人分担损害所造成的损失,由医方和血站等血液提供机构给予患方适当补偿。在司法实践中,多倾向于第二种观点。

第19章　医患纠纷之医院管理纠纷

章首序

本章将阐述医院管理性过错，当我们跨入医院的大门时，不仅希望得到精湛的医治，同时也希望能得到温馨的服务，能有效解决自己的问题，这就是以人为本。然而，近年来，随着医院规模不断扩大，医院服务领域也在扩大，因管理引发的问题也层出不穷。医院有大量的人、财、物，其人员构成多样，包括专业技术人员、工勤技能人员和行政管理人员，每人负责岗位不一，自然会产生分工，有时就会因交叉存在管理盲点；其财和物则更为复杂，如果管理制度执行不严，则会有很多误区，所以，在管理上医院一旦发生问题，往往表现错综复杂，有时很难归责，处理也难，医患纠纷就会表现为拖延不决，给患者带来很大痛苦，必须慎重对待。本章列举三个案例，从不同角度阐述当今医院管理的盲点和误区，以期能从另一个角度识别风险，确保患者利益。

Case 案例48
膝关节置换感染协商案（手术室、院部）

核心问题：医院管理应注意哪些问题？

关键词：院间交流　洁净手术室　器械管理

案情简介

患者：张某，男，60岁

医方：某二级医院（所涉科室：手术室、院部）

患者徐某患系统性红斑狼疮20余年，双膝关节畸形，无法行走，到医院就诊，被诊断为系统性红斑狼疮性关节炎。因左膝较严重，拟行左膝关节置换术。该院长期和一家三级医院的骨科主任有合作关系，由该骨科主任定期到医院主持复杂疑难手术。经安排，由该骨科主任和医院本院医师在某周六对包括张某在内的三位患者先后实施膝关节置换手术，张某被安排在第三位。16:30张某被施行手术，手术做了两个多小时才完成。术后医师告知家属，因张某关节变形严重，所以手术安装比较费时。

术后两天，张某左膝关节出现肿胀疼痛，其他两位同一天手术患者也出现了膝关节肿胀的症状，不过这两位患者经过保守抗感染治疗后肿胀渐消，但张某的肿痛却无法消除，且出现渗液，经细菌培养为金黄色葡萄球菌。经过一个月保守抗感染治疗无效后，医师决定为张某行一期翻修术，将其感染的人工膝关节假体取出，经清创抗感染处理后重新植入。二次手术后，医师继续给予张某抗感染加理疗等治疗，张某左膝关节无渗液，然而却仍然肿胀疼痛，长期住院治疗。患者很痛苦，医方也很头疼。患方要求医方承担自己以后所有的治疗费用，并承担营养护理等费用，而医方认为术后感染是难以避免的并发症，任何一个关节置换术都有这个风险，所以不同意赔偿，但同意补偿张某一定费用。

医患双方为此协商无果，张某仍然住在医院。在此期间，医院仍定期请三级医院的骨科主任支持手术。张某偶然得知该主任是自行来院手术，属于个人行为，而自己的手术就是该主任主刀，当时的人工膝关节是由一公司另行提供，当天送到医院，而张某又是轮到第三位手术，前两位手术时间只有一个小时左右，张某却做了两个多小时，会不会是医师体力不支，或者器械有什么问题？张某及家属开始对医院进行调查，调查中又得知，这家医院的手术间最高只有万级标准，怎么能实施洁净要求特别高的关节置换术呢？张某认为自己的感染属于手术室内感染，医院应承担全部责任。

以此理由，张某及家属重新与医院协商。但由于张某的病情迁延日久，无法达成一次性赔偿方案，医院同意先期赔付张某人民币10万元，待张某以后需再次手术时赔付相关费用。

律师解惑

本案是一起因医院管理不当而引发的纠纷。像这个情况，在一些基层医院中不罕见。本案提醒需注意以下医院管理问题：

一、医院间学术交流存在的法律风险

目前医院间的交流模式，以按照卫生部《城乡医院对口支援工作管理办法（试行）》等规定的以行政部门划定的对口支援方式为主，也有医院自行请非对口支援医院的专家指导提升，这其中就有一些俗称的“飞刀”现象。“飞刀”是违反国家法律法规的，因为“飞刀”会存在很多风险，如手术能力、手术配备、术后康复等难以控制，最典型的案例就是宿州眼球被摘除案，医方不仅要承担民事责任，还要承担行政责任，甚至有时还要承担刑事责任。所以，必须从合法途径展开学术交流。

二、医院间目前合法交流模式有哪些

第一种就是按照《城乡医院对口支援工作管理办法（试行）》第二条规定：“城乡医院对口支援是指支援医院与受援医院（包括有条件的乡镇卫生院）结成长期稳定的对口支援和协作关系，帮助受援医院提高服务能力和水平，改善和加强管理。通过3年对口支援，争取受援县级医院达到二级甲等医院的医疗水平，并持续改进和提高。”第三条规定：“每所城市三级医院应当与3所左右县级医院（包括有条件的乡镇卫生院）建立对口支援协作关系。受援医院包括县医院和县中医院。二级以上医疗卫生机构对口支援乡镇卫生院的管理办法另行制定。”第四条规定：“东部地区的医院在完成本省（直辖市）范围内对口支援任务的同时，承担一定的支援西部地区县级医院的任务。具体管理办法另行制定。”

第二种就是按照《医师外出会诊管理暂行规定》，由邀请会诊医院与会诊医院和医师办理正规手续后，安排实施会诊、手术或其他医疗行为。

第三种就是办理符合规定的医师多点执业手续，等等。

三、关于洁净手术室

医院的手术需要在手术室中进行，对手术室就有相应的规范和标准，医院需要提供洁净手术室。所谓层流洁净手术室是指采用空气洁净技术对微生物污染采取程度不同的控制，达到控制空间环境中空气洁净度适于各类手术之要求，并提供适宜的温度和湿度，创造一个洁净舒适的手术空间环境。按照《医院洁净手术部建筑技术规范（GB50333－2002）》，手术室按照空气洁净度分为四个级别，Ⅰ级特别洁净手术室100级，Ⅱ级标准洁净手术室1000级，Ⅲ级一般洁净手术室10000级，Ⅳ级准洁净手术室300000级，也就是俗称的百级、千级、万级、三十万级手术室。不同级别的手术室适用的手术不一样，如关节置换手术、器官移植手术及脑外科、心脏外科和眼科等手术，必须在Ⅰ级特别洁净手术室进行。但是，本案就如患者发现的，医院只有万级手术间，这是不可以实施关节置换手术的，这是设备的硬性规定，如果在低标准手术室开展这类手术就很容易发生感染等不良情况。在《医师外出会诊管理暂行规定》中也有规定，本单位的技术力量、设备、设施不能为会诊提供必要的医疗安全保障的，不能邀请相关会诊手术。所以，本案中医方在手术硬件设施安排上存在原则过错。

四、关于会诊器械管理

按照《医疗器械临床使用安全管理规范（试行）》第九条规定："医疗机构应当有专门部门负责医疗器械采购，医疗器械采购应当遵循国家相关管理规定执行，确保医疗器械采购规范、入口统一、渠道合法、手续齐全。医疗机构应当按照院务公开等有关规定，将医疗器械采购情况及时做好对内公开。"本案中出现外请医师自带器械的情况，这是违反相关行政法规的，医疗器械应当由医院统一采购，按照规范流程使用。本案不排除消毒不严格而造成感染的可能性。所以，器械管理非常重要。

法律链接

《医师外出会诊管理暂行规定》

第四条　医疗机构在诊疗过程中，根据患者的病情需要或者患者要求等原因，需要邀请其他医疗机构的医师会诊时，经治科室应当向患者说明会诊、费用等情况，征得患者同意后，报本单位医务管理部门批准；当患者不具备完全民事行为能力时，应征得其近亲属或者监护人同意。

第五条　邀请会诊的医疗机构（以下称邀请医疗机构）拟邀请其他医疗

机构(以下称会诊医疗机构)的医师会诊,需向会诊医疗机构发出书面会诊邀请函。内容应当包括拟会诊患者病历摘要、拟邀请医师或者邀请医师的专业及技术职务任职资格、会诊的目的、理由、时间和费用等情况,并加盖邀请医疗机构公章。

用电话或者电子邮件等方式提出会诊邀请的,应当及时补办书面手续。

第六条 有下列情形之一的,医疗机构不得提出会诊邀请:

(一)会诊邀请超出本单位诊疗科目或者本单位不具备相应资质的;

(二)本单位的技术力量、设备、设施不能为会诊提供必要的医疗安全保障的;

(三)会诊邀请超出被邀请医师执业范围的;

(四)省级卫生行政部门规定的其他情形。

《医院洁净手术部建筑技术规范(GB50333-2002)》

表 3.0.2-1 洁净手术室分级

等级	手术室名称	手术切口类别	适用手术提示
Ⅰ	特别洁净手术室	Ⅰ	关节置换手术、器官移植手术及脑外科、心脏外科和眼科等手术中的无菌手术
Ⅱ	标准洁净手术室	Ⅰ	胸外科、整形外科、泌尿外科、肝胆胰外科、骨外科和普通外科中的一类切口无菌手术
Ⅲ	一般洁净手术室	Ⅱ	普通外科(除去一类切口手术)、妇产科等手术
Ⅳ	准洁净手术室	Ⅲ	肛肠外科及污染类等

3.0.3 洁净手术室的等级标准的指标应符合表

3.0.3-1 洁净手术室的等级标准(空态或静态)

等级	手术室名称	沉降法(浮游法)细菌最大平均浓度手术区	周边区	表面最大染菌密度(个/cm^2)	空气洁净度级别手术区	周边区
Ⅰ	特别洁净手术室	0.2 个/30min · φ 90 皿(5 个/m^3)	0.4个/30min · φ 90 皿(10 个/m^3)	5	100 级	1000 级
Ⅱ	标准洁净手术室	0.75 个/30min · φ 90 皿(25 个/m^3)	1.5个/30min · φ 90 皿(50 个/m^3)	5	1000 级	10000 级

续表

等级	手术室名称	沉降法(浮游法)细菌最大平均浓度手术区	周边区	表面最大染菌密度(个/cm²)	空气洁净度级别手术区	周边区
Ⅲ	一般洁净手术室	2个/30min·ϕ90皿(75个/m³)	4个/30min·ϕ90皿(150个/m³)	5	10000级	100000级
Ⅳ	准洁净手术室	5个/30min·ϕ90皿(175个/m³)		5	300000级	

注:浮游法的细菌最大平均浓度采用括号内数值。细菌浓度是直接所测的结果,不是沉降法和浮游法互相换算的结果。

案例49
CT设备搬迁致损害诉讼案(内科、ICU)

核心问题:医院设备搬迁应如何处理?

关键词:以人为本　管理流程

案情简介

原告:赵某,男,30岁

被告:某医院(所涉科室:内科、ICU)

原告诉称:6月26日中午12:00左右,原告之妻患者因腹泻、呕吐二天,晕厥十分钟至被告医院内科就诊,医师拟诊"感染性休克、晕厥待查"将患者收入内科病房,予以患者抗感染治疗。22:30因患者神志不清,内科医师将患者转入ICU病房,并予以呼吸机人工呼吸,继续给予抗感染治疗,同时运用血管活性药物。在此期间,医师告诉患者家属有可能为脑血管病变,家属一再追问医师为何不进行CT检查,医师告知暂不需要。6月28日9:45患者因治疗无效死亡,医院出具的死亡诊断为:急性脑血管病。

本案发生后,家属追问被告患者究竟死于何因,被告无明确答复,只是回答可能是脑血管病,究竟是何种脑血管病则更无法知晓。

事后,审查先后出具的诊断意见,分别为:

26日门诊诊断:"急性胃肠炎,晕厥待查。"26日21:30病危通知单诊断:

"肠道感染,感染性休克,ARDS"。27日主治医师诊断:"晕厥待查,急性脑血管病?肠道感染,脑干脑炎?"28日死亡诊断:"昏迷待查,急性脑血管病,肠道感染。"28日居民死亡医学证明书:"急性脑血管病。"先后出现了八个医学名词,患者究竟患的是何疾病不得而知。

按照内科诊疗常规有关急性脑血管病的规定,CT是针对这一疾病最安全、有效的检查方法,可医师为何不给予CT检查呢?原告在6月29日与被告交涉的过程中,在行政办公楼前发现一份通告,其中有一条:"因CT设备搬迁,自6月25日中午至6月28日中午停止CT检查。"落款:CT室,6月24日。原来是因被告基建致CT机无法使用,所以不对患者进行CT检查。

原告认为被告过错明显,请求法院依法判令被告承担赔偿责任。

被告辩称:医院因改造进行CT设备搬迁,属于医院基建,非医疗业务行为,医院对患者已经及时诊治,不存在误诊误治的行为,但愿意进行一定的经济补偿。

此案经法院主持调解,最终被告适当补偿原告。

律师解惑

本案是一起因CT设备搬迁医院处置不当而引发的纠纷。随着医院规模扩大,医院基本建设随时都会有,但应当有相应的替换措施。本案医方的过错主要表现为:

一、没有体现以人为本的服务原则

医学是为患者服务的,必须时刻体现以人为本原则。基建的目的是为了给患者提供更好的服务。那么,如果在基建的过程中,设备无法使用但是患者需要做该项检查,根据《医疗机构管理条例》第三十一条规定:"医疗机构对危重病人应当立即抢救。对限于设备或者技术条件不能诊治的病人,应当及时转诊。"医方应当本着客观理性的精神和原则,及时将患者转诊,本案即是这种情况。从病情观察可以发现患者急需脑CT检查,医院最好的办法就是对症处置后迅速将患者转院,而不是拖延病情。虽然之后也在治疗,但之后的治疗不排除不能对症。

二、医院没有很好的管理流程

从整个案例中，可以发现临床专业技术人员不知如何正确应对危急重症患者不能使用CT的情况，反映出医院没有一套规范科学的应对流程，医方对这个管理过错应承担主要责任。

法律链接

《医疗机构管理条例》

第三十一条　医疗机构对危重病人应当立即抢救。对限于设备或者技术条件不能诊治的病人，应当及时转诊。

案例50
龋齿麻醉后跌倒骨折协商案（口腔科、门诊办）

核心问题：医院管理流程

关键词：服务设施　医院流程

案情简介

患方：林某

医方：某医院（所涉科室：口腔科、门诊办）

某日上午，林某因龋齿至某医院口腔科就诊，医师检查后考虑需要拔牙，为林某注射麻醉药后嘱其自行配药。口腔科位于医院三楼，药房位于二楼，林某在出口腔科门后因为避让他人，加上麻醉药所造成的神志恍惚状态，不小心从三楼坠下，落在一楼门厅地面，造成股骨干骨折，胸部肋骨骨折，脑外伤，经抢救后脱离生命危险。数月后，林某痊愈出院。此事发生后，经医患双方协商，院方一次性赔偿林某人民币十万元，并承担所有医疗费用。

律师解惑

本案是一起医院管理流程不畅导致患者受损的案例。本案中可以发现医方的管理方面有如下问题：

一、医院没有提供合理的患者服务设施

口腔科一般面积偏小，在综合医院，口腔科很少有宽敞的病人休息室，使患者在麻醉后等待时常常偏于一隅，不能得到很好的休息，有时会发生跌倒、与他人碰触等意外事件，造成损害。不仅在口腔科，其他科室也存在这个问题。我们会发现在许多医院漫长的走廊没有一张椅子，有时就看到有患者倚在走廊壁上休息会儿。这些服务设施看似不重要，一旦缺失不仅会让患者感到没有人情味，有时甚至还会发生重大伤害事件。

二、医院没有周全的照护陪伴

在患者麻醉后应有相应的医务人员特别是护士看护，但是许多医院缺失这样的措施，盲点很多。

三、现在医院设施流程存在诸多问题

比如该院口腔科在三楼，配药却要在二楼，在三楼同一层面没有相应的配药窗口，让患者上上下下，给患者带来诸多不便，由此会迁怒于医师，造成纠纷。所以医院的设施硬件应当体现以人为本，以病人为中心。JCI 认证中的病人追踪法（patient tracer）即体现这一原则。

四、医院流程管理与安全保障义务

在案例 39“患者擅自出院死亡诉讼案”中已阐述过安全保障义务，作为医疗机构，如果硬件设施不符合安全要求，由此而造成患者损害的，应当承担安全保障义务不当的法律责任。类似案件还表现为患者从推车坠落，患者在医院地面滑倒，患者上厕所时摔倒致伤，患者在医院自残自杀等，此类事件发生后，医方常以非医疗行为进行抗辩，以免除赔偿责任。而我们知道，患者入院不仅接受医疗诊治，也接

受医院的整体服务,一旦因医院服务不当引起纠纷,医院应当按照《最高人民法院关于审理人身损害赔偿案件适用法律若干问题的解释》的规定进行赔偿。

结 束 语

本篇从不同角度阐述了因为医院管理不当而引发的风险和纠纷,在此,有必要就医院管理特点及如何判断医院管理性过错进行总结和回顾。

一、目前医院的分类

我国医院目前实行分级管理制度,根据医院的规模和特点,分为一级医院、二级医院、三级医院三个级别,每个级别分别有不同的标准和规范。

而医院又有不同的类别,具体有:(1)综合医院、中医医院、中西医结合医院、民族医医院、专科医院、康复医院;(2)妇幼保健院;(3)中心卫生院、乡(镇)卫生院、街道卫生院;(4)疗养院;(5)综合门诊部、专科门诊部、中医门诊部、中西医结合门诊部、民族医门诊部;(6)诊所、中医诊所、民族医诊所、卫生所、医务室、卫生保健所、卫生站;(7)村卫生室(所);(8)急救中心、急救站;(9)临床检验中心;(10)专科疾病防治院、专科疾病防治所、专科疾病防治站;(11)护理院、护理站;(12)其他诊疗机构。

医院的科室则分为临床科室、辅助科室、行政科室和后勤科室等。

二、医院管理风险表现特点

医院管理风险,可以发生在各个级别的医院,也可以发生在各个类别的医院,也可能发生在各个科室。发生原因如本章所举,有交流问题、医院改造、设备搬迁维修、器械损坏、药品损坏、硬件不当及医院内部沟通不畅等,表现复杂。

因此,医院管理风险常呈多样性,与业务纠纷难以区别,但我们可以以主要原因进行分析,如本篇 CT 设备搬迁一案,因为设备搬迁导致患者无法进行相关检查,可以说医院存在着管理过错,也存在违反法定注意义务、告知义务和救治义务的医疗过错,属于混合性过错,但关键过错在于管理不当,所以,医院必须就这点承担责任。

三、如何把握证据

作为患方必须在第一时间段采集相关证据，可以通过摄像、拍照、取得原始凭证等方式固定，以免证据遗失。

四、法律适用特点

一般而言，法院审理医疗纠纷案件适用《侵权责任法》及《民法通则》，但涉及医院管理性过错致患者损害案件，法院可以根据具体情况适用《侵权责任法》《产品质量法》《消费者权益保护法》及《最高人民法院关于审理人身损害赔偿案件适用法律若干问题的解释》等法律法规及司法解释。

第20章 医患纠纷之医方无责纠纷

章首序

在前述章节中，笔者大多阐述了医方承担责任的医患纠纷，但也有一些纠纷虽然患者有损害，医方却不需要承担法律责任。本章将阐述医方无责的医患纠纷。

案例51
患者手腕骨折不配合治疗致畸诉讼案（创伤骨科）

核心问题：患者不配合治疗，医方有责吗？

关键词：医方无责　患者不配合诊疗　法律后果

案情简介

原告：王某，女，48岁

被告：某医院（所涉科室：创伤骨科）

王某诉称，3月28日3:50，原告因手腕部骨折，在家属的陪同下到被告创伤骨科急诊，经拍片，确诊为左手桡骨远端骨折。骨科医师数分钟推拉复位即称已经复位，并给原告上石膏固定，然后又拍片，医师阅片后称没有完全复好，不过长长也许会好，让原告回家。3月31日，原告复诊，医师看片后说位子没有对好，原告要求重新复位，但医师拒绝，并约原告十天后来院更换石膏。4月7日和10日，原告感左手手指麻木，手掌及手臂肿胀疼痛，要求被告医师认真处置病情，均被医师推辞。5月13日，原告到另一家医院拆除石膏，当时发现左手严重畸形，从那时至今左手一直疼痛，功能几乎完全丧失。被告医师不负责任处置原告伤情,给原告身体和精神带来了极大的痛苦,也给原告的生活和工作带来严重损害,要求被告承担赔偿责任,赔偿原告各项损失共计7万元。

被告辩称,原告陈述的被告治疗情况无相应证据佐证,根据病历记载被告在4月14日要求原告进行手术治疗,但是原告拒绝。原告属于不稳定性骨折,最好的治疗方式是手术,而原告至另一家医院拆除石膏后的治疗也未进行手术,只是理疗。说明原告自己耽误了治疗,所以,不同意赔偿。

经原、被告双方举证质证,法院确认本案法律事实如下:

3月28日3:50,原告至被告创伤骨科急诊,诉称摔伤30分钟,检查:左腕肿胀,压痛(+),活动受限。X线:左桡骨远端骨折。处理:(1)复位+石膏。(2)复片:掌倾角良好,轻度短缩。(3)下周二复诊。诊断:左桡骨远端骨折。3月31日复诊,左腕部石膏托固定中,处理:复片,随访。4月7日复诊,体征一般可,左前臂石膏托固定中,指端血供可。4月14日复诊,处理:(1)拍X片:有短缩成角畸形;(2)建议手术治疗,原告拒绝并签字;(3)更换石膏,再拍片:位置同前;(4)予接骨片口服;随访。

5月13日,原告至另一家医院门诊,解除石膏托后见左腕关节畸形,向桡侧歪斜,桡骨下端压痛,旋转功能受限。摄片复查示左桡骨下端骨折,骨折断端向掌侧移位。处理,接骨膏外敷,功能锻炼。现左腕肿胀,腕关节旋转受限,功能锻炼中。

为进一步查证,原告申请医疗损害鉴定,经专家鉴定,分析意见认为:(1)医方对患者的诊断明确,左桡骨远端粉碎性骨折,移位,急诊采取闭合手法复位石膏外固定符合诊疗常规,复位后X线片复查对位对线尚可。(2)二周后门诊随访,医方已发现此骨折属不稳定性骨折,有继续移位倾向,建议手术治疗,但患者不考虑手术治疗并签字,加之此后患者近一个月时间未去该院随访,以致骨折发生再移位,导致左腕关节骨折畸形愈合及功能障碍之结果。鉴定结论,患者与医院医疗争议不构成医疗损害。

法院审理认为,由于原告在诊疗过程中拒绝手术导致最终后果,属于患者不配合医疗机构进行符合诊疗规范的诊疗情形,被告已尽相关告知义务,医方不承担赔偿责任,最终判决驳回原告诉讼请求。

律师解惑

本案是一起因患者不配合诊疗导致损害的纠纷,本案最终判令医方不承担赔偿责任,也就是医方无责。在什么情况下患者有损害,医方无责呢?

一、患者有损害,但医方无责的情形

根据《侵权责任法》第六十条规定,患者有损害,但医疗机构不承担赔偿责任的情形有:(1)患者不配合规范诊疗而且医方无过错;(2)医务人员已经尽到合理诊疗义务;(3)限于当时医疗水平难以诊疗。这三种情况属于法定无责。笔者将在本章中分别阐述这三种无责构成条件。

二、关于无责与免责

无责是没有责任,也就是不承担赔偿责任的情形,《侵权责任法》第六十条就是属于无责条款。免责是有责任,但由于存在特殊情况,根据法律规定免于承担责任的情形,如无民事行为能力和刑事行为能力、情节轻微、紧急避险等,当事人有责任,但免于承担法律责任,免责多用于行政处罚、刑事处罚方面。

三、患方不配合诊疗的法律后果

在医疗行为中,患者有权利也有能力表达自己的观点和主张,可以接受或拒绝某项诊治方案,如果出现损害后果,则法律责任就当分别讨论。

患者不配合治疗,只要医方无过错就不担责。比如本案,4 月 14 日医师考虑患者左腕有短缩成角畸形建议患者手术治疗,患者拒绝并签字,医师随后予以更换石膏及予接骨片口服,并嘱患者随访。这种情形医方就不承担法律责任。因为证据已经充分证明了这两个事实,一患者不配合,二医方无过错,所以医方无责。

患者不配合治疗,但同时医方有过错,医方就要担责。假设本案出现了这种情形,4 月 14 日患者拒绝手术,但是医方未予其他治疗,则医方就有过错,仍应担责。

所以患方不配合治疗医方无责的前提是医方也无过错,医方的处理符合诊疗规范。

四、如何证明患方不配合诊疗

要有证据证明患方不配合诊疗。本案4月14日患者拒绝手术并有相关签字件，这就是证据，就有证明力。所以，在诊疗过程中，作为患者及其近亲属也需积极配合诊断和治疗，不可以盲目拒绝，否则一旦出现损害后果对自己不利。

法律链接

《中华人民共和国侵权责任法》

第六十条　患者有损害，因下列情形之一的，医疗机构不承担赔偿责任：

（一）患者或者其近亲属不配合医疗机构进行符合诊疗规范的诊疗；

（二）医务人员在抢救生命垂危的患者等紧急情况下已经尽到合理诊疗义务；

（三）限于当时的医疗水平难以诊疗。

前款第一项情形中，医疗机构及其医务人员也有过错的，应当承担相应的赔偿责任。

案例52
气管切开术致疤痕争议案（烧伤科）

核心问题：抢救病人未经同意行气管切开术是否构成医疗事故？

关键词：紧急情况　合理诊疗义务　紧急情况告知

案情简介

患者：刘某，男，23岁

医方：某医院（所涉科室：烧伤科）

患者因火灾被烧伤，头面部、四肢皮肤烧伤面积50%，深Ⅱ度，伴严重吸入性肺炎、休克，被送往某院烧伤科救治。入院检查，生命体征平稳，但患者入院不久即出现呼吸困难，需要行气管切开术以抢救生命，但当时家属不在，由于病情危急，在请示总值班后，值班医师立即为患者施行气管切开术。

患者经抢救后，呼吸通畅。经过一段时间的精心治疗，患者痊愈出院，但颈部留有一道4cm的疤痕，需要行整形修复术。有人告知患者，医师未经患者及其家属同意为其施行气管切开术，侵犯患者知情同意权，最终造成颈部疤痕，医院应当予以赔偿。患者遂与医院争执。

医院认为，患者当时的情况非常危急，呼吸道烧伤，随时有生命危险，医师在没有告知患者及家属的情况下，为其施行气管切开术，符合《医疗事故处理条例》第三十三条“在紧急情况下为抢救垂危患者生命而采取紧急医学措施造成不良后果的”的情形，也符合《侵权责任法》第五十六条情形，医方不同意赔偿。

最终，医患双方共同委托某医学会进行医疗鉴定，最终认定本例争议不属于医疗损害。

刘某未再与医院争执，也未提出诉讼。

律师解惑

本案是一起紧急情况下为抢救垂危患者生命而不予告知患方，患者虽有损害但医方已尽合理诊疗义务的案例。根据《侵权责任法》第六十条规定，患者有损害，但医务人员在抢救生命垂危的患者等紧急情况下已经尽到合理诊疗义务，医方无责。这其中涉及“生命垂危”、“紧急情况”、“合理诊疗义务”等概念，怎么理解？

一、怎么理解生命垂危

法律条文和法律概念是高度凝练、概括的，不可能一一对应于现实细节，需要对法律条文进行法理分析。所谓生命垂危，结合医学实践，也就是患者的生命体征已经极度不平稳，患者有出血、疼痛、脏器破裂、心肺脑功能衰竭等随时可能造成休克甚至死亡的状态。本案患者即符合生命垂危的要件，因为患者被烧伤后，其吸入物随时可导致呼吸困难、窒息，甚至死亡。

二、怎么理解紧急情况

指患者处于生命垂危或者其他情况，如果不处理，就会对患者造成伤害甚至不可逆的损伤，甚至死亡等千钧一发之际。本案即符合紧急情况的要件，患者患有呼吸道吸入性损伤（呼吸道烧伤），这种损伤可使呼吸道水肿，分泌物增多进而堵塞呼吸道，引起窒息甚至死亡。患者当时的症状已经提示有呼吸困难进一步加重成窒息的可能性，是否处理已处于选择关头，不处理就会死亡，处理就会有存活希望。

三、怎么理解合理诊疗义务

是指采取了诊疗常规、临床路径等法律规范的诊疗方式和手段。本案采取气管切开术是基于患者当时的情况已经非常危急，呼吸道烧伤，随时有生命危险，除了气管切开术，没有更好的办法，否则呼吸道一旦堵塞，患者即会死亡。

所以本案符合医务人员在抢救生命垂危的患者等紧急情况下已经尽到合理诊疗义务，医方对患者的颈部疤痕不承担法律责任，当然，如果出现声带断裂、喉返神经损伤等情况，还得具体情况具体分析。

四、本案是否一定要在告知患者及家属的情况下，才可以为患者施行气管切开术

不需要。根据《侵权责任法》第五十六条规定，当时患者处于生命垂危状态，自己无法签字，而且家属又不在，这种情况下，如果一味等待，只能使患者在等待中死亡，医方反而要担责，因为没有及时采取合理诊疗措施。所以，医方必须以抢救患者生命为主，在医疗机构负责人（夜间为总值班）的批准下，即可实施气管切开等抢救医疗措施。医方的行为符合法律规范，没有过错，虽然患者颈部有疤痕，但是医方并未侵犯其知情同意权，所以无责。

本案提醒我们，作为患者，必须客观认识医学的特殊性，并不是所有的损害后果均可认定医方有过错，医院要承担赔偿责任。只要医疗行为没有过错，医方就无责，不承担赔偿责任。

法律链接

《中华人民共和国侵权责任法》

第五十六条　因抢救生命垂危的患者等紧急情况，不能取得患者或者其近亲属意见的，经医疗机构负责人或者授权的负责人批准，可以立即实施相应的医疗措施。

案例53
安乃近服用争议诉讼案(急诊内科)

核心问题:医方无责的条件

关键词:危重病人　难以诊疗　当时医疗水平

案情简介

原告:华某,女,60岁

被告:某医院(所涉科室:急诊内科)

原告诉称,8月13日7:30,原告丈夫患者因发热至被告医院急诊。在就诊过程中,患者如实陈述了患有丙肝、肝硬化和肝癌病史,并存在血小板极低,门静脉高压和凝血功能差的情况。当时行血常规检查显示血小板指标极低。被告给予患者输液并服用安乃近药片。患者于8月14日清晨发现便血继而转化为消化道大出血,经抢救无效于14日上午去世。

原告认为,患者的死亡是因为被告错误使用安乃近及头孢克肟,未尽审慎告知义务,在患者化验指标出现明显异常时未予及时治疗。被告存在明显过错,应承担赔偿责任。

被告认为,在患者的诊疗过程中没有过错,已经尽到合理诊疗义务,患者自身疾病严重,其死亡属于限于当时的医疗水平难以诊疗的情况,被告不同意赔偿。

庭审中,经双方举证、质证,认证事实如下:

8月13日7:30,患者因发热3天至被告急诊内科就诊。急诊病历记载,患者体温最高39℃,无咳嗽咳痰,无咯血,无气促,无胸闷胸痛,无腹痛腹泻,三年前因“胃间质瘤、门脉高压”手术治疗,有脑肿瘤手术病史。否认药物过敏史。查体:神清,气平,咽不红,双侧扁桃体未见肿大,无化脓,两肺呼吸音清,无罗音;心率80次/分,律齐。诊断:发热待查。血常规:白细胞 $11.34\times10^9/L$(参考值 $4-10\times10^9/L$),中性粒细胞86.4%(参考值50%~70%),血小板 $47\times10^9/L$(参考值 $100-300\times10^9/L$)。处理:安乃近片1片口服prn(必要时),头孢曲松钠2g静滴,头孢克肟胶囊1粒口服bid(一日2次),门诊随访。

8月14日5:25，患者因呕血、血便3小时至他院急诊，当时急查血常规：白细胞 $14.69\times10^9/L$、中性粒细胞66.2%、血小板 $106\times10^9/L$（参考值85－$303\times10^9/L$）。经抢救无效于9:25宣告死亡。死亡诊断：肝癌、上消化道出血、休克、血小板减少。

为进一步查明事实，原告申请进行医疗损害鉴定，经专家鉴定，分析意见认为：(1)8月13日患者因发热3天至医院急诊内科就诊，患者体温39℃，医方为降患者体温，医嘱必要时口服安乃近1片不违反诊疗常规；患者外周血白细胞 $11.34\times10^9/L$，中性粒细胞86.4%，数值均高于正常范围，提示存在细菌感染，医方给予抗感染治疗符合临床抗生素使用规范。(2)根据送检的他院病史资料，患者直接死亡原因为上消化道出血、出血性休克。上述死因与其肝硬化、肝癌、门脉高压有关（根据鉴定现场询问患方，患者10年前即被诊断肝硬化和门脉高压），考虑胃底静脉曲张破裂而致，而与服用安乃近无关。(3)患者就诊前曾自服百服宁（鉴定现场询问患方），百服宁与安乃近长期、大剂量使用可有粒细胞缺乏及血小板减少等不良反应，患者服用安乃近共2粒，剂量小，且8月14日患者至他院急诊时查血常规示血小板 $106\times10^9/L$，比其服用安乃近前血小板数值高，没有证据证明安乃近导致其血小板下降及出血。(4)他院血常规示白细胞 $14.69\times10^9/L$，故没有证据证明医方使用头孢类抗生素造成其粒细胞缺乏等损害后果。

鉴定结论为不属于对患者人身的医疗损害。

据此，法院判决驳回原告诉请。

律师解惑

本案是一起医方处置无误，因患者病情危重而死亡的案例。《侵权责任法》第六十条规定，患者有损害，但限于当时的医疗水平难以诊疗，医方无责。本案涉及“危重病人”、“难以诊疗”和“当时医疗水平”等概念，怎么理解？

一、怎么理解危重病人

危重病人是指存在窒息、休克、昏迷、紫绀等情况，其病情属于致命、即死、传染、器质性等情况，变化迅速，随时有可能死亡。

二、怎么理解难以诊疗

指根据现有医学科学技术条件，疾病难以诊断和治疗。因为医学是一门科学，任何科学都是有限制的，不可能治愈治疗所有疾病，就像有些恶性肿瘤、传染病至今还处于研究阶段，即是此理。

三、怎么理解当时医疗水平

也就是一切以诊疗当时、当地的医疗水平为衡量标准。比如不可以北、上、广等高端医院的水平来衡量三四线城市的医疗水平，比如对肝癌的治疗，最穷尽的手段可以是肝移植，这对普通医院显然不合情理。所以，必须要有一个限制条件，只要符合当地、当时、诊疗常规水平即可。

四、本案为何医方无责

因为医方的检查和药物等治疗手段符合诊疗常规，与患者上消化道大出血之间没有直接因果关系，不符合侵权构成要件，所以医方无责。

Case 案例54 误服带硬包装药物致死诉讼案(皮肤科)

核心问题：医疗机构及其医务人员如何做到“三查七对一注意”？

关键词：硬包装药物　患者辨认能力

案情简介

上诉人(原审原告)：叶某，女，71岁

被上诉人(原审被告)：某三级甲等医院(所涉科室：皮肤科)

患者系原告叶某之夫，1月24日因水肿、多尿入住被告处治疗，诊断为“局限性硬皮病”,经治疗后症状好转。被告于3月6日为患者开具了出院通知书,通知患者次日出院。当晚,被告的当班护士为患者发放了盛在一小盆内的9粒药(其中3粒药有硬包装)。患者服下这9粒药(其中三粒硬包装药未去壳)后不久即出现呕吐、咳嗽、呼吸急促。当晚,患者自行回家,但咳嗽症状未有缓解,患者又返回原病房继续治疗。3月11日,患者因吸入性肺炎、呼吸衰竭而死亡。

原告诉称,被告的当班护士为患者发药后,必须将带有硬包装的三粒药的外壳剥掉,并在看到患者吃下去后才能离去,但当班护士未尽到应尽义务,导致患者误服了带有硬包装的药。患者误服带有硬包装的药与其死亡有因果关系,被告有过错,应承担赔偿责任。

被告辩称,当班护士发给患者服用的9粒药系应尽职务,当班护士并无将其中3粒药外包装剥掉的义务。患者系完全民事行为能力人,又有家人陪伴在场,仍然服用硬壳药物,属于自身判断失误。患者的吸入性肺炎是呕吐引起,呕吐是其自身疾病所造成。患者的死亡与误服3粒硬包装药没有因果关系,故不同意赔偿。

一审法院认为,患者入住被告处,双方即确立了医疗服务合同,合同对双方均有法律约束力,合同履行双方均应诚实履行各自的权利义务。纵观本案事实,被告的主要义务是应尽职业上的谨慎义务,要认真探知病情,进行正确、及时的诊治。被告在对患者的病情诊断、药物治疗及抢救过程中,已履行了应尽的义务。对此,原告亦无异议。患者吞服3粒带硬包装药后发生吸入性肺炎直至最终导致呼吸衰竭死亡。因患者是具有民事行为能力的人,自然人的民事行为能力是指自然人以自己的行为为自己设定民事义务的资格。我国民法通则规定,18岁以上的公民是成年人,具有完全民事行为能力,可以独立进行民事活动,是完全民事行为能力人;10周岁以上的未成年人、不能完全辨认自己行为的精神病人是限制民事行为能力人;不满10周岁的未成年人、不能辨认自己行为的精神病人是无民事行为能力人。无民事行为能力人、限制民事行为能力人的监护人是他的法定代理人。患者是18岁以上的成年人,且为非精神病人,因此是具有完全民事行为能力的人,对于带有硬包装的3粒药应能予以辨认,具有剥除外包装、服药的能力,患者因大意而误服,患者家属要求医疗机构承担民事赔偿责任的请求,因缺乏事实依据和法律依据，法院难以采信，依法驳回原告诉讼请求。

原审判决后，原告不服，提出上诉。

上诉人诉称，被上诉人对住院病人的护理未按照卫生部制定的“三查七对一注意”执行，使患者误服带有硬包装药丸，并引起吸入性肺炎，最终导致呼吸衰竭死亡，故患者的死亡与其吞服带有硬包装药丸具有因果关系。因被上诉人未尽到法定的注意义务，故其应承担相应的法律责任。上诉人请求二审法院依法撤销原判，予以改判支持其在原审中的诉讼请求。

被上诉人辩称，被上诉人医务人员在对病人的护理过程中，操作符合“三查七对一注意”的有关规定，已尽到了法定义务，故不存在过错责任。被上诉人表示自愿补偿上诉人人民币10,000元。

二审法院经审理查明，原审法院认定事实无误，二审法院予以确认。二审法院在审理过程中，被上诉人表示自愿补偿上诉人人民币10,000元，该行为与法不悖，予以照准。依照《中华人民共和国民事诉讼法》第一百五十三条第一款第(一)项的规定，判决如下：

(1)维持原审判决。(2)被上诉人应于本判决生效之日起10日内一次性补偿上诉人人民币10,000元。(3)上诉案件受理费人民币4360元由上诉人负担。

本判决为终审判决。

律师解惑

本案为一起患者在病房内服用护士分发的带有硬包装的药粒，随即呕吐、咳嗽、呼吸急促，最终因吸入性肺炎、呼吸衰竭而死亡引起的医疗纠纷案件。本案的焦点在于：医疗机构及其医务人员是否已做到“三查七对一注意”？

一、什么是三查七对一注意义务

“三查七对一注意”中的“三查七对”是对护理人员执行医嘱的要求，“一注意”是对给药前的要求。根据卫生部于1982年4月7日发布的《医院工作制度》第二十八条查对制度的规定，临床科室“执行医嘱时要进行‘三查七对’：摆药后查；服药、注射、处置前查；服药、注射、处置后查；对床号、姓名、服用药和药名、剂量、浓度、时间、用法。给药前,注意询问有无过敏史;使用毒、麻、限制药时要经过反复校对;静脉给药时要注意有无变质,瓶口有无松动、裂缝;给多种药物时,要注意配药禁忌”。关于药品的使用,还规定“清点药品时和使用药品前,要检查质量、标签、失效期和批号,如不符合要求,不得使用”。

卫生部的规定并无要求医疗机构及其医务人员必须将带硬包装的外包装剥掉,等到患者服下后才能离开的规定。本案上诉人(原审原告)也未能提供被上诉人(原审被告)根据卫生部发布的《医院工作制度》的原则要求,结合具体情况所制定的工作细则中是否具有诸如“应做到发药到手,服药到口,不服不走”之类的规定的证据。因此,应当认定,医院已经履行了卫生部行政规章所规定的“三查七对一注意”的义务。

二、什么是患者自身的辨认能力

本案另外涉及的焦点问题,患者是否是具备完全民事行为能力的人,患者误服3粒带硬包装的药自身有无过错?

作为完全民事行为能力人,在医患关系中,患者也应承担一定义务,具备一定的能力,包括作为一个公民普遍的守法义务、付费义务、规避一般风险的能力等。本案实际情况是,当护士发药时,患者正与家属聊天,根本未听到护士的宣教,护士走后,也未看一下,拿起小盆一股脑儿吞服,导致随后一系列不良后果。患者存在疏于观察的过错,没有辨认一般风险,患方存在过错,所以本案判令医方无责。

结 束 语

本章重点阐述如何判断医方不承担法律责任。

一、是否具备医疗侵权的构成要件

《侵权责任法》第五十四条规定:“患者在诊疗活动中受到损害,医疗机构及其医务人员有过错的,由医疗机构承担赔偿责任。”因此,构成医疗损害,必须具备这样几个要件:

(一)主体是医疗机构及其医务人员

所谓医疗机构,是指具备医疗机构执业许可证的合法医疗机构。所谓医务人员，是指具有医师资格证、执业医师证的执业医师和具有护士执业证的执业护士。

（二）发生时间是在诊疗活动中

所谓诊疗活动，是指医务人员在履行职务行为，在合法的执业地点及医疗机构中，在法定工作时间对患者进行的诊疗活动。

（三）医务人员有过错

也就是诊疗行为违法了法律法规、诊疗常规和临床路径等规范。

（四）医疗过错是过失

造成医疗损害的过错只能是过失，疏忽大意的过失或过于自信的过失。如果是故意，就构成故意伤害或故意杀人等，不属于医疗损害的范畴。

（五）必须造成患者人身损害

比如造成患者死亡、伤残或明显人身损害等不良后果。如果医疗行为虽然有过错，但患者不存在不良后果，治疗痊愈，则不构成医疗损害（此处需与四级医疗损害相鉴别）。

（六）医疗过失与患者人身损害之间必须具有因果关系

如本书前述章节中所阐述的许多构成医疗损害的案例，均具备这一要点。如果虽然有医疗过错，但患者的损害与过错之间无因果关系，也不构成医疗损害。如患者系硬膜外麻醉，但术后诉喉部有异物感，即使医师有麻醉过失，但患者这一问题则与硬膜外麻醉无关，不具有因果关系。

二、什么情形不需要承担法律责任

第一种，属于《侵权责任法》第六十条情形，如案例51、52；第二种，患者损害是由自身疾病原因所致，如案例53；第三种，患者损害是由自身过错所致，如案例54；等等。

一般而言，不构成医疗损害，法院一般驳回患方的诉讼请求，也就是原告承担败诉的法律后果。但也有特殊情况，比如鉴定有医疗过失，虽然与患者的损害后果之间没有因果关系，但考虑医疗机构及其医务人员虽无明显违规行为，但告知不足等，法院有时会判令医院承担一定的赔偿或补偿责任。

第21章 特殊医患纠纷

章首序

本章将阐述特殊医患纠纷，特殊医患纠纷是指在特殊时间、特殊地点、特殊人物之间，因特殊事件、特殊权利等引发的纠纷。大家知道，医院有巨大的人流和物流，每日在医院中会发生许多的事情，有些与医务人员有关，有些则无关，比如在医院发生的被盗、自杀、自伤、自残事件，或者在医院发生的护工纠纷。这些纠纷适用不同的法律，处理方式也不一样。有些如因隐私权、肖像权等受损引发的纠纷处理较为隐蔽，等等。本章将阐述四个不同类别的特殊纠纷，供当事人处理时参考。

Case 案例55 护工喂食老年患者纠纷诉讼案(老年科)

核心问题：生活护理与医疗护理的区别？

关键词：生活护理　医疗护理　护工

案情简介

原告：赵某，男，50岁

被告：某生活护理服务公司

第三人：某社区卫生中心(所涉科室：老年科)

原告诉称，12月4日，病人为原告母亲，86岁，患有脑梗后遗症，生活无法自理入住第三人医院老年科，饮食医嘱为低钠低脂糖尿病饮食(半流质)。在入院当天原告即与被告护理公司约定由其提供生活护理服务，由其派护工小王负责护理,原告当即向被告缴纳了12月份的护理费计1000元。12月27日早上,护工小王在给病人喂食白煮蛋时,在未喂食完毕的情况下离开病人去了隔壁房间一段时间,致使病人当时就因异物窒息抢救无效而死亡。原告认为被告员工在护理期间未能尽到谨慎注意义务,存在明显过错,而且被告提供一对多的护理服务不符合相关规定,一人同时护理人数过多造成病人未能及时得到救治。考虑到病人本身疾病因素及放弃对第三人的诉请,要求被告承担50%的赔偿责任。

原告为证明自己的诉讼请求,提供以下证据:(1)被告签收的收据;(2)病历资料;(3)被告与第三人的陪护协议书;(4)卫生行政管理部门的通知,证明行政部门规定一对多的陪护原则上不能超过三人,本案中护工小王陪护了六名病人,超过了规定限制;(5)其他证据。

被告护理公司辩称,病人是脑梗后遗症及高血压、血管性痴呆等高龄危重病人,入院后神智一直不清楚,病情不稳定,不分昼夜地吵闹。另外,该病人吃的白煮蛋是第三人配发的早餐,且病人每天早上都能正常食用白煮蛋,陪护人员的职责仅仅是协助进食等生活护理,在喂食中护工小王将白煮蛋压碎、切小块并温水送服,已经尽到了应有的注意义务,且病人在进食期间也未发生异常情况。至于出事当天陪护人员的离开是因为已经喂食完毕,且病人家属请的是一对多的陪护并非一对一的二十四小时的陪护,故护工在喂食完毕的情况下离开病人去帮助其他病人并无过错。病人的死亡原因是由于自身疾病所致,属于自然死亡。另外,因该病人病情严重、生活不能自理,护工在同时护理几个病人的情况下早就觉得工作量超负荷,故曾多次向原告提出应为病人聘请一对一的专人护理照顾,但原告却考虑费用原因未能做到。事实上,护工已对该病人多尽了义务,晚上陪同该病人睡觉,被告已经尽到精心护理义务,主客观均无过错,不同意赔偿。

被告为证明其抗辩意见,提供了以下证据:(1)被告与其他人签订的陪护须知及之前与原告签订的陪护须知,证明被告对病人的护理标准为一对多护理;(2)护工小王的证人证言;(3)其他证据。

第三人某社区卫生中心辩称,第三人系医疗机构,只能做到医学护理,无生活护理的法律规定。病人是由于被告护工喂食白煮蛋后发生了窒息情况,该情况属于原、被告之间生活护理合同约定的内容是否履行的争议，与第三人的医疗行为无关。另从病人抢救时餐具已收掉等情形判断，护工离开时应是已喂食完毕了。医院配发白煮蛋并无过错，医院与护理公司之间有关于生活护理的协议，护理公司已按医院要求及护理规定将白煮蛋在水中切碎化为半流质后喂食，与医嘱相吻合。考虑到该病人病情严重，医院曾建议家属请一对一专人护理，但家属考虑费用而未能听从建议，事实上家属也未能亲自护理以填补一对多护理和一对一护理之间的空缺，故由此引发的风险应由原告自行承担。

庭审过程中，因被告申请，法院准许被告护工小王作为证人到庭作证，证人陈述：其为病人喂食白煮蛋完毕后因隔壁病人需要小便而离开了几分钟，回来发现情况有异常即及时叫来医师护士抢救，抢救时并未吸出蛋黄。喂食时病人情况正常，平时进食也并无呛咳现象，但该病人神志不清，整日不停吵闹，常常是被绑在床上的，证人已对其特殊照顾，每晚陪她睡觉，但因觉得护理非常劳累，无法再胜任，故曾多次建议家属为其请一对一专人护理，却遭家属拒绝。

原告对证人证词认为，证人系被告员工，有利害关系，虽其大部分证言可信，但证人喂食速度过快，容易导致病人窒息，且证人是在喂食未完毕的情况下离开的，未尽到安全注意义务。而且抢救病历记载，抢救时吸出一些蛋黄及淡黄色液体。

法院经审理查明事实如下，12 月 4 日，病人入住第三人处，家属代诉其“近一周四肢活动乏力、胃纳欠佳”，拟诊为脑梗塞后遗症收治入院，入院时医院记载其表情痴呆、情绪不稳定、饮水呛咳、二便不能自控、生活不能自理、有高血压和糖尿病慢性病史等。入院当天原告与被告护理公司达成陪护协议，由被告提供一对多的生活护理服务，被告派护工小王负责护理，原告向被告缴纳了 12 月份的护理费计 1000 元。12 月 27 日晨，被告护工小王在给病人喂食医院配发的白煮蛋后，因隔壁病房同时护理的病人护唤而离开病人所在病房，待其帮助隔壁病人小便后回到病人身边时发现其已出现张着嘴、呼吸困难的情况，医师护士立即予以抢救，虽经头低位拍背及推按腹部、吸痰吸氧等对症治疗措施，但病人仍因抢救无效死亡。死亡医学证明书载明病人的直接死亡原因是"异物窒息",其他引起窒息的疾病情况有"脑梗塞后遗症、高血压病、二型糖尿病"。

法院认为,公民、法人由于过错侵害他人人身的,应当承担民事责任。根据死亡证明,病人死亡直接原因是"异物窒息",该"异物"结合审理查明的事实可推定为病人早上食用的白煮蛋,但根据庭审时第三人的陈述及有关医学常识可知造成白煮蛋窒息的原因并不是唯一的,既有可能是护工喂食过快、方法不当造成,亦有可能是病人打嗝时食物返流造成的窒息,与护工本身的喂食行为无关,故在仅有死亡原因,无其他证据佐证的情况下并不能简单认定被告护工的护理行为存在瑕疵。本案中该病人系高龄危重病人,自身存在多种疾病,其中脑梗塞后遗症造成肌力下降、吞咽反射功能减退、情绪不稳定、容易呛咳呛水等因素应是造成其窒息死亡的重要原因。有关被告是否尽到安全谨慎注意义务一节,因现有证据无法证明护工是在未喂食完毕情况下离开,而根据双方签订的护理协议又是一对多的护理标准,故护工在其他病人需要时离开的行为本身并不存在过错,况病人在入住医院后的二十余天内一直进食正常,故不应苛求护工对其进食后可能发生的意外承担过多的注意义务;但本案中根据该病人病情的严重程度,如仅为其请一对多的护理显然并不妥当,无论是病人家属还是护理公司在签订陪护协议时均应对一对多的护理可能对病人产生的危险后果有合理的预见,而正因为双方都放任了这种危险存在的可能,所以造成病人在护工离开后发病时有可能因无法得到及时救治而死亡。

故对于原告母亲的死亡后果,原、被告均应负有一定的责任:作为家属,原告应考虑年迈病重老母的实际需要,使其身边一直有专人看护护理以避免、减少意外的发生;被告作为专业的护理公司,亦应对病人护理级别的要求有一个准确的判断和考量,在家属不采纳护理公司建议的情况下,护理公司应基于一对多的护理可能产生的风险而拒绝再为病人提供护理服务并解除双方的陪护协议。故结合本案案情和原告诉请,本院认为对病人的死亡后果应主要归责于其自身多种疾病造成,原、被告对此亦应承担次要责任,考虑到护理行业本身具有的公益性、高风险性等特殊情况,以被告承担10%的赔偿责任为妥,被告对原告主张的死亡赔偿金、精神损害抚慰金、丧葬费均应承担10%的赔偿责任。第三人出于人道主义自愿补偿原告人民币3000元，与法无悖。

最终，法院判了被告赔偿原告各项损失共计人民币25,000元。

律师解惑

本案是一起因护工喂食老年患者白煮蛋引发的纠纷。本案发生在护工与患者之间，本案涉及的法律概念如下：

一、什么是生活护理，什么是医疗护理

本案的争议焦点之一是护工是否正确履行了生活护理的内容。那么，何谓生活护理呢？生活护理包括居室环境、个人卫生、饮食、排泄、体育活动、睡眠、安全管理等方面。医疗护理根据基础护理要求包括生活护理、治疗护理、病情观察、护理技术操作和健康教育等内容。所以严格意义上，医疗护理包括生活护理的内容。但是不可否认的是，由于护士的严重缺乏，许多医院聘请护工，由护工承担部分生活护理的内容，具体由护工与患方协议约定，本案即属于此。

二、关于生活护理协议及其效力

生活护理协议属于合同，基于当事人意思自治原则，只要不违反法律即认定其效力，本案即如此。但是，就如本案法院分析所言，因护工护理的对象是病人，其非健康人可以自由照顾自己，从而只需护工辅助部分行为，有些病人对护工的依赖是全面的，所以护工与患方签订协议时也须充分评估病人的身体状况，提出适合患者的生活护理模式，供患方参考，必要时可以拒绝患方的要求，甚至不予签订护理协议。但是一经签订，护工必须严格按照协议履行相关生活护理内容。

三、为什么法院要判决护理公司承担10%的轻微责任

因为生活护理协议针对的对象是病人，而护理的区域在医院，有时患者对护工会产生类似对护士的信任和依赖，这就是模糊效应，所以护工必须尽告知义务，必须将生活护理风险和例外情况如实告知，以免误导患方留下隐患。但同时，护工又是高风险职业，随时会有意外，在医院我们会看到护工很忙，照顾病人的生活起居

不停歇，而生活护理又没有硬性标准可言，所以，护工工作随时会有风险。故而，本案判决护工所在的护理公司承担轻微责任。至于护工的过错由护理公司承担，这是职务行为的关系。

四、关于护工与护士的区别

护士是指经执业注册取得护士执业证书，依照法律规定从事护理活动，履行保护生命、减轻痛苦、增进健康职责的卫生技术人员。而护工则是经过一般培训后在医院从事生活护理工作的非医务人员。在医院中，护士严格执行医疗护理规定从事工作，而护工则从事生活护理内容。护士工作是规定性的，患方无法选择。但是否请护工由患者及其家属决定，医院不做强求。医院内部一般会有规定，由护理部对护工进行简单的生活护理操作培训，但是医院不会承担护工过错的责任。

五、本案为何将医院作为第三人

按照《民事诉讼法》第五十六条规定："对当事人双方的诉讼标的，第三人认为有独立请求权的，有权提起诉讼。对当事人双方的诉讼标的，第三人虽然没有独立请求权，但案件处理结果同他有法律上的利害关系的，可以申请参加诉讼，或者由人民法院通知他参加诉讼。人民法院判决承担民事责任的第三人，有当事人的诉讼权利义务。"本案原告起初由于自己的原因，并未起诉医院，后由法院追加医院为第三人参与诉讼。一般而言，在类似案例中，原告通常会将医院和护理公司列为共同被告，要求两被告承担连带赔偿责任。如果原告放弃将其中一方列为被告，法院可以通知这一方作为第三人参与诉讼，法院一般不会将其列为共同被告。

六、为什么患方要在生活护理协议中承担一定的责任

生活护理协议是双方当事人意思自治的体现，其中有双方各自的权利和义务，请护工并不意味着所有的工作均由护工完成，患方也许履行合同约定的义务。在本案中，患方所请是一对多(一个护工照顾数个患者)的服务，这种模式不可能做到护工 24 小时在患者身边，家属也应尽一定的照顾义务。本案针对照顾的比例上，法院认为家属应尽义务大于护工，是盖然性原则的体现。

Case

案例56
抑郁症患者自杀身亡诉讼案(精神科)

核心问题:患者自杀与医方法律责任

关键词:自杀　管理防范措施

案情简介

原告:于某,女,45岁

被告:某精神卫生中心(所涉科室:精神科)

原告诉称,患者为原告丈夫,48岁,因患抑郁症10余年,长期坚持服药治疗。10月12日因感觉活着没意思,经常产生轻生念头被送至被告医院精神科。入院后继续服药治疗。10月20日凌晨3:00,原告被医院通知速至医院,到院后发现患者已经吊死在厕所的柱子上,经抢救无效死亡。患者认为医院没有尽到审慎的注意义务,所以要求医院承担完全赔偿责任。

医院辩称,患者入院后,医院建议原告采用电休克治疗,但是原告拒绝,仍坚持要求服药治疗。患者入院后采取的护理模式是精神科专科护理服务模式,Ⅰ级护理,护士每15~30分钟巡视一次,病房有录像监控,但是患者平时需要上厕所时,厕所不在录像监控范围内。医院调取录像显示10月20日2:00,护士巡视病房,2:05患者走出病房上厕所,后仔细查看录像发现患者将鞋子脱掉,赤脚走到厕所,故而没有响声。2:30护士再次查看病房,未发现患者,紧急查找发现患者已经用一根绳子绕住脖子吊在厕所的一根柱子上,后经抢救无效死亡。经法医中心检验,死者的死因为自缢。

法院审理后认为,患者自杀身亡与患者疾病之间存在一定的因果关系,患者经常有轻生念头,其求死欲望强烈,这是抑郁症疾病的表现,而且患者采用脱鞋轻声走路的方式就是为了求死。原告在患者的死亡上也有一定的过错,据有关医学文献记载,电休克疗法是治疗抑郁症的最有效的方法,其拒绝被告电休克治疗的较好治疗模式,与患者的死亡之间也存在一定的因果关系。被告在患者入院时没有对患者随身物品进行审慎全面仔细的检查,致使患者藏匿绳子多日未被发现，被告存在管理防范不足的过错，应承担10%的轻微责任。最终，法院判令被告承担10%的赔偿责任。

律师解惑

本案是一起抑郁症患者在院自杀而引发纠纷的案例。针对精神疾病患者的诊治涉及以下法律问题：

一、什么是必要的管理防范措施

管理防范措施是安全保障义务内容之一，是指医疗机构必须采取足够的保障措施防范患者可能遭受的各种风险。各个医院、各个科室的管理防范措施有共性也有个性。针对抑郁症患者，其管理防范措施表现在住院需要24小时监护，同时因其主要表现就是自杀倾向，所以对其周围环境、其所带物品、其身穿衣物等都要进行全方位无缝化管理，去除所有风险因素。本案的自杀工具就是一根绳子，后查明是住院当时被患者悄悄带入病房，并被患者很好地藏着，一直未发现。如果病房工作人员能仔细寻找，应该能发现，因为抑郁症患者自杀倾向是非常强烈的，而且患者入院理由就是“感觉活着没意思，经常产生轻生念头”，但是由于患者太多，医方疏于查找而未发现，最终因这点承担了法律责任。

二、患者自杀与医方法律责任分析

发生患者自杀，不同的情况意味着医方承担不同的法律责任。常见类型如下：(1)住院患者自杀身亡，医方有不足，则承担一定的法律责任；(2)住院患者自杀身亡，医方发现有遗书等患者求死证据，则医方不承担法律责任；(3)门诊患者自杀身亡，医方有诊治不足，则承担一定的法律责任；(4)门诊患者自杀身亡，医方无诊治不足，则不承担法律责任；(5)院外患者(即未与医院办理诊疗手续的患者)在医院自杀身亡，医院不承担法律责任。

Case
案例57
隐私权纠纷协商案(超声科)

核心问题:患者隐私权保护

关键词:隐私权

案情简介

患方:李某

医方:某医院(所涉科室:超声科)

患者李某,女,一日正在B超室做子宫附件妇科检查,突然超声室门被人咚咚咚急敲,超声医师当时就去开门,涌入三名男子抬着一位病人进来,当时李某腹部以下全部暴露,被吓得赶紧拉裤子。之后,李某及其丈夫认为医院管理不当,导致其隐私权被侵犯,要求医院赔礼道歉,并赔偿精神损失费1万元。后经医患双方协商,医院赔偿其精神损失费1500元。

律师解惑

本案是一起隐私权纠纷案例。隐私权是患者的权利之一,但是在医患关系中,患者的隐私权等权利经常被边缘化,导致被侵犯的情形屡有发生,在此,介绍一下隐私权和其他易被忽视的权利。

一、什么是隐私权

隐私权是自然人享有的对其个人的与公共利益无关的个人信息、私人活动和私有领域进行支配的一种人格权。《侵权责任法》第六十二条规定:“医疗机构及其医务人员应当对患者的隐私保密。泄露患者隐私或者未经患者同意公开其病历资料,造成患者损害的,应当承担侵权责任。”在医患关系中,隐私权就是指患者私有信息、私有身体等不被泄露、不被公开的权利。

实践中侵犯患者隐私权的具体情形常表现为:(1)超出知情范围刺探患者的隐私;(2)故意泄露、公开传播或者直接侵扰患者的隐私;(3)医务人员非诊疗职责需要而知悉患者隐私;(4)直接侵入患者身体侵犯隐私;(5)医方擅自允许医学院实习生观摩对患者的治疗过程;(6)未经患者同意公开其病历资料及有关资料。

二、其他易被忽视的权利

包括肖像权、名誉权等。《民法通则》第一百条规定:“公民享有肖像权,未经本人同意,不得以营利为目的使用公民的肖像。”在实践中,侵犯公民肖像权的情形有:未经患者同意,将患者的照片挂在医院的门口或宣传单、宣传片中,比如经常看到一些美容医院将患者美容前后的照片挂在网站上宣传。如果是教学交流则不构成侵犯肖像权。

案例58 医疗费欠费诉讼案

核心问题: 医疗费欠费处理方式

关键词: 医疗服务合同

案情简介

原告:某医院

被告:周某,女,1岁

法定代理人:周某某,男,32岁

原告诉称,被告于7月3日因行走不稳22天,高热六天伴无尿四肢抖动两天入住原告医院,因病情危重,入住ICU病房,被诊断为急性脊髓炎,呼吸衰竭。截至10月20日,被告只支付医药费15,000元,然而,使用医药费已经达173,493.85元,经原告多次催款,被告拒不支付。原告为维护自己合法权益,特诉至法院,请求依法支持诉请。同时保留自10月21日起被告耗费的医药费欠费的诉讼请求。

被告接到诉状后,反诉原告医疗侵权。

后本案经法官主持调解,原告支付了除医保以外的一部分费用,并办理出院手续。

律师解惑

本案是一起医疗费欠费纠纷。通常,发生医疗费欠费常见于这些情况:患者贫困无钱支付医疗费,发生医疗纠纷原告不愿支付医疗费,因交通事故或其他伤害事故出现支付人纠纷,等等。但是,支付医疗费是患方的义务,医患关系是民事法律关系,医患各方均有一定的权利和义务。所以,一旦发生医疗费欠费纠纷,医方可以起诉请求予以支付。如果有医疗纠纷,患方也可起诉请求赔偿。两个法律争议不一样,但是可以合并审理。

结 束 语

关于特殊医患纠纷,笔者补充如下两点需要注意的问题:

一、医疗侵权案件中,医疗机构以患者欠费为由提出反诉如何处理

医疗侵权案件中,医疗机构以患者欠费为由提出反诉是否应准许,实践中有不同的看法。有观点认为,医疗侵权案件中医患双方之间的争议基础是侵权法律关系;而医疗机构请求患者支付拖欠的治疗原发病的医疗费是基于医患双方之间的医疗服务合同,医疗机构实际上提起的是违约之诉。这两者虽基于同一医患关系,但诉请的法律关系基础不同,所以不能构成反诉,不宜在同一案件中合并审理。

但大多数意见认为可以构成反诉。例如,北京市高级人民法院在《关于医疗服务合同纠纷案件中医疗机构索要医疗费有关问题的答复》中称:在医疗侵权案件中,患者的诉讼请求往往包括索赔基于医疗机构对患者造成损害进行治疗所发生的医疗费用,而医疗机构请求患者支付拖欠的治疗原发病的医疗费,这两者系基于同一医患关系、同一医疗诊治行为而产生,其最终的判决结果都表现为支付一定数额的金钱。因此,从学理上分析,医疗机构请求患者支付拖欠医疗费的,可以构成反诉。

安徽省高级人民高院《关于审理医疗纠纷案件若干问题的指导意见》第三条规定,在患者以医疗损害责任纠纷起诉的案件中,医疗机构以终止医疗服务合同提起反诉的,告知医疗机构另行起诉,但医疗机构要求患者偿还拖欠的医疗费的,人民

法院可合并审理。

笔者认为,从案结事了的角度来讲,可以将医疗机构索要医疗费的案件与医疗侵权案件合并审理,但是否合并审理,应由受诉法院根据个案情况自行决定。

二、患者对医疗机构的收费项目及医疗费数额有疑问的,如何处理

从患者的知情权考虑,患者对医疗机构的收费项目有疑问的,医疗机构应当予以解释说明。如果患者进一步对某项具体的医疗费用的必要性和合理性提出异议,应当提交初步的证据。如果这些证据能够有针对性地指向某些具体的医疗费用,则应当由医疗机构对于其收费项目符合有关规定进行举证。必要时,可通过专业的医疗鉴定确认某些诊疗项目是否合理、必要,也可向卫生行政管理部门和价格鉴定机构核定收费数额是否合理。患者只是对医疗机构的医疗费用整体不认可而不提交初步证据的,人民法院可以按照医疗机构出示的住院医疗费明细来认定费用数额。

第22章 刑事犯罪

章首序

在前述多章中，我们分别阐述了医疗机构因医疗过错、医疗损害等致患者损害需要承担民事责任的情况。本章中，我们将列举两个案例阐述医疗领域发生的刑事犯罪。刑事犯罪是最严重的过错，具有严重的社会危害性、刑事违法性、应受刑罚处罚性三个特征。三个特征互相联系，不可分割，共同成为区分罪与非罪的总标准。而行为人一旦实施犯罪行为，必定要承担刑事责任，也就是由刑法规定的责任。根据《中华人民共和国刑法》，与医疗有关的刑事犯罪有医疗事故罪、非法行医罪、非法进行节育手术罪等。本章将结合案例分别讲述犯罪的构成要件以及刑事诉讼的基本程序。

Case 案例59 不构成医疗事故罪案

核心问题：医疗事故罪的构成要件是什么？

关键词：医疗事故罪构成要件

案情简介

2001年12月29日，患者赵某因发热在个体诊所输液，未见好转。次日17点左右，赵某因头痛、下腹痛加重，到县医院住院诊治。入院诊断为：发热待诊。入院后医生钱某给予治菌必妥以及其他对症治疗。患者于19:30分头痛加剧伴恶心、胸闷，给予甘露醇250ML。20:30分出现呼吸困难，不能平卧，考虑左心衰，给予对症处理。21:40分病情明显加重，给予抢救治疗。21:50

分患者突然呼吸、心跳停止，抢救无效死亡。尸检报告：心肌炎、心力衰竭。

赵某亲属认为诊疗过程中医生钱某“极端不负责任”、“滥用药物”，致使患者在输液过程中突然死亡，进行了不停止的上访、申诉。2002年1月28日、2002年3月12日，县、市两级医疗事故技术鉴定委员会均依据《医疗事故处理办法》做出鉴定结论：不属于医疗事故。2004年1月15日，省医学会依据《医疗事故处理条例》做出鉴定结论：本病例属于一级甲等医疗事故，医方承担轻微责任。赵某父亲遂于2004年4月20日持省医学会组织做出的医疗事故鉴定结论到县公安局报案。2004年6月29日，钱某因涉嫌医疗事故罪被取保候审。2004年10月17日，县人民检察院以医疗事故罪向县人民法院提起公诉，10月22日赵某亲属提起刑事附带民事诉讼，请求钱某赔偿100万元。

2004年12月6日，县人民法院组成合议庭公开审理了此案。在本案中，辩护人认为钱某的行为不构成医疗事故罪，遂从证据、事实、法律适用三个方面进行了无罪辩护。12月13日，经法庭准许，县人民检察院撤回公诉，随后公安局解除了对被告人的取保候审，本案终结。

律师解惑

本案是一起不构成医疗事故罪的案例。

一、我们有必要了解医疗事故罪的犯罪构成要件

所谓犯罪构成，是指刑法所规定的，符合犯罪概念基本特征构成犯罪所必须的客观要件和主观要件的综合。根据《刑法》第三百三十五条的规定，医疗事故罪，是指医务人员由于严重不负责任，造成就诊人员死亡，或者严重损害就诊人员身体健康的行为。正确认定医疗事故罪的关键，必须把握如下医疗事故罪的犯罪构成特征：

（一）客体要件

医疗事故罪侵犯的客体是复杂客体，即就诊人的生命健康权利和医疗单位的正常管理活动。犯罪对象是生命健康安全正遭受病魔侵害的病人。

（二）客观要件

医疗事故罪在客观方面表现为严重不负责任，致使就诊人员死亡或者严重损

害其身体健康的行为。

所谓严重不负责任，是指医务人员在诊疗护理工作中违反规章制度和诊疗护理常规，是构成医疗事故罪的必要条件之一。严重不负责任的行为方式既可以是作为，如医疗人员错误的诊断病情、开错处方、药师配错药等；也可以是不作为，如医务人员对危重病人不及时抢救或工作中擅离职守，致使病人得不到及时救治等。

危害结果的大小是衡量违法行为社会危害性的大小和区分罪与非罪的客观标准，构成本罪在客观上必须要求发生了病人重伤或死亡的结果。严重损害身体健康是指造成就诊人严重残疾或者严重功能障碍的。由于对这一问题的理解直接涉及罪与非罪的界限，目前尚定量性规定，因此，应由有关司法机关尽快作出司法解释为宜。

医务人员严重不负责任的行为，与就诊人死亡或身体健康严重受损的结果之间，具有刑法上的因果关系。这种因果关系，是在危害结果发生时使行为人负刑事责任的必要条件。

（三）主体要件

医疗事故罪的主体是特殊主体，即医务人员。本罪的主体同医疗事故的主体是一致的。即除了要达到刑事责任年龄、具备刑事责任能力以外，还必须是在医疗机构中从事诊疗、救治、担任护理工作的医师、药师和护士以及经国家主管部门批准开业的个体诊所的行医人员。

其他不具有行医资格的人非法行医造成就诊人员死亡或身体严重损害的，不能以本罪论处。

（四）主观要件

医疗事故罪的主观方面是过失。所谓过失，是指应当预见自己的行为可能发生危害社会的结果，因为疏忽大意没有预见，或者已经预见而轻信能够避免，以致发生这种结果的心理态度。根据我国《刑法》的规定，过失分为疏忽大意的过失和过于自信的过失。

1. 疏忽大意的过失

医疗事故罪的疏忽大意的过失，是指医务人员应当预见到自己违反的行为规章制度或诊疗护理常规，可能造成就诊人死亡或严重损害就诊人身体健康的后果，但由于疏忽大意而没有预见，以致这种结果发生的心理态度。

2. 过于自信的过失

医疗事故罪的过于自信的过失，是指医务人员已经预见到自己的行为违反规章制度或诊疗护理常规，可能发生就诊人死亡或严重损害就诊人身体健康的后果，但轻信能够避免，以致这种结果发生的心理状态。

以上是医疗事故罪的犯罪构成，当行为人的行为符合以上四个方面时则应认定它的行为构成了医疗事故罪，应当受到刑法的处罚；我国《刑法》第三百三十五条规定了医疗事故罪刑罚，犯本罪的，处三年以下有期徒刑或者拘役。

医疗过程是个复杂的动态过程，涉及众多学科，因此对医疗事故罪的认定也需要有严谨的科学态度，只有这样才能既保护国家正常的医疗秩序，又保护当事人合法权益不受侵害。

二、本案为何不构成医疗事故罪

本案中法院认定省医学会的行为违反法定程序，故其做出的医疗事故技术鉴定书应属于非法证据之列，不应在刑事审判中被采纳。何谓非法证据，是指与法律相抵触、没有确切含义和后果的笼统概念。依据《医疗事故处理条例》第二十一条，首次医疗事故鉴定应当由地市级医学会组织，省医学会没有进行首次医疗事故鉴定的权力，因此本次医疗事故技术鉴定违反了《医疗事故处理条例》。医院及其医务人员（尤其是被告人）实际上被剥夺了按照《医疗事故处理条例》进行再次鉴定的权利，因此，该鉴定结论属于违反《医疗事故处理条例》规定的鉴定程序而取得的证据。而这份证据导致犯罪构成要件中的主观要件与客观要件没有证据证明，因此，最终县人民检察院撤回公诉，符合罪刑法定原则。

法律链接

《中华人民共和国刑法》

第三百三十五条　医务人员由于严重不负责任，造成就诊人死亡或者严重损害就诊人身体健康的，处三年以下有期徒刑或者拘役。

案例60
构成非法行医罪案

核心问题：非法行医罪的构成要件是什么？

关键词：非法行医罪构成要件

案情简介

2004年7月2日16时许，患者吴某，男，11岁，因发热被其母孙某带到贺某经营的某卫生所就诊，因该诊所医师已经下班，贺某便给吴某静脉滴注清开灵、磷霉素等药物，静滴过程中，吴某出现抽搐、呕吐现象，20时，吴某被120救护车送到某中心医院抢救，同年7月4日经抢救无效死亡。经某司法鉴定中心鉴定，吴某的死亡原因符合上呼吸道感染并发早期脑炎及在输液过程中发生药物不良反应，引起多器官功能衰竭死亡。

某区检察院以被告人贺某未取得医生执业资格，为他人治病，造成就诊人死亡，其行为已构成非法行医罪，提请法院依照《中华人民共和国刑法》第三百三十六条第一款之规定，对被告人贺某依法惩处。

孙某也同时提出附带民事诉讼，要求赔偿医疗费、护理费、交通费、丧葬费、精神损害赔偿金等共计人民币35万余元。

被告人贺某及其辩护人辩称：(1)被告人贺某无主观过错。被害人吴某在被告人贺某经营的诊所就诊，属病情紧急，按《中华人民共和国护士管理办法》第二十一条规定，被告人贺某作为一名护士，应在此情况下采取力所能及的急救措施。而且被告人贺某使用清开灵注射液的输液行为，未违反操作规程且被告人贺某不是以非法营利为目的。(2)被害人吴某在被告人贺某的诊所治疗时间为3小时30分钟，在某中心医院的就诊时间为30小时33分钟，某中心医院的医疗行为是否有过错，这与被害人吴某的死亡之间具有直接的因果关系。被告人贺某认为某中心医院的医疗行为存有过错，具有误诊、误治行为。(3)公诉机关没有任何合法证据证明被害人吴某在被告人贺某经营的诊所发生了输液反应，而且，被害人吴某是死于输液过敏反应，也没有证据排除某中心医院在对被害人吴某的诊治行为中没有过错，与被害人吴某的死亡之间没有任何因果关系，并且，被害人吴某自身患有病毒性脑炎、上呼吸道感染。某司法鉴定中心鉴定：被害人吴某的死亡原因符合上呼吸道感染并发早期脑炎及在输液过程中发生药物不良反应引起各器官衰竭死亡。此鉴定证明被害人吴某的死亡原因系多因一果，对被害人吴某死亡的直接性唯一性没有确切说明，对什么药物不良反应未做确切说明。也就是死因不明，从罪刑法定原则出发，犯罪必须具备完整的构成要件，而本案通过上述分析表明，本案的客观方面明显不具备，因此，被告人贺某不属于犯罪。

法院经审理查明：被告人贺某具有护士资格。被害人吴某于2004年7月1日发烧，其母孙某给被害人吴某服用药物安瑞克，次日16时30分被害人吴某被孙某带到被告人贺某经营的诊所就诊，被告人贺某在没有医生下处方的情况下，给被害人吴某静滴清开灵、磷霉素等药物，在静滴磷霉素过程中，被害人吴某出现抽搐、呕吐，体温由38.6℃上升至42℃的现象，由于抽搐、呕吐现象严重，被害人吴某的母亲孙某请求急救中心急救，120救护车于20时将被害人吴某送至某中心医院进行救治。经过某中心医院30多个小时的救治，被害人吴某于同年7月4日2时50分死亡。某中心医院出具的死亡证明确诊被害人吴某的死亡原因是上感、输液反应。被害人吴某经某司法鉴定中心鉴定的死亡原因是：被害人吴某符合因静脉滴注清开灵后发生药物不良反应，导致急性呼吸、循环功能障碍而死亡。某司法鉴定中心意见书认定：被害人吴某死亡原因符合上呼吸道感染并发早期脑炎及在输液过程中发生药物不良反应，引起多器官功能衰竭死亡。

法院认为，被告人贺某在未取得执业医师资格，致被害人吴某死亡，其行为已构成非法行医罪。公诉机关指控的罪成立，适用法律意见正确，予以支持；被告人贺某及其辩护人提出被告人贺某是多年的护士，为急救被害人吴某而采取紧急措施的意见，因被告人贺某实施的是常规治疗，不是急救措施，故不予支持；其提出的某中心医院对被害人吴某治疗存在过错，应追加某中心医院为本案附带民事诉讼共同被告的意见，于法无据且证据不足，不予支持；辩护人提出鉴定程序违法及鉴定结论无科学根据的主张，其理由不成立，不予支持。

根据《中华人民共和国刑法》第三百三十六条第一款、第五十二条、第五十三条、《中华人民共和国民法通则》第一百一十九条之规定，判决如下：(1)被告人贺某犯非法行医罪，判处有期徒刑十年，并处罚金人民币一万元；(刑期从判决执行之日起计算。判决执行以前先行羁押的，羁押一日折抵刑期一日。)罚金于判决生效后，十日内付清。(2)被告人贺某赔偿附带民事诉讼原告人孙某医疗费3246元、护理费120元、死亡赔偿金149,420元、丧葬费6278.50元、存尸费28,600元、保全证据费用500元、交通费5729元、住宿费1540元、鉴定费10,000元，合计205,433.50元，此款于判决生效后立即给付。

一审判决后，被告人不服，提起上诉。

经二审审理后，改判被告人贺某犯非法行医罪，判处有期徒刑三年，缓刑三年，并处罚金人民币一万元。附带民事赔偿部分维持原判。

律师解惑

本案是一起构成非法行医罪的案例。

一、关于非法行医罪的犯罪构成要件

非法行医罪，是指未取得医生执业资格的人非法行医，为他人治病，情节严重的行为。

(一)客体要件

本罪的客体是复杂客体，其主要客体是国家对医疗卫生工作的管理制度，次要客体是公共卫生。

行医是关系到人民生命健康的特殊职业，因此，国家对这一行业的管理极为严格。不仅对行医者的资格加以严格限制，要求行医者除要有良好的政治思想条件外，还要具备一定的技术资格，以保证医疗质量，保障人民的生命健康安全。而且还对行医活动，制定了一整套管理工作规范及制度，以促进我国医疗卫生事业的健康发展。非法行医，不仅扰乱了业已建立的良好的医疗卫生工作管理秩序，而且往往由于非法行医者不具备执业的资格和条件，医疗服务质量差，同时也侵犯了就诊人的身体健康和生命安全，因就诊人是不特定或多数的，故本罪侵犯了公共卫生。

(二)客观要件

本罪在客观方面表现为非法行医情节严重的行为。

非法行医,是指无医生执业资格从事诊疗活动,包括在医疗机构中从事诊疗活动和擅自开业从事诊疗活动。有医生执业资格而未取得开业执照行医的,不属本条所称非法行医。

情节严重,一般指非法行医,屡教不改的;骗取大量钱财的;损害就诊人身体健康的等。严重损害就诊人身体健康、造成就诊人死亡是适用较重法定刑的情节。

(三)主体要件

本罪的主体是未取得医生执业资格的自然人。

(四)主观要件

本罪在主观方面表现为故意,即明知无医生执业资格而非法行医。本罪的故意,只需认识到无执业资格的事实,不问行为人是否明知无执业资格行医的非法性质。

行为人对病人伤亡结果存在间接故意的罪过而不是业务过失的罪过。因为,在认识因素上,行为人既对自己缺乏行医技能和控制病情发展的能力是明知的,又对病人在得不到有效及时治疗时会伤残直至死亡是明知的,所以不是疏忽大意的过失;在意志因素上,对病人的伤残、死亡采取了漠然视之,听之任之的放纵态度。

犯本罪的,处三年以下有期徒刑、拘役或者管制,并处或者单处罚金;严重损害就诊人身体健康的,处三年以上十年以下有期徒刑,并处罚金;造成就诊人死亡的,处十年以上有期徒刑,并处罚金。

二、关于刑事诉讼的基本程序

按照《刑事诉讼法》的规定,一般刑事案件大致要经过 3 个阶段,即侦查阶段(公安机关)、审查起诉阶段(人民检察院)和审判阶段(人民法院)。

(一)立案

公安机关或者人民检察院发现有犯罪事实需要追究刑事责任的时候,应当按照管辖范围立案。

(二)侦查

公安机关对于现行犯或者重大嫌疑分子可以刑事拘留。对于被拘留的人,应当在拘留后的24小时以内进行讯问。犯罪嫌疑人在被侦查机关第一次讯问后或者采取强制措施之日起,可以聘请律师为其提供法律咨询、代理申诉、控告。受委托的律师有权向侦查机关了解犯罪嫌疑人涉嫌的罪名,可以会见在押的犯罪嫌疑人,向犯罪嫌疑人了解有关的案件情况。

公安机关对被拘留的人,认为需要逮捕的,应当在拘留后的三日以内,提请人民检察院审查批准。在特殊情况下,提请审查批准的时间可以延长一日至四日。对于流窜作案、多次作案、结伙作案的重大嫌疑分子,提请审查批准的时间可以延长至三十日。人民检察院应当自接到公安机关提请批准逮捕书后的七日以内,作出批准逮捕或者不批准逮捕的决定。人民检察院不批准逮捕的,公安机关应当在接到通知后立即释放,并且将执行情况及时通知人民检察院。对于需要继续侦查,并且符合取保候审、监视居住条件的,依法取保候审或者监视居住。

犯罪嫌疑人被逮捕的,聘请的律师可以为其申请取保候审。

公安机关对犯罪嫌疑人逮捕后的侦查羁押期限不得超过二个月。案情复杂、期限届满不能终结的案件,可以经上一级人民检察院批准延长一个月。

公安机关侦查终结的案件,应当做到犯罪事实清楚,证据确实、充分,并写出起诉意见书,连同案卷材料、证据一并移送同级人民检察院审查决定;同时将案件移送情况告知犯罪嫌疑人及其辩护律师。

(三)审查起诉

人民检察院审查案件,应当讯问犯罪嫌疑人,听取被害人和犯罪嫌疑人、被害人的委托人的意见。

人民检察院对于公安机关移送起诉的案件,应当在一个月以内作出决定,重大、复杂的案件,可以延长半个月。

人民检察院认为犯罪嫌疑人的犯罪事实已经查清,证据确实、充分,依法应当追究刑事责任的,应当作出起诉决定,按照审判管辖的规定,向人民法院提起公诉。

(四)审判

人民法院对提起公诉的案件进行审查后,对于起诉书中有明确的指控犯罪事实,应当决定开庭审判。除涉及国家秘密或者个人隐私的案件,人民法院审判第一审案件应当公开进行。

人民法院审理公诉案件,应当在受理后二个月以内宣判,至迟不得超过三个月。有《刑事诉讼法》第一百五十六条规定情形之一的,经上一级人民法院批准,可以延长三个月;因特殊情况还需要延长的,报请最高人民法院批准。

法庭审理后,人民法院根据已经查明的事实、证据和有关的法律规定,分别作出以下判决:(1)案件事实清楚,证据确实、充分,依据法律认定被告人有罪的,应当作出有罪判决;(2)依据法律认定被告人无罪的,应当作出无罪判决;(3)证据不足,不能认定被告人有罪的,应当作出证据不足、指控的犯罪不能成立的无罪判决。

被告人、自诉人和他们的法定代理人,不服地方各级人民法院第一审的判决、裁定,有权用书状或者口头向上一级人民法院上诉。被告人的辩护人和近亲属,经被告人同意,可以提出上诉。不服判决的上诉和抗诉的期限为十日。

第二审人民法院对上诉案件,应当组成合议庭,开庭审理。第二审人民法院决定不开庭审理的,应当讯问被告人,听取其他当事人、辩护人、诉讼代理人的意见。

第二审人民法院对不服第一审判决的上诉、抗诉案件,经过审理后,应当按照下列情形分别处理:(1)原判决认定事实和适用法律正确、量刑适当的,应当裁定驳回上诉或者抗诉,维持原判;(2)原判决认定事实没有错误,但适用法律有错误,或者量刑不当的,应当改判;(3)原判决事实不清楚或者证据不足的,可以在查清事实后改判;也可以裁定撤销原判,发回原审人民法院重新审判。

第二审的判决、裁定和最高人民法院的判决、裁定,都是终审的判决、裁定。被告人不能上诉。

本案先后经过立案、侦查、审查起诉、审判四个程序,审判经过一审、二审,最终认定符合非法行医罪的构成要件,判决被告构成非法行医罪。

结 束 语

本篇列举两个案例,分别为构成或不构成犯罪。实践中,这两类案件比较少见,与目前对这两类犯罪的认定欠缺细则有关,特别是情节严重应如何判定缺少司法解释,究竟以医疗事故等级认定还是以其他标准认定,各地标准不一。另外,因为医疗案件常常存在多因一果问题，所以，针对刑事案件中所要求的刑事因果关系，常常难以认定，这也是本篇非法行医罪案例中所反映的问题。

除此之外，需要注意的是，非法行医的行为人在承担刑事责任的同时，还必须承担民事赔偿责任。在审判实践中，因非法行医引起的损害赔偿案件的处理，有时在审查起诉时忽略了非法行医人可能涉嫌犯罪这一特点，直接按人身损害赔偿案件予以受理。正确的做法是根据不同情况分别处理：如果非法行医经公安机关立案侦查认为不构成犯罪的，患方提起民事诉讼的，法院受理；如果公安机关、检察机关认定为非法行医涉嫌犯罪而进行刑事侦查的，患方则不能提起民事诉讼，而应在刑事诉讼过程中提起刑事附带民事诉讼。如果患方没有提起附带民事诉讼，则可以在刑事判决生效后另行提起人身损害赔偿之诉。人身损害赔偿之诉仍然需要满足损害后果、行为违法性、行为违法性与损害后果之间存在因果关系、行为人主观上存在过错四个构成要件。因此，即便被诉的非法行医者存在非法行医问题，仍然要对其非法行医行为与损害后果有无因果关系及责任程度进行审查。

第23章 诉讼实务指南

相信读者看到这儿，一定对诉讼程序有了清晰的认识，但是对有些具体问题，包括如何综合设计，如何庭审概括，赔偿的具体构成和法院支持是什么，不是太清晰，笔者在本章对诉讼实务部分作一总结。

一、作为当事人要善于归纳争议焦点

争议焦点是指案件的主要矛盾，是从案件事实和理由中归纳得出的，笔者在本书诸多案例中提到争议焦点归纳这个环节，一般落实在医方有哪些过错，医方过错与患者损害之间是否有因果关系上。针对这点，不管是原告还是被告，作为当事人要善于举证以证明自己的观点，随着争议焦点的剖析，自己的主张得到支持。比如案例8“老年患者住院期间如厕摔倒诉讼案”就是争议焦点归纳和举证的典范。

二、整个过程要符合逻辑推理，有客观证据与法律依据支持

庭审中常见当事人陈述或抗辩时没有逻辑，没有条理，抓住细枝末节大发议论，但针对焦点问题却没有阐述或者没有深入，这种情况对自己是极为不利的，比如案例五十三“安乃近服用争议诉讼案”，原告方就没有仔细查看安乃近的药品说明书，没有读懂相关专业术语，在庭审过程中一直围绕着肝癌的治疗阐述，对诉状中列举的安乃近没有很好的阐述，丧失了诉讼有利机会。

三、当自己无法取证时，要及时申请法院调查取证或申请证据保全

《民事诉讼法》第六十七条规定：“人民法院有权向有关单位和个人调查取证，有关单位和个人不得拒绝。人民法院对有关单位和个人提出的证明文书，应当辨

别真伪，审查确定其效力。”第八十一条规定：“在证据可能灭失或者以后难以取得的情况下，当事人可以在诉讼过程中向人民法院申请保全证据，人民法院也可以主动采取保全措施。”

通过申请法院调查证据或证据保全措施，可以迅速固定可能会灭失的证据，弥补自己取证能力的不足。

四、诉讼请求设计应完整严密

笔者在第四章“诉讼程序与特点”中列举了一份民事起诉状，在其中，将诉讼请求设计成几部分，有经济损失费，有精神损失费，有保留后续治疗费等部分，其中在经济损失费中将残疾赔偿金等待鉴定后追加，这样设计的目的一可以节约立案时诉讼费，二可以给自己在庭审中调整诉讼请求留有余地，其法律依据是《民事诉讼法》第五十一条：“原告可以放弃或者变更诉讼请求。被告可以承认或者反驳诉讼请求，有权提起反诉。”但是受到相关限制，《最高人民法院关于民事诉讼证据的若干规定》第三十四条规定：“当事人增加、变更诉讼请求或者提起反诉的，应当在举证期限届满前提出。”但是在第三十五条提出，“诉讼过程中，当事人主张的法律关系的性质或者民事行为的效力与人民法院根据案件事实作出的认定不一致的，不受本规定第三十四条规定的限制，人民法院应当告知当事人可以变更诉讼请求。当事人变更诉讼请求的，人民法院应当重新指定举证期限”。一般实务中，当事人诉讼请求变更必须在鉴定意见质证前完成。

五、要注意诉讼请求和项目应有票据单证佐证

诉请请求包括医疗费、误工费、护理费、交通费、住宿费等，每一项均应按照《最高人民法院关于审理人身损害赔偿案件适用法律若干问题的解释》提出相应的单证、票据等证明材料。

六、要注意最终认定与之前诉请可能不一致

最终判决时，法官会依据《民法通则》《侵权责任法》等规定，特别是《最高人民法院关于审理人身损害赔偿案件适用法律若干问题的解释》的规定进行审查。其

具体内容如下：

（一）医疗费，根据医疗机构出具的医药费、住院费等收款凭证，结合病历和诊断证明等相关证据确定。

医疗费的赔偿数额，按照一审法庭辩论终结前实际发生的数额确定。器官功能恢复训练所必要的康复费、适当的整容费以及其他后续治疗费，赔偿权利人可以待实际发生后另行起诉。但根据医疗证明或者鉴定结论确定必然发生的费用，可以与已经发生的医疗费一并予以赔偿。

如果是医保支付的，从个人账户部分支付的费用也是医疗费请求构成部分。

（二）误工费，根据受害人的误工时间和收入状况确定。误工时间根据受害人接受治疗的医疗机构出具的证明确定。

受害人因伤致残持续误工的，误工时间可以计算至定残日前一天。受害人有固定收入的，误工费按照实际减少的收入计算。受害人无固定收入的，按照其最近三年的平均收入计算；受害人不能举证证明其最近三年的平均收入状况的，可以参照受诉法院所在地相同或者相近行业上一年度职工的平均工资计算。

误工费证据需要提交有关劳动合同和税单，法院认为可以酌定的除外。

（三）护理费，根据护理人员的收入状况和护理人数、护理期限确定。护理人员有收入的，参照误工费的规定计算；护理人员没有收入或者雇佣护工的，参照当地护工从事同等级别护理的劳务报酬标准计算。

护理人员原则上为一人，但医疗机构或者鉴定机构有明确意见的，可以参照确定护理人员人数。

护理期限应计算至受害人恢复生活自理能力时止。受害人因残疾不能恢复生活自理能力的，可以根据其年龄、健康状况等因素确定合理的护理期限，但最长不超过二十年。

受害人定残后的护理，应当根据其护理依赖程度并结合配制残疾辅助器具的情况确定护理级别。

（四）交通费，根据受害人及其必要的陪护人员因就医或者转院治疗实际发生的费用计算。交通费应当以正式票据为凭；有关凭据应当与就医地点、时间、人数、次数相符合。

（五）住院伙食补助费，可以参照当地国家机关一般工作人员的出差伙食补助标准予以确定。

受害人确有必要到外地治疗，因客观原因不能住院，受害人本人及其陪护人员实际发生的住宿费和伙食费，其合理部分应予赔偿。

（六）营养费，根据受害人伤残情况参照医疗机构的意见确定。

（七）残疾赔偿金，根据受害人丧失劳动能力程度或者伤残等级，按照受诉法院所在地上一年度城镇居民人均可支配收入或者农村居民人均纯收入标准，自定残之日起按二十年计算。但六十周岁以上的，年龄每增加一岁减少一年；七十五周岁以上的，按五年计算。

受害人因伤致残但实际收入没有减少，或者伤残等级较轻但造成职业妨害严重影响其劳动就业的，可以对残疾赔偿金作相应调整。

（八）残疾辅助器具费，按照普通适用器具的合理费用标准计算。伤情有特殊需要的，可以参照辅助器具配制机构的意见确定相应的合理费用标准。辅助器具的更换周期和赔偿期限参照配制机构的意见确定。

（九）丧葬费按照受诉法院所在地上一年度职工月平均工资标准，以六个月总额计算。

（十）死亡赔偿金，按照受诉法院所在地上一年度城镇居民人均可支配收入或者农村居民人均纯收入标准，按二十年计算。但六十周岁以上的，年龄每增加一岁减少一年；七十五周岁以上的，按五年计算。

（十一）精神损害抚慰金，根据法院当地标准酌定。

（十二）关于被抚养人生活费，根据《最高人民法院关于适用〈中华人民共和国侵权责任法〉若干问题的解释》，将被抚养人生活费计入残疾赔偿金或死亡赔偿金，不再另行计算。

（十三）关于后续治疗费，原告可予以保留，待实际发生时再另行计算。

七、关于一事不再理原则

在医患纠纷中，可能出现这种情况，患者在起诉时是残疾状态，经鉴定认定构成医疗损害，法院判决医方赔偿原告患者残疾赔偿金等损失，一段时间后患者死亡，家属认为患者的死亡是医方上次过错造成的，所以再次起诉要求医方赔偿死亡赔偿金等损失，这时法院会根据“一事不再理”的法律原则，驳回原告的诉讼请求。这就是一次过错一次审理原则，基础是患者（方）已经通过残疾赔偿金等获得了司法救济。

第24章 调解实务指南

通过本书所列案例,可以发现调解是解决医患纠纷的常用方式之一。调解与诉讼相比有以下特点:诉讼较刚性,调解较柔性;诉讼对证据要求严格,调解对证据要求相对宽松;诉讼时间相对偏长,调解时间相对偏短;诉讼可历经二审,调解一次解决。如此看来,调解较诉讼明显有优势,但调解也有其缺点,比如在调节过程中对双方当事人无强制约束力,当事人随时可以拒绝调解,如果把控不好,极容易导致调解失败。所以,如何发挥调解优势,以期能快速有效地解决医患纠纷,需要在实务中抓住本质才行。

当事人在调解实务中要抓住以下几点:

一、如何理解合情合理合法原则

合情合理合法是调解的基本原则,那么怎么把控这三者呢? 那就是必须理解这三者的含义。合情是指调解要合乎人情、人性、伦理,要符合当地的民风民俗民情。合理是指行为要合乎事理和道理,要通过摆事实讲道德来陈述观点,主张救济,不能违背社会规律和公序良俗。合法是指行为要符合国家法律规范,要求不能超越法律要求。

二、调解员受理调解申请后,在审查时遵循什么顺序

首先审查是否合法。比如案例十"剖宫产术后四小时死亡调解案",该案提请调解时,调解员首先请专家审查医方是否存在过错,是否违反了诊疗常规等规定,先要确定是否应赔偿。经过审查,专家认为,从病程记录单上可以看出,医师已经观察到了患者产后大出血,但是,由于处理失误,没有及时启动再次手术,导致病情贻误,医方存在过错,应承担主要责任。获得这个咨询意见后,调解员接着先后征

询医方患方的意见,是否有异议,双方考虑后均无异议,调解员就可以开展调解工作了。如果没有合法性的审查,也就是患方主张是否有法理依据的审查,则调解工作开始就会受阻碍,无法展开。这就提示调解员对一起案例的调解要有先后次序安排。

其次审查是否合理。也就是当事人的主张是否有道理,是否符合社会公序良俗。比如有当事人提出要医院承担50万的精神损失费,这在现阶段是不符合社会一般规律的,也比如有医院对医方过错造成当事人伤残无异议,但是认为不应承担其后续治疗费,这个观点也不符合伤情救济的社会良俗。调解员需要做疏导沟通工作。

最后审查是否合情。也就是如何在法律的硬性规定与感情的弹性倾向之间寻找平衡点。比如,按照次要责任,法律要求医方赔偿30%的责任即可,但是这仍无法充分救济当事人,调解人员就可以在30%至60%之间展开工作,这就是合情原则。

三、通常情况下,调解员在具体调解时遵循什么顺序

在医患双方面对面展开调解工作时,调解员一般遵循先合情、再合理、再合法的顺序。

第一步,合情。

通常在一起医疗纠纷中,患者非死即伤或残,这对于家属而言,是不可忍受之痛,如果处置不当,就会使家属突破情感忍受底线,不顾一切而出现非理性行为。如能选择调解程序,在起始阶段,医方或第三方调解员应站在患方相同的情感立场上,为患方分解痛苦,这一站在患者相同立场上的行为,我们称之为"同情",也即同一个情感。人不可无同情心,当然仅仅依靠同情心是不可能解决问题的,但无同情心是万万不行的。缺乏同情心只会使双方对立情绪陡增,关系僵化,那连坐在一起的可能性都没有了,怎么还能调解呢?如果医方通过对患方设身处地的同情,使患方情绪平静下来,那么就使调解有了基础,第一步就完成,这一步我们称之为"通情",也即动之以情。

第二步,合理。

这一步就进入对医疗纠纷本身情节的条分缕析,抓住主要矛盾进行剖析,可暂不分责任，当然这时要求任何一方都不能随意责难对方，调解员在这一环节中要发挥非常重要的作用，要随时调整状态，约束规范双方，并适当引导，否则一旦处理不慎，很容易导致前功尽弃，有时甚至会发生次生纠纷。这个分析过程要掌握好融入常理和情理，并能掌握节奏和步调，只能是相对正确，任何一方都不能认死理，否则就会使问题僵死。在这一过程中，患方要求过高或医方过于保守也很难调解。这一步，我们称之为“达理”，也即晓之以理。

第三步，合法。

这一步就要看医方行为是否有错，医方要承担多少责任。如果双方能达成一致认识，则无须启动专家咨询，如果无法达成则决定是否启动专家咨询，如果既无法达成一致认识又不愿启动专家咨询，而且也不认可调解员的观点，则调解就终结了。在这一过程中，调解员要适时提出相关补充程序，同时可以列出类似案例的处置方式，以使双方面对现实，在通情达理的基础上，约之以法，在法律的框架内完成调解。总之，调解既不能侵害弱势群体的利益，也不能纵容医闹。法律的尊严不容挑战。

四、在调解程序中应当如何分配主次

调解遵循自愿原则，医患双方能进入医调委调解，一般说明有一定的基础，也就是医方认为自己的行为存在一定过错（本书列举的调解成功的案例均有这个认识基础）。这时候作为患方应当本着客观务实的精神展开调解，开始就可以和调解员亮明自己的观点和主张，提出赔偿要求。调解程序不像是诉讼程序，须对证据进行严谨规范的质证，调解员不是鉴定专家，也不可能一对一地剖析医方过错，调解适用适当的模糊策略，对证据采用盖然性原则判断，当然不能违法，对医方的责任程度适当概括，所以，作为患方要有准备，多少能谈，多少不能谈，可以和调解员表明以供参考。在调解过程中，患者的重点最好放在救济额上。当然，在调解中，医方也不能用严格的诉讼赔偿计算方式来锱铢必较，诉讼计算方式可以参考，但要适当放宽，一般而言，调解赔偿额要较诉讼赔偿额略高。

五、如果调解失败，患方要考虑是否及时启动诉讼程序，以期通过诉讼维权

后　记

笔者是一名具有医疗背景的专业律师，在从事多年医患纠纷案件的过程中，逐渐感到有必要将自己多年的经验和心得整理一下，刚好在2014年5月，法律出版社冯雨春编辑向我约稿，提出能否写一本有关医患纠纷处理方面的书，当时一拍即合。然还是心有戚戚，恐力所不逮。但还是在雨春编辑的提醒下，利用工作中的便利条件，游走于全国各地，有意识地积累并整理了一些材料，行近春节，终于有了一个囫囵时间，坐下写作。

一旦提起笔来，立刻就有一个问题横亘于前：写作的目的是为了给读者提供一些处理医患纠纷的技巧、经验，抑或方法、规则，抑或法律支点？仔细考量，以上方面还仅仅局限于外在关系的梳理上，偏重于"术"的方面，还未触及事物的根本。

那么，事物的根本在哪里呢？这就是科学的思维方法，就是一种科学精神。《同舟共进》杂志2014年第一期专题策划中关于"中国人与科学精神"几篇文章给了我很深的启发，让我厘清了科学思想和科学技术的区别，无疑是雪中送炭。

在本书的写作过程中，笔者试图提倡一种科学精神，尽量应用科学思维方法来有效解决医患纠纷。

在此，趁本书付印之时，一并向冯雨春编辑和《同舟共进》杂志的编委们致以崇高的敬意和衷心的感谢！

陈云芳

2015年1月12日

附录：

1. 医疗损害(人身损害)赔偿项目及计算依据

<table>
<tr><th></th><th>赔偿项目</th><th colspan="3">计算依据</th></tr>
<tr><td>1</td><td>医药费</td><td colspan="3">按医疗费发票单据。</td></tr>
<tr><td>2</td><td>误工费</td><td colspan="3">按实际减少收入计算,不能举证可以参照当地最低工资标准。(期限需鉴定)</td></tr>
<tr><td>3</td><td>护理费</td><td colspan="3">按实际产生的费用计算,如是家属护理,则按家属实际减少收入计算。(期限需鉴定)</td></tr>
<tr><td>4</td><td>营养费</td><td colspan="3">30—50/天×营养期限。(期限需鉴定)</td></tr>
<tr><td>5</td><td>交通费</td><td colspan="3">根据实际医疗需要实际发生交通费发票计算</td></tr>
<tr><td>6</td><td>住宿费</td><td colspan="3">合理发生实际费用。</td></tr>
<tr><td>7</td><td>住院伙食补助费</td><td colspan="3">20元/天×住院时间</td></tr>
<tr><td>8</td><td>鉴定费</td><td colspan="3">凭鉴定机构出具的发票。</td></tr>
<tr><td>9</td><td>律师费</td><td colspan="3">凭票据和聘请律师合同,法院酌定。</td></tr>
<tr><td rowspan="6">10</td><td rowspan="6">残疾赔偿金</td><td rowspan="2">60周岁及其以下</td><td colspan="2">城市居民家庭人均可支配收入×20×伤残系数</td></tr>
<tr><td colspan="2">农村居民人均纯收入×20×伤残系数</td></tr>
<tr><td rowspan="2">61—75周岁</td><td>城市居民家庭人均可支配收入×年限×系数</td><td rowspan="2">增加一岁减少一年</td></tr>
<tr><td>农村居民人均纯收入×年限×系数</td></tr>
<tr><td rowspan="2">75周岁以上</td><td colspan="2">城市居民家庭人均可支配收入×5×系数</td></tr>
<tr><td colspan="2">农村居民人均纯收入×5×系数</td></tr>
<tr><td>11</td><td>残疾辅助器具费</td><td colspan="3">普通实用器具的合理标准计算(中等标准)</td></tr>
<tr><td>12</td><td>丧葬费</td><td colspan="3">上一年度职工月平均工资×6个月</td></tr>
<tr><td rowspan="2">13</td><td rowspan="2">被扶养人生活费</td><td colspan="3">城市居民人均消费性支出×年限</td></tr>
<tr><td colspan="3">农村居民人均消费性支出×年限</td></tr>
</table>

续表

<table>
<tr><th></th><th>赔偿项目</th><th colspan="3">计算依据</th></tr>
<tr><td rowspan="6">14</td><td rowspan="6">死亡赔偿金</td><td rowspan="2">60 周岁
及其以下</td><td colspan="2">城市居民家庭人均可支配收入×20</td></tr>
<tr><td colspan="2">农村居民人均纯收入×20</td></tr>
<tr><td rowspan="2">61—75 周岁</td><td>城市居民家庭人均可支配收入×年限</td><td rowspan="2">增加一岁减少一年</td></tr>
<tr><td>农村居民人均纯收入×年限</td></tr>
<tr><td rowspan="2">75 周岁以上</td><td colspan="2">城市居民家庭人均可支配收入×5 年</td></tr>
<tr><td colspan="2">农村居民人均纯收入×5 年</td></tr>
<tr><td rowspan="2">15</td><td rowspan="2">精神损失费</td><td>死亡</td><td colspan="2">5 万元左右</td></tr>
<tr><td>残疾</td><td colspan="2">5 万元×系数，情况特别严重可以酌情处理。</td></tr>
</table>

2. 最新各省人身损害赔偿标准汇总表

根据《最高人民法院关于审理人身损害赔偿案件适用法律若干问题的解释》的规定，医疗损害（人身损害）赔偿纠纷中残疾赔偿金、丧葬费等赔偿项目的赔偿标准要根据受诉法院所在地上一年度城镇居民人均可支配收入或者农村居民人均纯收入标准以及职工月平均工资标准来确定。

现根据各省公布的最新统计数据整理的最新人身损害赔偿标准表，供参考。（数据通过互联网收集截止至 2015 年 1 月，准确数据以当地统计局最新公布为准）

A	安徽	城镇居民家庭人均可支配收入 23114 元； 城镇居民家庭人均消费性支出 16285 元； 农民人均纯收入 8098 元； 农民家庭人均生活消费支出额 5725 元； 城镇非私营单位在岗职工工资 47806 元； 城镇私营单位就业人员年平均工资 30872 元。

续表

B	北京	城镇居民人均可支配收入 40321 元； 农村居民人均纯收入 18337 元； 城镇居民人均消费性支出达到 26275 元； 农村居民人均消费性支出达到 13553 元。
C	重庆	城镇居民人均可支配收入 25216 元； 农村居民人均纯收入 8332 元； 城镇居民人均消费性支出 17814 元； 农村居民消费性支出 5796 元。
F	福建	城镇居民人均可支配收入 30816 元； 城镇居民人均消费性支出 20092 元； 农村居民人均纯收入 11184 元； 农村居民人均年生活消费支出 8151 元。 注:未包括金门县和连江县的马祖列岛。
G	甘肃	城镇居民人均可支配收入 18964.78 元； 城镇居民人均消费性支出 14020.72 元； 农村居民人均纯收入 5107.76 元； 农村居民人均年生活消费支出 4849.61 元。
	广东	城镇居民人均可支配收入(元/年) 计划单列市深圳 44653.10 元； 经济特区珠海 36375.00 元； 汕头 22206.10 元； 一般地区 33090.05 元。 农村居民人均纯收入(元/年)11669.31 元。 城镇居民人均消费性支出(元/年) 计划单列市深圳 28812.40 元； 经济特区珠海 26130.60 元； 汕头 19550.20 元。 一般地区 24105.60 元。 农村居民人均年生活消费支出(元)8343.50 元。 国有单位在岗职工年均工资(元/年)； 计划单列市深圳 90393 元； 经济特区珠海 77504 元； 汕头 49475 元； 一般地区 59345 元。
	广西	城镇居民人均可支配收入 21243 元； 农村居民人均纯收入 6008 元； 城镇居民人均消费性支出 14244 元； 农村居民人均年生活消费支出 4878 元； 职工月平均工资 3135 元。

续表

G	贵州	城镇居民人均可支配收入为 20667.07 元/年； 农村居民人均纯收入为 5434.00 元/年； 城镇居民人均消费性支出为 13702.87 元/年； 农村居民人均年生活消费支出为 4740.18 元/年； 城镇单位从业人员年平均工资 37448 元。
H	海南	城镇居民人均可支配收入 20918 元/年； 农村居民人均纯收入 7408 元/年； 城镇居民人均消费性支出 14457 元/年； 农村居民人均年生活消费支出 4736 元/年； 职工平均工资 40051 元/年。
	河北	城镇居民人均可支配收入 22580 元/年； 城镇居民人均消费性支出 13641 元/年； 农村居民人均纯收入 9102 元/年； 农村居民人均年生活消费支出 6134 元/年。
	河南	城镇居民人均可支配收入 22398.03 元； 城镇居民人均消费性支出 14821.98 元； 农村居民人均纯收入 8475.34 元； 农村居民人均生活消费支出 5627.73 元； 城镇单位在岗职工年平均工资为 37958 元/年。
	黑龙江	城镇居民人均可支配收入 19597 元； 农村居民人均纯收入 9634.1 元； 城镇居民人均消费性支出 14162 元； 农村居民人均年生活消费支出 6813.6 元； 城镇非私营单位就业人员平均工资 40794 元/年。
	湖北	城镇居民人均可支配收入 22906 元； 农村居民人均纯收入 8867 元； 城镇居民人均消费性支出 15750 元； 农村居民人均年生活消费支出 6280 元； 在岗职工平均工资 38720 元。
	湖南	城镇居民人均可支配收入 23414 元； 农村居民人均纯收入 8372 元； 城镇居民人均消费性支出 15887 元； 农村居民人均年生活消费支出 6609 元。
J	吉林	城镇居民人均可支配收入 22274.6 元/年； 城镇居民人均消费性支出 15932.3 元/年； 农村居民人均纯收入 9621.2 元/年； 农村居民人均年生活消费支出 7379.7 元/年。

续表

J	江苏	城镇居民人均可支配收入 32538 元; 城镇居民人均消费性支出 20371 元; 农村居民人均纯收入 13598 元; 农村居民人均生活消费支出 9607 元; 职工年平均工资和江苏省分细行业在岗职工平均工资表,待统计局数据公布后再做通报。
	江西	城镇居民人均可支配收入 21873 元/年; 农民人均纯收入 8781 元/年; 城镇居民年消费性支出 12776 元/年; 农民年生活消费支出 5130 元/年; 在岗职工平均工资 39651 元/年。
L	辽宁	城镇居民人均可支配收入 25578 元; 农村居民人均纯收入 10523 元; 城镇居民人均消费性支出 16594 元; 农村居民人均年生活消费支出 5998 元; 城镇单位在岗职工平均工资 42503 元。
N	内蒙古	城镇居民人均可支配收入 25497 元/年; 城镇居民人均消费性支出 19249 元/年; 农村居民人均纯收入 8596 元/年; 农村居民人均年生活消费支出 7268 元/年。
	宁夏	全年城镇居民人均可支配收入 21833 元; 全年农村居民人均纯收入 6931 元; 城镇居民人均消费性支出 14067.2 元/年; 农村居民人均年生活消费支出 5633 元/年。
Q	青海	职工平均工资 52105 元; 城镇居民人均可支配收入 19499 元; 城镇居民人均消费性支出 13539.5 元; 农村居民人均纯收入 6196.39 元; 农村居民人均生活消费性支出 6060.9 元。
S	山东	城镇居民家庭人均可支配收入 28264 元; 城镇居民家庭人均消费性支出 17112 元; 农民人均纯收入 10620 元; 农民家庭人均生活消费支出 7393 元。
	山西	城镇居民人均可支配收入为 22456 元; 农村居民人均纯收入为 7154 元; 城镇居民人均消费性支出为 13166 元; 农村居民人均生活消费支出为 6017 元; 城镇单位在岗职工年均工资为 46407 元。

续表

S	陕西	城镇居民人均可支配收入 22858 元; 城镇居民人均消费性支出 16680 元; 农村居民人均纯收入 6503 元; 农村居民人均生活消费支出 5724 元; 在岗职工平均工资 44330 元。(由于《2013 年陕西国民经济和社会发展统计公报》中尚未发布 2012 年在岗职工平均工资,故在岗职工平均工资仍以 2012 年的 44330 元为准)
	上海	城市居民家庭人均可支配收入 43851 元; 农村居民人均纯收入 19208 元; 城市居民人均消费性支出 28155 元; 农村居民人均消费性支出 13425 元。
	四川	城镇居民人均可支配收入 22368 元; 农村居民人均纯收入 7895 元; 城镇居民人均消费性支出 16343 元; 农村居民人均年生活消费支出 6127 元; 职工平均工资:暂未公布,老标准为:37924 元。
T	天津	城市居民人均可支配收入 32658 元; 城市居民人均消费支出 21850 元; 农村居民人均可支配收入 15405 元; 农村居民人均生活消费支出 10155 元; 城镇从业人员平均工资 65368 元。
X	西藏	城镇居民人均消费性支出 11184 元; 城镇居民人均可支配性收入 18028 元; 农村居民人均年生活消费支出 2968 元; 农村居民纯收入 5719 元。
	新疆	城镇居民人均可支配收入 19874 元; 城镇居民人均消费性支出 15206 元; 农村居民人均纯收入 7296 元; 农村居民人均生活消费支出 5520 元。
Y	云南	城镇居民家庭人均全年可支配收入 23236 元; 城镇居民家庭人均全年消费性支出 15156 元; 农民人均纯收入 6141 元; 农村居民人均全年生活消费支出 4744 元。
Z	浙江	城镇居民人均可支配收入为 37851 元; 城镇居民人均消费支出 23257 元; 农村居民人均纯收入 16106 元; 农村居民人均消费性支出 11760 元。(不包含宁波市)

图书在版编目(CIP)数据

医患纠纷诉讼与调解指南 / 陈云芳著. —北京：
法律出版社,2015.1
ISBN 978-7-5118-7516-7

Ⅰ.①医… Ⅱ.①陈… Ⅲ.①医疗纠纷—民事纠纷—民事诉讼—中国—指南②医疗纠纷—民事纠纷—调解(诉讼法)—中国—指南 Ⅳ.①D922.16-62

中国版本图书馆 CIP 数据核字(2015)第 026512 号

医患纠纷诉讼与调解指南
陈云芳 著

编辑统筹 法律应用出版第二分社
策划编辑 冯雨春
责任编辑 李沂蔚
装帧设计 李 瞻

出版 法律出版社
总发行 中国法律图书有限公司
经销 新华书店
责任印制 吕亚莉
印刷 北京嘉恒彩色印刷有限责任公司

开本 710 毫米×1000 毫米 1/16
印张 21.75
字数 293千
版本 2015 年 3 月第 1 版
印次 2015 年 3 月第 1 次印刷

法律出版社/北京市丰台区莲花池西里 7 号(100073)
电子邮件/info@lawpress.com.cn
网址/www.lawpress.com.cn
销售热线/010-63939792/9779
咨询电话/010-63939796

中国法律图书有限公司/北京市丰台区莲花池西里 7 号(100073)
全国各地中法图分、子公司电话：
第一法律书店/010-63939781/9782
重庆公司/023-65382816/2908
北京分公司/010-62534456
西安分公司/029-85388843
上海公司/021-62071010/1636
深圳公司/0755-83072995

书号:ISBN 978-7-5118-7516-7
定价:58.00 元